梧州学院著作出版项目资助出版

身份犯共犯
理论的重构

■ 陈 梅/著

WUHAN UNIVERSITY PRESS
武汉大学出版社

图书在版编目(CIP)数据

身份犯共犯理论的重构／陈梅著 . -- 武汉：武汉大学出版社，
2025.7. -- ISBN 978-7-307-24987-5

Ⅰ. D914.04

中国国家版本馆 CIP 数据核字第 2025E3E511 号

责任编辑:田红恩　　　责任校对:汪欣怡　　　版式设计:马　佳

出版发行:**武汉大学出版社**　（430072　武昌　珞珈山）
（电子邮箱：cbs22@ whu.edu.cn　网址：www.wdp.com.cn）
印刷:湖北云景数字印刷有限公司
开本:720×1000　1/16　印张:17.5　字数:282 千字　插页:1
版次:2025 年 7 月第 1 版　　2025 年 7 月第 1 次印刷
ISBN 978-7-307-24987-5　　定价:78.00 元

目　录

导　　论

　　身份犯共犯指的是一种特殊的共同犯罪形态，即身份者与普通主体或者不同身份者共同参与犯罪构成对身份有特殊规定的犯罪中的共同犯罪形态。之所以说其特殊，是因为普通主体单独实施这类行为时，因不具备特定身份而无法符合对身份有特殊规定的犯罪构成，从而不构成相应犯罪。但在身份者加入的情况下，基于共同犯罪扩张性的处罚原则(部分行为整体责任)，普通主体也被纳入了对身份有特殊规定的犯罪构成涵摄范围内，此时身份者与普通主体的定罪量刑问题变得复杂起来。而当主体各自具有身份时(有学者又称之为混合主体)，每个身份都有各自对应的特别构成要件，同时又被涵摄进其他身份者对应的构成要件，更加剧了问题的复杂程度。对于身份犯共犯，我国的刑法立法并没有像德国、日本等国家那样在刑法总则中对身份犯共犯的处理进行了明确规定，仅在刑法分则中对个别罪名的身份犯共犯进行了立法，这使得身份与共犯问题的研究具有较强的现实意义，既是从长远角度为立法的发展与完善进行的铺垫，也是从当下角度为司法的科学与有序进行提供指导。

一、立法问题

(一)身份犯共犯的立法脉络

　　自新中国成立以来，有关身份犯共犯的立法较为集中地体现在贪污贿赂类犯罪的规定当中，包括刑事单行立法以及刑法分则条款，此外司法解释[①]中也有关

---

　　①　虽然司法解释的立法属性在学界遭到了一些质疑，但从司法解释的功能、司法解释对完善立法体制的意义等角度，司法解释的立法规定属性是可以被证明的。并且，司法解释的立法化在多个角度具有一定的合理性。参见齐文远、周详:《刑法司法解释立法化问题研究》，中国人民公安大学出版社2004年版。

于身份犯共犯问题的大量规定，将这些立法及司法解释的内容予以整理归纳（具体内容见附表1-3），可以梳理出我国身份犯共犯大致的立法脉络。

1. 贪污罪共同犯罪的立法脉络

有关贪污罪的共同犯罪立法，最早出现于1950年中南军政委员会颁布的《中南区惩治贪污暂行条例》，其中将直属首长明知属员贪污有据、予以庇护或不举发的情形规定为以贪污罪的共犯处罚，但可以根据情节减轻处罚。该规定具有明显的军队管理特征，不具备一般化适用的条件，也未在刑事立法中予以体现。1952年颁布的《惩治贪污条例》被一般性地认为是中华人民共和国成立以来身份犯共犯的最早立法，其明确规定了非国家工作人员勾结国家工作人员伙同贪污时，参照该条例中有关贪污罪的规定予以惩治。但该条款规定的是"参照"贪污罪予以惩治，究竟是罪名与刑罚的双重参照，还是仅仅为刑罚的参照，并不明确。如果为罪名与刑罚的双重参照，则意味着非国家工作人员勾结国家工作人员伙同贪污的，构成贪污罪，并根据贪污罪的刑罚予以处罚；如果仅为刑罚的参照，则非国家工作人员在罪名上并不适用贪污罪，只是刑罚"借用"贪污罪的刑罚予以处罚。身份犯共犯的立法首先需要解决的是定罪问题，该条款没有提供明确的规则，仅在实践角度有操作性的价值和意义。在《政务院政治法律委员会关于中华人民共和国惩治贪污条例草案的说明》中，规定了"因为贪污分子的罪行多半与工商界盗窃分子的行贿或盗窃行为相关，因此，对于后者就不得不连带地统一加以处理，同时也应该统一地加以处理。……只不过在具体处理时，除一小部分罪大恶极者外，对于非国家工作人员一般应该惩治得轻一些"①。从这一说明中，可以大致推断出立法者对于贪污罪共同犯罪中的主体身份具有连带作用的判断，以及对"无身份者应当减轻处罚"的立场，后者涉及身份犯共犯量刑的基本规则，但这一规则并未在之后的法律文件中得到体现。

1979年刑法颁布，在总则规定了共同犯罪的内容，但没有针对身份犯共同犯罪的情形作出特别规定，《中南区惩治贪污暂行条例》《惩治贪污条例》当中关于贪污罪共同犯罪的内容也未在分则当中采用。随着十一届三中全会的召开，我

---

① 高铭暄、赵秉志编：《中国刑法立法文献资料精选》，法律出版社2007年版，第192页。

国经济建设明显提速，随之而来的是经济犯罪的猖獗，以及犯罪形式的复杂化。针对贪污贿赂类犯罪的新情况，全国人民代表大会常务委员会颁布了《关于惩治贪污罪贿赂罪的补充规定》，其中以立法的形式确定了对非国家工作人员伙同贪污的，以共犯论处。这一规定在1997年《刑法》中得到了延续。自此在刑法分则中确立了非国家工作人员可以与国家工作人员一起构成贪污罪共同犯罪的规则①。

与此同时，随着国有企业改革的不断推进，新的难题开始出现，即内外勾结型贪污犯罪应当如何处理？1985年最高人民法院、最高人民检察院发布的《关于当前办理经济犯罪案件中具体应用法律的若干问题的解答（试行）》对此"作了从实际出发的规定，以避免对犯罪分子打击不力"②，即根据共同犯罪中主犯犯罪的基本特征，决定内外勾结进行贪污或者盗窃活动的共同犯罪的性质。但这一立场并没能延续下去，2000年最高人民法院发布的《关于审理贪污、职务侵占案件如何认定共同犯罪几个问题的解释》，改变了以主犯犯罪的性质为核心的认定思路，而改为以"利用职务便利"为核心的思路，只有当公司、企业或其他单位中不具有国家工作人员身份的人与国家工作人员各自利用职务便利时，才以主犯的犯罪性质定罪。但这又遗留了一个新的问题，难以区分主从犯时如何认定呢？对此，2003年最高人民法院发布的《全国法院审理经济犯罪案件工作座谈会纪要》规定，可以贪污罪定罪处罚。

2. 受贿罪共同犯罪的立法脉络

受贿罪共同犯罪的立法规定最早见于1982年《全国人民代表大会常务委员会关于严惩严重破坏经济的罪犯的决定》，其第1条规定："犯前4款罪，事前

---

①　但在我国刑法总则中仍没有关于身份犯共同犯罪的规定。日本学者山口厚曾在学术会议中就此提问：无身份者加功于有身份者，适用有身份的人的罪名，从罪刑法定原则出发是否有问题。对此赵秉志教授回应道"中国有共同犯罪的明确规定，分则关于特定身份犯的构成要件有明确的规定，将两者结合就可以得出前述结论，并不违反罪刑法定原则"，会上童德华博士发言认为中国"两人以上共同犯罪"的规定并没有身份要求。为此，虽贪污罪共同犯罪认定中并不存在无法律依据的障碍，但总则中相关规定的缺失是无法回避的问题。马克昌、莫洪宪：《中日共同犯罪比较研究》，武汉大学出版社2003年版，第297~299页。

②　最高人民检察院发言人就《关于当前办理经济犯罪案件中具体应用法律的若干问题的解答（试行）》答《中国法制报》记者问。来源于北大法宝网：http://www.pkulaw.cn/fulltext_form.aspx？Db＝chl&Gid＝5378c54fb52dc9cabdfb，最后访问时间为2020年9月11日。

与本条(一)、(二)所列举的罪犯通谋的，以共同犯罪论处。"其中(二)所指的犯罪为受贿罪，前四款罪分别指的是隐瞒、掩饰犯罪事实；包庇；销毁罪证或者制造伪证；对执法人员和揭发检举作证人员进行阻挠、威胁、打击报复相关的犯罪，其主体既包括国家工作人员也包括非国家工作人员。这一规定确立了非国家工作人员可以与国家工作人员构成受贿罪的共同犯罪的基本立场。在1988 年《全国人民代表大会常务委员会关于惩治贪污罪贿赂罪的补充规定》中，对"伙同受贿，以共犯论处"的基本立场进行了延续和强调。但在1997 年新颁布的刑法中，仅吸纳了《全国人民代表大会常务委员会关于惩治贪污罪贿赂罪的补充规定》里对"伙同贪污，以共犯论处"的规定，却没有将"伙同受贿，以共犯论处"的内容规定在受贿罪的条文当中。这种"区别对待"在理论界甚至引起了一定的争论。但随着2003 年最高人民法院发布的《全国法院审理经济犯罪案件工作座谈会纪要》的发布，其中再次明确指出"非国家工作人员与国家工作人员勾结伙同受贿的，应当以受贿罪的共犯追究刑事责任"，并进一步指出了非国家工作人员构成受贿罪共犯的决定性条件，即"双方有无共同受贿的故意和行为"。至此，非国家工作人员能否与国家工作人员一起成立受贿罪的共同犯罪的争论基本平息。

此时存在的疑难问题在于：非国家工作人员与国家工作人员同谋，分别利用各自的职务便利为他人谋取利益，共同收受他人财物时应当如何追究刑事责任。对此，2008 年最高人民法院、最高人民检察院印发的《关于办理商业贿赂刑事案件适用法律若干问题的意见》采用了以"利用职务便利"为核心的思路，利用的是哪一方的职务便利，则根据那一方的身份确定共同犯罪的整体性质。当分别利用各自的职务便利时，则按照主犯的犯罪性质追究刑事责任，分不清主从犯的，可以受贿罪追究刑事责任。这种思路与2003 年最高人民法院发布的《全国法院审理经济犯罪案件工作座谈会纪要》中对贪污罪的类似情形处理的思路一致。

3. 其他犯罪的立法规定

除了贪污罪、受贿罪以外，关于身份犯共犯的立法与司法解释还见于保险诈骗罪、虐待被监管人罪、挪用公款罪、赌博罪、抗税罪等个别罪名的规定当中。这些规定虽然分散，但各有其对身份犯共犯问题的处理逻辑。

1997 年刑法分则中，第198 条对保险诈骗罪的共同犯罪进行规定，其所涉及的情形实际上是一种身份竞合的情形，但与贪污受贿罪不同的是，此时并不区分主犯、从犯，也并不考察主要利用了谁的身份，而是直接规定了保险事故的鉴定人、证明人、财产评估人故意提供虚假的证明文件，为他人诈骗提供条件，构成保险诈骗罪的共犯，没有考虑刑法第 229 条规定的"提供虚假证明文件罪"。

刑法分则第 248 条第 2 款规定了虐待被监管人罪的特殊情形，即监管人员指使被监管人殴打或者体罚虐待其他被监管人，此时虽然监管人员并未亲自实施殴打、体罚虐待行为，但立法仍将其以虐待被监管人罪处罚（对此，并不能完全以间接正犯的理论进行说明，指使并未要求达到强制的程度）。对于无身份者（被指使的被监管人，也是事实上实施殴打或者体罚虐待其他被监管人的行为人）是否与监管人员构成共同犯罪，立法并未明确。在这一规定中，可以发现监管人员的身份始终位于评价的核心，无论其在事实上所实施的行为样态如何。对比前述贪污罪、受贿罪以职权+主犯身份决定共同犯罪性质的逻辑，在该情形下被指使者似乎并未利用监管人员身份（对其他被监管人进行殴打并不需要利用监管人员的身份，否则就不存在扰乱监管秩序罪了），而实施教唆行为的监管人员决定了整个共同犯罪的性质，其理由究竟为何，立法本身没有给出答案。

除此以外，在司法解释当中还有对挪用公款罪、赌博罪以及抗税罪的共同犯罪的规定。1998 年最高人民法院发布的《关于审理挪用公款案件具体应用法律若干问题的解释》中规定了"挪用公款给他人使用，使用人与挪用人共谋，指使或者参与策划取得挪用款的，以挪用公款罪的共犯定罪处罚"，其中的"他人"就包括不具备国家工作人员身份的普通主体。该规定表明普通主体可以与国家工作人员共同构成挪用公款罪，并列明了成立共同犯罪的条件（使用人有共谋、指使或参与策划）。2005 年最高人民法院、最高人民检察院发布的《关于办理赌博刑事案件具体应用法律若干问题的解释》则规定了赌博罪①的共同犯罪情形，明知他人实施赌博活动而为其提供帮助的，以赌博罪的共犯论处。2002 年最高人民法院发布的《关于审理偷税抗税刑事案件具体应用法律若干问题的解释》规定了"与纳税人或者扣缴义务人共同实施抗税行为的，以抗税罪的共犯依法处罚"。这三个

---

①　对于赌博罪是否属于身份犯学界尚有争论，但既然有观点认为"常习性"或者说"职业性"也是一种身份，在此也一并将相关立法列入梳理。

规定一定程度上是具体化了无身份者可以与身份者构成共同犯罪的规则。

值得注意的是，1992 年最高人民法院、最高人民检察院印发的《关于办理偷税、抗税刑事案件具体应用法律的若干问题的解释》(现已失效)中规定："与纳税人、代征人、扣缴义务人勾结，为偷税犯罪提供账号、发票、证明，或者以其他手段共同实施偷税罪的，以偷税共犯论处。"税务人员犯前两款罪(偷税罪、抗税罪)的，从重处罚的规定，但在 1997 年《刑法》中，对税务人员与纳税人、扣缴义务人勾结逃税的情形单独设立了徇私舞弊不征、少征税款罪，并设定了比逃税罪更重的刑罚。这就将原本是依照共同犯罪处理的情形，在立法上进行了拆分，分别予以定罪处罚。

(二)身份犯共犯立法规定的问题评析

通过上述立法及司法解释脉络的梳理，可以发现我国身份犯共犯的立法还处于较为粗疏、凌乱的阶段。其一，对于身份犯共犯问题并没有设立总则性的规定。虽然我国刑法对共同犯罪进行了一般性的规定，但身份犯共同犯罪与一般性的共同犯罪相比，有其自身的特殊性，依靠一般性的共同犯罪规定，无法明确解决身份犯共同犯罪的规则。在一般性的共同犯罪情形下，各共犯人之间"共同"的部分是较为明确、清晰的，根据行为的内容可作出基本判断。而在身份犯共同犯罪的情形下，各共犯人之间"共同"的部分往往难以准确判断。因为部分共犯人具备了特殊的身份，其行为性质与不具备此种身份的行为人所实施的会有所不同，当身份者与普通主体在自然意义上"共同实施"了某一行为时，对这一行为的法律评价却可能因为身份要素的加入而不能被评价为"共同实施"，此时要如何评价，不得不从规范的意义上进行构建。虽然我国现有的立法与司法解释对个别罪名的身份犯共同犯罪进行了规定，但身份犯共犯的情形绝对不仅只有上述这些，对于没有规定的情况应当如何处理？这就需要在刑法总则中进行统领性的、基础性的规定，而我国立法中并没有这样的规定，这也是为什么身份犯共犯理论研究是一个重要问题的原因，即对于立法的缺失，需要科学、合理的理论来弥补。

其二，现有的规定之间存在逻辑上的不一致。在已有的身份犯立法及司法解释当中，存在着以"身份"为中心以及以"行为"为中心的两种逻辑。在贪污、受贿犯罪当中，以"身份"要素为核心处理共同犯罪问题的倾向十分明显。在1985年最高人民法院、最高人民检察院发布的《关于当前办理经济犯罪案件中具体应用法律的若干问题的解答（试行）》中，曾作出了以主犯的基本特征决定共同犯罪的基本特征，并据此定罪的规定，这种规定实质上是从共同犯罪行为的角度出发，以共同犯罪当中作用较大的行为决定整体身份犯共犯的性质。但随着2000年最高人民法院发布的《关于审理贪污、职务侵占案件如何认定共同犯罪几个问题的解释》，以及后续关于贪污、受贿罪司法解释的出台，贪污贿赂犯罪的共犯问题解决思路就从以"行为"为中心转向了以"身份"为中心，根据利用何种职务便利决定共同犯罪的性质。但在保险诈骗罪的共同犯罪当中，并没有对"保险人、被保险人、受益人"或者"保险事故的鉴定人、证明人、财产评估人"的身份给予过多关注，而是从行为本身出发，根据行为的牵连性规定"保险事故的鉴定人、证明人、财产评估人故意提供虚假的证明文件，为他人诈骗提供条件的，以保险诈骗的共犯论处"。在（偷税罪）逃税罪的共同犯罪当中，同样体现了以"行为"为中心的思路，在1992年《关于办理偷税、抗税刑事案件具体应用法律的若干问题的解释》中，规定了税务人员共同实施偷税罪的，以偷税罪共犯论处，直至1997年刑法将其另行规定为徇私舞弊不征、少征税款罪。

　　总的来看，从现有的立法及司法解释当中，最多可以提炼出普通主体可以与有身份者构成共同犯罪的规则，但这一规则难以准确充分地解决各种不同类型的身份犯共犯的定罪量刑问题。特别是目前在司法解释以及刑法分则的规定当中还存在着逻辑不一致的情况，要如何理解这些规定，进而从这些不一致当中提炼出一般性的规则，并在一般性规则的指引下，构建起符合逻辑、成体系性的问题处理方案，在立法没有进行修改之前，就是身份犯共犯理论研究需要完成的任务。

二、司法问题

　　身份犯共犯在立法上的粗疏与凌乱，使得在司法实践中，对于立法没有规定（或没有明确规定）的身份犯共同犯罪，主要依靠司法人员的理解进行处理，而在司法人员对法条或有关理论的理解不一致，以及案件具体情形复杂多样等原因的影响下，身份犯共同犯罪问题的复杂性在司法实践中进一步被放大。

（一）身份犯共犯的司法实践概况

贪污贿赂类犯罪在构成要件当中一般都有"利用职务便利"的内容，非国家工作人员因为无职务便利可以利用，往往不能单独实施贪污贿赂犯罪构成要件当中规定的行为，仅能对国家工作人员进行教唆或者提供帮助。非国家工作人员可以构成贪污贿赂犯罪的共犯(狭义共犯)，这是已经在立法上明确了的，在司法实践中很少出现争议。存在问题的地方在于：贪污贿赂犯罪中的部分行为，并不必然需要"利用职务"才能实施，例如贪污罪的立法当中规定了"侵吞、窃取、骗取"3种典型的非法占有公共财物的手段，其中"侵吞"必须利用职务上的便利才可以实施，但"窃取"和"骗取"实质上与职务的联系并不紧密，不具备国家工作人员身份的行为人同样可以单独实施窃取和骗取公共财物的行为，并在刑法当中另行设置了盗窃罪与诈骗罪的罪名。也正因如此，有学者主张贪污罪将"窃取"和"骗取"列为客观行为方式，是出于对公共财物的特殊保护，但在保护非公财物的职务侵占罪中，"窃取"与"骗取"不应当同样列为职务侵占罪的客观行为方式。① 而当国家工作人员与非国家工作人员共同采取"窃取"与"骗取"方式非法占有公共财物时，该犯罪的性质到底该如何判定，司法实践中的做法并不一致。在受贿罪当中，收受财物这部分的行为是非国家工作人员可以单独实施的，这种行为到底是受贿罪的实行行为，还是帮助行为，出于不同的认识也会导致司法裁判上的差异。在其他身份犯共犯的司法裁判中，思路不一致的现象也同样存在。上述问题从以下几组案例里可见一斑。

第一组案例：

【案例1】

贺某某贪污案②

2016年农历上半年的一天，贺某某找到时任湘东钨业公司保卫部部长

---

① 参见陈洪兵：《体系性诠释"利用职务上的便利"》，载《法治研究》2015年第4期。
② 参见湖南省茶陵县人民法院(2018)湘0224刑初23号刑事判决书。

的肖某向其提出，由贺某某负责组织人员到湘东钨业公司矿井下盗挖钨砂，同案人肖某只要不带保卫部的人来抓就行，并承诺给予分成，同案人肖某表示同意。此后，自2016年农历四月至2017年农历三月，在同案人肖某的许可下，由贺某某召集钟某1等桂东人到湘东钨业公司辖区内盗挖钨砂共计4余吨。所盗钨砂先后销售给刘某1、刘某明，共得赃款22万余元，其中支付给钟某1等挖矿人员的工资约11万元。

湖南省茶陵县人民法院经审理认为，被告人贺某某勾结国有企业保卫部部长肖某监守自盗，其行为已构成贪污罪。在共同犯罪中，被告人贺某某起次要作用，系从犯，依法可从轻处罚。

【案例2】

杜某、郑某等盗窃案①

被告人杜某，原系通辽铁路分局通辽房产建筑段保卫科科长；被告人郑某，原系通辽铁路分局通辽车务段五道木车站副站长；被告人单某，原系通辽铁路分局通辽房产建筑段保卫科巡守员；被告人韩某，农民。2001年12月的一天，杜某凌晨时分在通辽铁路房产段储煤场当场抓获了正在窃煤的被告人郑某、单某等人，杜遂对他们进行了罚款处理。为了能继续偷煤，郑某与单某邀杜某一起偷运煤炭，杜表示同意，但杜提出什么时间偷，偷多少要由他决定，郑负责和他联系，并负责联系装运车辆和处理煤炭。在4个月间，由郑某与杜某用手机联络，确定具体偷煤时间后，郑再联系司机动用运输工具，在通辽铁路房产建筑段储煤场共同窃煤13次，共盗得水洗粒煤490.425吨，价值人民币129 960余元。他们每次窃煤均在午夜前后，杜先以值班或蹲坑抓偷煤的为由将与单某同班的另一巡守员支回家，单为郑及随行车辆开门，杜在院内接应并望风。每次郑接到韩等人所付的钱款后，当即与杜、单瓜分。被告人郑某、杜某、单某个人分别所得23 040余元。

① 参见最高人民法院中国应用法学研究所：《人民法院案例选2004年刑事专辑》，人民法院出版社2005年版，第338~345页。

通辽铁路运输法院经过审理认为，被告人郑某、杜某、单某等人相互勾结，共同盗窃公共财物，数额特别巨大，均已构成盗窃罪。在共同犯罪中，被告人郑某、杜某相互勾结，积极组织实施盗窃，起主要作用，均系主犯，应按其所参与的全部犯罪处罚。

在上述2个案例中，基本案情均为国有企业安保人员与外部人员内外勾结窃取本单位公共财物，但在案件审判中却出现了截然不同的思路。在贺某某案中，保卫部部长肖某实际上实施的行为只有"不带保卫部的人来抓"，以及"配了一把414工区洞头的钥匙给贺某某"①，已经足以被认定为利用了职务上的便利，构成贪污罪，并且在共同犯罪中起主要作用，是主犯。而杜某、郑某等盗窃案中，杜、郑等人共同实施了确定窃取时间、支开其他巡守员、为车辆开门、接应、望风等一系列积极参与窃取的行为，却被认定为"没有利用职务上的便利，不符合贪污罪的法律特征"。在认定为盗窃罪共同犯罪的基础上，认定郑某和杜某均系主犯。其中的矛盾点有两处：一是在定罪上，都是内外勾结窃取公共财物，却出现了一个被认定为是贪污罪，一个被认定为盗窃罪的不同审判结果；二是在量刑上，贺某某贪污案中的国家工作人员肖某的窃取行为主要是不作为的行为方式，但却将完成绝大部分窃取行为，客观上对共同犯罪贡献更大的贺某某认定为从犯，而将肖某认定为起主要作用的主犯。这就与案例2中根据组织实施窃取行为中行为人客观上贡献大小的标准来确定主犯、从犯的思路并不一致。

第二组案例：

【案例3】

洪某受贿案②

1997年，被告人洪某与被告人尤某相识，后发展为情人关系。2002年

---

① 该部分事实来自贺某某的供述与辩解。
② 参见江苏省高级人民法院(2009)苏刑二终字第0045号刑事判决书。

至 2007 年，被告人洪某、尤某经通谋，被告人洪某利用担任南京市江宁地方税务局局长的职务便利，为南通金典装饰工程有限公司、南京科雄工贸有限公司、华润励致洋行家私(珠海)有限公司南京分公司等单位以及楼齐新谋取利益，由被告人尤某收受上述单位及个人所送的贿赂共计人民币 348.998 万元。被告人尤某将所得大部分赃款用于买房、购车。案发后，扣押被告人尤某人民币 175 万元，奔驰轿车一辆。

江苏省南京市中级人民法院经审理认为，被告人洪某身为国家工作人员，伙同被告人尤某，利用职务便利，非法收受他人财物，并为他人谋取利益，其行为已构成受贿罪，且系共同犯罪。依据相关法律法规作出如下判决：以被告人洪某犯受贿罪，判处有期徒刑 14 年，并处没收财产人民币 20 万元；以被告人尤某犯受贿罪，判处有期徒刑 14 年，并处没收财产人民币 50 万元。扣押在案的被告人洪某、尤某犯罪所得赃款人民币 175 万元、奔驰轿车一辆予以追缴，上缴国库，其余赃款继续追缴。

江苏省高级人民法院经审理认为，原审判决认定的事实清楚，证据确实、充分，裁定驳回被告人的上诉，维持原判。

【案例 4】

成 A 受贿案①

2004 年底，大同水质稳定剂公司(私营性质)股东林某为了在涟钢集团内能承揽到更多的水处理药剂业务，邀约被告人成 A 的弟弟成某以入干股的形式合伙经营大同水质稳定剂公司，成某表示同意。此后，成某通过时任涟钢集团总经理郑某(成某的姐夫)的直接帮助并多次利用其与郑某的关系及郑某地位所形成的影响力，给涟钢集团下属企业打招呼，为大同水质稳定剂公司承揽了大量涟钢集团下属企业的水处理业务。2009 年 5 月至 2010 年 12 月，林某为感谢成某及郑某帮忙，多次以分利润为名，采取转款委托他人炒股，通过他人的银行账户转款形式，给成某好处费累计 1 100 余万元人民

---

① 参见湖南省麻阳苗族自治县人民法院(2015)麻刑初字第 91 号刑事判决书。

币，并告诉成某上述好处费中包含感谢郑某的部分(未讲明具体数额)。2009年8月，成某因收受的好处费中林某已讲明含有感谢郑某部分，同时为了表示自己对郑某的感谢，便告诉被告人成A想将自己收到的好处费转一部分给郑某，并提出以其向成A借款炒股的方式来掩盖分给郑某的好处费，成A表示同意，并将此事告诉给了郑某，郑某也表示同意。成某借助借款炒股形式先后给成A的银行账户转入好处费300万元。

湖南省麻阳苗族自治县人民法院经审理认为被告人成A在其丈夫郑某担任涟钢总经理期间，伙同其丈夫郑某应其弟弟成某的请托，帮助林某的大同水质稳定剂公司承揽涟钢下属企业水处理业务过程中，收受贿赂300万元人民币，数额特别巨大，其行为已构成受贿罪。被告人成A系非国家工作人员，在受贿共同犯罪中，只是协助丈夫郑某收受贿赂款，其处于从属地位，起着次要作用，系从犯，应当从轻、减轻处罚或者免除处罚。

【案例5】

楼某、潘某受贿罪案①

2008年以来，被告人楼某在任南安市人民防空办公室(以下简称人防办)工程建设科科员期间，利用负责审批相关项目人防工程手续的职务便利，单独或伙同被告人潘某非法收受企业人员李某甲等的贿赂，为上述人员谋取利益。其中，被告人楼某单独或伙同他人非法收受他人贿赂现金人民币79 312.8元及面值人民币18 000元的购物卡，为他人谋取利益；被告人潘某利用被告人楼某的职务便利，非法收受他人贿赂计人民币42 000元，为他人谋取利益。

福建省南安市人民法院经审理认为：被告人楼某身为国家工作人员，利用职务上的便利，单独或伙同他人非法收受贿赂计人民币97 312.8元，数额较大，为他人谋取利益；被告人潘某利用其他国家工作人员职务上的

---

① 参见福建省南安市人民法院(2015)南刑初字第1077号刑事判决书。

便利，伙同国家工作人员非法收受他人贿赂计人民币 42 000 元，数额较大，为他人谋取利益，其行为均已构成受贿罪。公诉机关的指控成立。在共同犯罪中，二被告人互相合作，所起作用相当。因此，对被告人潘某的辩护人提出被告人潘某在共同犯罪中起辅助作用、是从犯的辩护意见不予采纳。

【案例6】

熊某某受贿案①

2008 年 8 月，蒋某某、欧某某、周某在被告人熊某某与时任郴州监狱监狱长刘某的帮助下以郴州市裕兴房地产开发有限责任公司的名义中标了郴州监狱职工住宅楼工程项目，为了感谢被告人熊某某与刘某的帮助及早日与郴州监狱签订合同，蒋某某、欧某某、周某经商量将郴州监狱职工住宅楼工程项目 10% 的股份送给被告人熊某某与刘某，并与熊某某签订了股份转让协议书。此后，被告人熊某某将此事告知刘某，并与刘某商量好各分得 5% 的股份。同年 10 月下旬，被告人熊某某与刘某为了早日实现 10% 干股的利益，两人共同商量后，决定由被告人熊某某出面向蒋某某、欧某某、周某提出退股，刘某则负责向蒋某某、欧某某、周某打招呼，将收受的 10% 干股转让给蒋某某、欧某某、周某等人。同年 12 月 2 日，被告人熊某某出面与蒋某某、欧某某、周某签订了《股份转让协议》，以 400 万元人民币的价格将其与刘某所得的 10% 的干股处理给蒋某某等人，被告人熊某某与刘某在获得首付 100 万元后各分得 50 万元。2008 年 5 月，被告人熊某某与蒋某某按刘某的授意向欧某某借款 200 万元，部分用于熊某某作郴州监狱房地产开发项目，部分以熊某某的名义借给彭某，共获得 30 万元项目运作费以及 18 万元借款利息。

湖南省郴州市苏仙区人民法院经审理认为，被告人熊某某与国家工作人

---

① 参见湖南省郴州市苏仙区人民法院(2011)苏刑初字第 188 号刑事判决书。

员相勾结，并利用国家工作人员职务上的便利，为他人承揽工程提供便利而非法收受他人财物，为他人谋取利益，其行为已构成受贿罪。在共同犯罪过程中，被告人熊某某起次要作用，系从犯。

第二组的四个案例都是受贿罪共同犯罪的判例，非国家工作人员伙同国家工作人员受贿的，构成受贿罪的共同犯罪，这是已经没有争议的问题，存在问题的地方在于：从四个案例中可以发现，虽然非国家工作人员都构成受贿罪，且实施的具体行为方式都是"收取钱财"，却在共同犯罪中被认定为具有不同的作用地位。在案例 3 中，判决书虽然没有直接写明各共同犯罪人的地位，却对洪某(非国家工作人员)与尤某(国家工作人员)判处了同样的 14 年有期徒刑，等同于将 2人认定为共同正犯①。而在案例 4 中，法院认定"被告人成 A 系非国家工作人员，在受贿共同犯罪中，只是协助丈夫郑某收受贿赂款，其处于从属地位起着次要作用，系从犯"，等同于将成 A 认定为帮助犯。洪某与成 A 都是国家工作人员的密切关系人(情人或妻子)，实施的都是"收受贿赂款"的行为，却一个被认定为实施了受贿罪的实行行为，一个被认定为实施了受贿罪的帮助行为。这种分裂在案例 5 与案例 6 中也有类似的表现，在案例 5 中，被告人潘某负责为行贿人"说人情、拉关系"，并收取贿款后分给国家工作人员，被认定为在受贿过程中"所起作用相当"。而案例 6 中的熊某某不仅帮助国家工作人员收取贿款，帮助行贿人获得不正当利益，还实施了签订《股份转让协议》、出售股份等掩饰受贿事实的行为，却被认定为起次要作用，系从犯。可以看出司法实践中对非国家工作人员勾结国家工作人员受贿案件的定罪上的几乎没有分歧，但在量刑上有着较为明显的思路不一致。

---

①　虽然我国刑法中没有德日刑法里的正犯、狭义共犯区分，只有主犯、从犯的区分，二者之间并不是一一对应的关系。但可以确定的是，即使有的学者主张正犯有可能是从犯(次要的实行犯)，但一般情况下帮助犯不可能成为主犯，除非有行为人表现出了特别高的可罚性。在该案中，洪某(非国家工作人员)与尤某(国家工作人员)并未区分作用大小，即都视为主犯，这就意味着二人中不可能出现帮助犯(根据案情及法院的判决，已经排除了教唆犯以及有特殊处罚必要的帮助犯的可能)，而是共同正犯。

第三组案例：

【案例7】

王某某1、孙某、柳某等保险诈骗案①

2011年6月至2016年9月，被告人王某某1、孙某、柳某等人，为获取非法利益，先后分别结伙在吉林省白城市、镇赉县等地，利用在太平洋保险公司投保的标的车辆，故意制造、编造保险事故，并采用伪造道路交通事故认定书、冒充事故当事人签字、伪造虚假证明材料等手段，制造61起虚假保险事故，骗取保险理赔款。其中孙某原系太平洋保险公司白城支公司车意险理赔部查勘员，柳某原系白城中心支公司车意险理赔部科长。

针对被告人柳某的罪行，长春经济技术开发区人民法院经过审理认为，柳某虽然多次利用职务权限，为其他被告人骗取保险金提供便利条件，但其并不构成职务侵占罪。理由是：首先从犯罪分工来看，被告人王某某1、孙某负责实施制造虚假交通事故、找人冒充驾驶员、伪造理赔材料等主要保险诈骗行为，柳某仅仅利用自己职务权限，将上述虚假理赔材料通过审核。其次从犯罪意图来看，被告人王某某1、孙某的供述可以证实2人与柳某常年、多次进行保险诈骗活动，事后给柳某一定金额"好处费"。柳某身为保险公司工作人员，无论王、孙2人事前与其"商议"还是事后向其"打招呼"，其主观上对他人意欲通过虚假事故骗取保险金的犯罪意图具有明知性，在此情形下柳某实施的"职务行为"系骗取保险金的手段之一，其不构成职务侵占罪，而是保险诈骗罪的共犯。

【案例8】

赵某等职务侵占案②

2010年9月8日，被告人康某某驾驶机动车发生肇事，致蔺某某死亡。

---

① 参见长春经济技术开发区人民法院(2018)吉0191刑初39号刑事判决书。
② 参见陕西省吴起县人民法院(2012)吴刑初字第00020号刑事判决书。

该事故经吴起县公安局交警大队认定，蔺某某应负事故的全部责任，康某某无责任。后经双方协商由康某某赔偿蔺某某丧葬费等共计 70 000 元，按规定被告人康某某在无责任的情况下，只能理赔 11 100 元保险金。被告人康某某为了得到更多的保险赔偿金，找到阳光财产保险股份有限公司吴起支公司负责此次事故的现场查勘员赵某，问怎么才能理赔得多一些，被告人赵某告诉康某某，如果办一套假手续，划分上责任就可以多理赔一些。后被告人康某某伪造了吴起县交警大队事故责任认定书和赔偿协议书，写明自己在本次事故中负次要责任，将赔偿款由 70 000 元改为 170 000 元。康某某将伪造的责任认定书和赔偿协议书拿到阳光财产保险股份有限公司吴起支公司申请理赔，被告人赵某明知康某某在此次事故中无责任，也明知责任认定书与赔偿协议书系伪造的材料仍予以初审，并按保险程序上报理赔。被告人康某某理赔后骗取保险赔偿金 103 921.3 元。吴起县人民检察院起诉书指控被告人赵某、康某某的行为构成保险诈骗罪，且数额巨大，请求依法判处。

陕西省吴起县人民法院经审理认为，被告人赵某身为企业工作人员，利用职务之便，与被告人康某某合伙骗取企业财产，数额巨大，起诉书指控的犯罪事实成立。但被告人赵某作为保险公司工作人员为被告人康某某出谋划策，内外勾结骗取本单位保险金，其行为符合职务侵占罪的构成要件，且在共同犯罪过程中起主要作用，系主犯；被告人康某某与保险公司工作人员内外勾结，将该企业财产非法占为己有，构成职务侵占罪的共犯，故 2 被告人的行为均已构成职务侵占罪，公诉机关指控的罪名有误，应予以纠正；在共同犯罪过程中被告人康某某起次要作用，系从犯，应依法减轻处罚。

上述两个案例在案情上有一定的相似性，都是投保人与保险公司内部工作人员内外勾结，骗取保险金，且在客观行为方式上十分相似，都是由投保人伪造理赔材料，保险公司工作人员利用职务便利通过虚假理赔材料的审核，共同骗取保险金。但在行为性质的认定上，同样的利用职务便利通过虚假理赔材料的行为，案例 7 将其认定为"骗取保险金的手段"，案例 8 则将其认定为职务侵占行为，最终出现了一个被判处保险诈骗罪，一个被判处职务侵占罪的局面。如果贯彻案例 7 的思路，保险公司工作人员通过虚假理赔材料的行为只是骗取保险金的一种手段，那么在案例 8 中，赵某的行为也只是骗取保险金的手段。但案例 8 中，赵某通过虚假理赔材料的行为不仅被认定是职务侵占罪的实行行为，其还被认定为起主要作用的主犯，而投保人康某某虽然完成了诈骗的主要行为，包括伪造了吴起县交警大队事故责任认定书和赔偿协议书，但仅被认为起次要作用的从犯。由此可见，案例 7 与案例 8 在定罪及量刑的思路上均不一致。此外，该组案例中的案例 7 与前述第 1、2 组案例的审判思路也不一致，在第 1、2 组案例中，都是以"利用职务便利"为标准判定共同犯罪的整体性质，只要认定行为人利用了国家工作人员的职务便利，即认定为构成相应的职务犯罪共犯。但在案例 7 中，法院认定柳阳的行为确属利用了职务上的便利，但并未将行为中"利用职务便利"的性质进行确认，而是从整体性的角度将其理解为诈骗的手段。

（二）问题提炼

通过上述三组案例，不难发现司法实践中对身份犯共犯问题的处理存在很大差异，在类似案件的审判中存在着判决思路不一致、定性不统一的问题。具体来说，可以将问题提炼聚焦至定罪上的问题与量刑上的问题两个方面。

从定罪上来看，身份犯共同犯罪主要需解决的重点问题在于：在共同犯罪当中，身份者与非身份者各自的行为都有相对应的构成要件时，应当根据谁的行为决定整体共同犯罪的性质，或应当根据什么标准确定身份者与非身份者所构成的犯罪。当身份者与非身份者共同实施某一犯罪，仅对有身份者实施相应行为有刑法上的规定，对非身份者单独实施相应行为并无刑法上的规定时，在定罪上的问题并不大。例如国家工作人员与非国家工作人员（同时也不是公司、企业或者其他单位的工作人员）共同收受贿赂，此种情形下非国家工作人员的受财行为并没有单独的构成要件予以规定，2 人的行为仅能在受贿罪共同犯罪的范畴内予以认定。而在类似于盗窃罪与贪污罪、保险诈骗罪与职务侵占罪、盗窃罪与职务侵占罪等罪名中，非身份者的行为也有相对应的罪名（盗窃罪、诈骗罪等），此时应当如何评价各共同犯罪人的行为，以及如何评价共同犯罪整体，是在司法实践中未理顺的难题。虽然有2000 年最高人民法院发布的《关于审理贪污、职务侵占案件如何认定共同犯罪几个问题的解释》、2003 年最高人民法院发布的《全国法院审理经济犯罪案件工作座谈会纪要》以及 2008 年最高人民法院、最高人民检察院印发的《关于办理商业贿赂刑事案件适用法律若干问题的意见》等司法解释，在一定程度上为司法实践提供了一定的指导，但暂且先不论上述司法解释自身内部的矛盾，这些司法解释所针对的都只是部分典型情形，而在"非典型"情形下的身份犯共犯问题该如何解决，通过前述几组案例可以发现司法解释的指导并没有发挥很好的效果。

　　从量刑上来看，在解决了定罪问题以后，还有各个共同犯罪人在共同犯罪中所起作用大小的判断，即主犯、从犯的判断，只有通过主犯、从犯的基本判断，才能框定各个犯罪人的量刑范围。此时涉及的问题在于：如何明确地判断身份犯共同犯罪中各共同犯罪人的作用？是以行为人的因果贡献为标准，还是以行为人的身份地位为标准，抑或是以共同犯罪意思的发动还是附和为标准，主犯与从犯的判断标准究竟是什么？司法解释没有相关的规定，司法实践中的做法也各有差异。例如上述第一组案例当中，案例1中的国家工作人员只是不作为地"不带保卫部的人来抓"，其并非犯意的发动者，也并未对犯罪行为的完成贡献大部分的因果力量，却被认定为了主犯，但同案犯中提议犯罪且实施了窃取全过程的行为人只被认定为从犯，此时判断主犯与从犯的标准与一般共同犯罪案件中主犯、从犯的判断逻辑①显然不一样，这种不一样背后的依据是什么？又如上述第二组案例中，都是国家工作人员的密切关系人积极收受财物的行为，却出现了在不同的案件中分别认定为主犯和从犯的差异，这种"区别对待"的依据又是什么？要解决司法实践中对于身份犯共同犯罪同案不同判的问题，就应当转变仅依靠审判人员主观判断的现状，而是针对身份犯共同犯罪的特殊性，进行尽可能体系化、明细化的认定标准构建。

三、理论问题

　　为了填补立法中的空白，解决司法实践中的难题，我国理论界不少学者都对身份犯共同犯罪问题进行了研究和探讨，但各种观点、学说纷繁复杂，从身份犯共同犯罪的定罪与量刑的角度，可以将这些观点、学说进行大致的梳理，区分为

---

　　①　一般认为主犯、从犯的区分从主客观两个方面进行，对于主观上引起犯意、客观上积极策划并实施，为犯罪贡献了主要原因力的认定为主犯，还可从犯罪利益的最终分配上进行判定。参见吴光侠：《主犯论》，中国人民公安大学出版社2007年版，第193~201页。

身份犯共犯定罪问题的理论观点、身份犯共犯量刑问题的理论观点，以及这些问题的理论前提——身份犯类型划分的理论观点三个部分。

（一）身份犯类型划分的不同观点

通说根据身份对定罪量刑的作用，将身份犯划分为真正（纯正）身份犯与不真正（纯正）身份犯，前者中的身份也被称为构成的身份（犯罪构成要件的身份），是指某种犯罪行为人必须具有一定的身份才能成立，不具备法律要求的特定身份，这种犯罪不能成立。后者中的身份也被称为加减的身份（影响刑罚轻重的身份），是指刑法上没有规定必须具有一定的身份才能构成的犯罪，具有一定的身份犯这种罪时法律规定予以从重、加重或从轻。① 在这一观点内部，还存在着两种具有细微差别的不同观点，有的学者认为不真正身份犯中，身份者与无身份者所构成的犯罪在性质上没有差别，身份仅仅只是影响刑罚的轻重②，即"同罪异罚"，如诬告陷害罪，本书将此种观点称为纯粹的定罪、量刑身份说。也有学者认为不真正身份犯同时还包括身份者与无身份者所构成的犯罪性质不同的情形③，如私自开拆、隐匿、毁弃邮件、电报罪，非邮政工作人员实施相应行为的构成的是侵犯通信自由罪，二罪的性质（罪名）并不相同，但仍应当被认定为不真正身份犯，可以将其称为修正的定罪、量刑身份说。

对于通说的此种划分观点，有学者提出了不同的意见。

一是认可真正身份犯与不真正身份犯划分的理论前提，但对这一划分的标准或范围进行了调整。如阎二鹏教授以有身份者与无身份者共同犯罪时可能涉及的罪名是一个还是两个为标准进行划分，如果可能涉及 2 个罪名的为不真正身份犯，如果只能涉及身份犯一个罪名的则为真正身份犯。④ 在这种观点看来，通说中的"同罪异罚型"不真正身份犯实际上并不是身份犯，因为无论是否具有身份，都可以构成该罪，因而应当是常人犯。在排除掉这一类"身份犯"之后，只需要判断所涉罪名的个数即可。可将此种观点称为罪名个数区别说。

---

① 参见马克昌：《共同犯罪与身份》，载《法学研究》1986 年第 5 期。
② 参见陈兴良：《共同犯罪论》，中国社会科学出版社 1992 年版，第 367~368 页。
③ 参见马克昌：《犯罪通论》，武汉大学出版社 1999 年版，第 589~592 页。
④ 阎二鹏：《身份犯之共犯问题研究》，载吉林大学 2006 年博士论文。

吴飞飞博士以身份犯是否具有独立的犯罪构成为标准进行区分，如果身份犯具有独立的犯罪构成，则是真正身份犯；如果身份犯不具有独立的犯罪构成，而是要依附于与之相对应的基本构成要件的犯罪类型，则是不真正身份犯①。此种观点将不真正身份犯中的身份视为"主体的超过要素"，即不真正身份犯的构成要件跟与之相对应的基本构成要件的犯罪类型相比较，只是在身份上具有了超出的要素。可将此种观点称为主体的超过要素说。

林铤博士则以身份犯是否存在着与之具有法条竞合关系的普通罪名为区分标准，如果存在着这样的法条竞合关系，则属于不真正身份犯，而不真正身份犯之外的就都是真正身份犯②。本书将此种观点称为法条竞合说，法条竞合说与主体的超过要素说的差别在于其否认"同罪异罚型"不真正身份犯，认为其就是常人犯，而不是身份犯。

上述几种观点在总体上都是将身份犯区分为真正身份犯与不真正身份犯，但在细微处存在的这样或那样的差异，导致了对同种身份犯的性质认定得出了不同的结论，以非法拘禁罪以及私自开拆、隐匿、毁弃邮件、电报罪为例，几种观点得出结论的差异如图(0-1)所示：

	非法拘禁罪的性质认定	私自开拆、隐匿、毁弃邮件、电报罪的性质认定
纯粹的定罪、量刑身份说	不真正身份犯	真正身份犯
定罪、量刑身份修正说	不真正身份犯	不真正身份犯
罪名个数区别说	常人犯	不真正身份犯
主体的超过要素说	真正身份犯③	不真正身份犯
法条竞合说	常人犯	不真正身份犯

图 0-1

① 参见吴飞飞：《身份犯论——基于犯罪形态视野的考察》，载吉林大学 2007 年博士论文。

② 参见林铤：《混合身份共犯研究》，载武汉大学 2012 年博士论文。

③ 在主体的超过要素说看来，非法拘禁罪虽然无身份者也可以构成，但国家机关工作人员从重处罚的前提是必须利用职权实施相应行为，因而与无身份者的非法拘禁罪已经在构成要件上不一致，应当将其理解为真正身份犯。

二是否认真正身份犯与不真正身份犯的仅仅从形式上进行划分的思路，而从实质的角度对身份犯进行重新分类。其中陈洪兵教授、周啸天博士等主张将身份犯划分为违法身份犯与责任身份犯，但2人对身份的体系定位并不同，陈洪兵教授将身份犯定位于刑法分则①，而周啸天博士认为牵涉无刑事责任能力、累犯等总则性身份的犯罪也是身份犯②。此外，还有学者从义务犯理论出发，对身份犯进行划分。例如周光权教授、何庆仁博士将身份犯划分为支配犯与义务犯③，而林维教授主张将身份犯划分为义务犯与能力犯④。

除了上述两种划分以外，学理上对身份犯共同犯罪的划分还有数种，在后文中会有详细论述，上述各种对身份犯不同类型的划分，直接相对应地构建出了不同的身份犯共同犯罪定罪量刑规则。

（二）身份犯共同犯罪定罪问题的代表性观点

将身份犯进行划分只是起点，划分的目的是构建起解决身份犯共同犯罪问题的理论。虽然有多种身份犯的划分形式，但学界大多数学者的研究是以真正身份犯和不真正身份犯的划分为起点的，为此，本书也以此为线索梳理相关问题的代表性观点。

对于不真正身份犯，由于存在着无身份者实施相同行为构成的基本犯，当身份者与无身份者互相参与或共同实施时，应当分开各自定罪处罚是学界的共识。存在争议的地方在于无身份者与有身份者是否要用同一罪名处罚，以及用哪一种罪名处罚（身份犯的罪名还是普通犯罪的罪名）。对此，持犯罪共同说的学者一般会主张身份者教唆、帮助非身份者实施不真正身份犯的，按照同一罪名定罪，在量刑时进行分别处理，但有的学者认为应当以非身份犯定罪⑤，也有的学者认为

---

① 陈洪兵：《共犯与身份的中国问题》，载《法律科学（西北政法大学学报）》2014年第6期。

② 周啸天：《身份犯共犯教义学原理的重构与应用》，载《中外法学》2016年第2期。

③ 何庆仁：《义务犯研究》，中国人民大学出版社2010年版，第291页。

④ 林维：《真正身份犯之共犯问题展开——实行行为决定论的贯彻》，载《法学家》2013年第6期。

⑤ 参见马克昌：《犯罪通论》，武汉大学出版社1999年版，第591～592页。

应当以身份犯定罪①；非身份者教唆、帮助有身份者实施不真正身份犯的，主张以身份犯的同一罪名定罪，并对身份者和非身份者分别量刑②。而持部分犯罪共同说以及行为共同说的学者则主张对身份者与非身份者分别按照身份犯和非身份犯的罪名定罪量刑。在量刑方面，实际上各种观点之间的差异并不大，即使主张都应适用身份犯罪名的学者，在无身份者的量刑方面也会主张减轻刑罚，大致在基本犯的法定刑幅度内量刑③。

对于真正身份犯共同犯罪，由于身份是构成犯罪的必备要素，身份对共同犯罪的定罪起着决定性的作用，这就使得真正身份犯共同犯罪的定罪问题复杂起来，而当出现类似于前述案例1-8的情形时，即身份者与非身份者各自的行为都有相对应的构成要件时，更加剧了问题的复杂程度，也吸引了诸多学者对此复杂的问题进行研究和探讨。一般而言，对于真正身份犯的共同犯罪定罪问题，会区分为无身份者教唆、帮助有身份者实施真正身份犯、有身份者教唆、帮助无身份者实施真正身份犯以及有身份者与无身份者共同实施真正身份犯3种情况进行讨论，其中无身份者教唆、帮助有身份者实施真正身份犯的情形无论在理论界还是实务界都没有太多争议，都认可无身份者构成有身份者真正身份犯的教唆犯或者帮助犯，例如非国家工作人员教唆或帮助国家工作人员收受贿赂，构成受贿罪的教唆犯或帮助犯。观点分歧较多的存在于后两种情况。

1. 关于有身份者教唆、帮助无身份者实施真正身份犯的观点梳理

对于有身份者教唆、帮助无身份者实施真正身份犯，至少存在以下四种代表性的观点：

一是间接正犯说④，即主张有身份者成立真正身份犯的间接正犯，无身份者成立帮助犯。持此观点的学者从无身份者因不具备身份而无法单独构成真正身

---

① 参见阎二鹏：《身份犯之共犯问题研究》，载吉林大学2006年博士论文。
② 参见江溯：《共犯与身份——大陆法系与我国之比较研究》，载《刑事法评论》2004年第15期；陈世伟：《论共犯的二重性》，中国检察出版社2008年版，第223页；陈兴良：《共同犯罪论》，中国社会科学出版社1992年版，第361~362页。
③ 参见童德华：《身份犯中的犯罪参与问题比较研究》，//林维：《共犯论研究》，北京大学出版社2014年版，第230~231页。
④ 参见田鹏辉：《片面共犯研究》，中国检察出版社2005年版，第228页。

犯的角度出发，将无身份者视为有身份者实施其必须具备身份才可构成犯罪的"有故意无身份"的工具，从而得出了有身份者成立间接正犯，无身份者则是帮助犯的结论。

二是直接正犯说①，即主张有身份者成立真正身份犯的直接正犯，无身份者成立帮助犯。持此观点的学者基于真正身份犯实行行为的特殊性，认为真正身份犯的完成不可能离开有身份者的身份而由无身份者"实施"实行行为，无身份者的行为实际上只是帮助行为，而有身份者的帮助与教唆并不能完成整个身份犯罪，还必须身份者利用该身份。为此有身份者应当直接成立身份犯的正犯，无身份者成立帮助犯。此外，也有学者从义务犯的角度主张只要是不积极履行自己的义务就已经符合了身份犯的正犯准则，有身份者当然是直接正犯，无身份者只能是帮助犯。

三是共同正犯说②，即主张有身份者与无身份者成立真正身份犯的共同正犯。持此观点的学者认为，从法益侵害的角度来看，无身份者虽然不能单独实施真正身份犯，造成特定的法益侵害，但无身份者可以实施部分实行行为，在有身份者的参与下，特定的法益侵害同样可能会发生。既然无身份者与有身份者通过共同的行为侵害了真正身份犯的法益，因此就应成立共同正犯。其中还有学者主张真正身份犯是复行为犯的基础上，提出身份者与无身份构成共同的实行犯之外，身份者还构成真正身份犯的教唆犯③。

四是区别对待说④，即主张应对利用"有故意无身份的工具"的犯罪区分不同的法益类型，因为在不同的法益类型中，犯罪支配的判断标准不一样，所以在侵犯国家法益类型的情形下，既可能是有身份者成立身份犯的正犯，无身份者成立身份犯的帮助犯，也可能是有身份者与无身份者构成共同正犯，在侵犯人身法益类型的情形下，有身份者与无身份者构成共同正犯。

---

① 参见林维：《真正身份犯之共犯问题展开——实行行为决定论的贯彻》，载《法学家》2013年第6期。

② 参见黎宏：《刑法总论问题思考》，中国人民大学出版社2007年版，第111页；阎二鹏：《身份犯之共犯问题研究》，载吉林大学2006年博士论文。

③ 参见赵秉志、许成磊：《贿赂罪共同犯罪问题研究》，载《国家检察官学院学报》2002年第1期。

④ 参见周啸天：《利用"有故意无身份工具"犯罪定性的法教义学重构》，载《法学评论》2015年第3期。

2. 关于身份者与无身份者共同实施真正身份犯的观点梳理

有身份者与无身份者共同实施真正身份犯时，因为有身份者亲自实施了实行行为，其构成身份犯的正犯没有争议，而对于无身份者在这种情况下是构成身份犯的共同正犯还是帮助犯，实质上已经不影响定罪。问题的难点在于，如果无身份者实施相应行为本身有其他的罪名进行了规定时，应当如何定罪？前述案例中的第一组和第三组案例都属于这种情形的问题。对此，理论界的解决方案有如下几种：

一是主犯决定说①。该说主张身份者与无身份者共同实施真正身份犯时，罪名应当由主犯所触犯的犯罪性质所决定，此观点主要是为支撑 1985 年最高人民法院、最高人民检察院发布的《关于当前办理经济犯罪案件中具体应用法律的若干问题的解答（试行）》，2000 年最高人民法院发布的《关于审理贪污、职务侵占案件如何认定共同犯罪几个问题的解释》，以及 2003 年最高人民法院发布的《全国法院审理经济犯罪案件工作座谈会纪要》等司法解释的立场。

二是分别定罪说②。该说主张承认有共同的犯罪故意和犯罪行为，但同时仍应当依照刑法对各自主体明确规定的不同犯罪进行相对应的定罪和处罚，以体现刑法对身份犯规定的特殊性，同时也是贯彻个人主义责任原则，实现罪责刑相适应。

主犯决定说与分别定罪说在当前学界都是绝对的少数，主犯决定说更是受到绝大多数学者的批判，至今已鲜少学者持这一观点。

三是实行行为决定说③。该说从实行行为的性质决定了故意犯罪的性质这一基础出发，主张哪一身份者的行为是实行行为，则统一按照该身份定罪处罚。如果有两个实行行为，则根据身份的属性以更为特殊的身份决定犯罪的性质。如果两个实行行为之间存在着符合牵连犯的手段——目的关系，则根据牵连犯处理。

---

① 参见叶高峰：《共同犯罪理论及运用》，河南人民出版社 1990 年版，第 280~281 页。

② 参见车承军：《贪污共同犯罪定性刍议》，载《中国刑事法杂志》2000 年第 6 期；杨兴培、何萍：《非特殊身份人员能否构成贪污罪的共犯》，载《法学》2001 年第 12 期；最高人民法院刑事审判第一、二、三、四、五庭主编：《中国刑事审判指导案例》，法律出版社 2009 年版，第 8~9 页。

③ 参见高铭暄：《刑法专论（上编）》，高等教育出版社 2002 年版，第 388 页。

四是主实行行为决定说①。该说主张身份竞合时有 2 个实行行为，应当以主要的实行行为决定整体犯罪的性质，如果不能区分出主实行行为，则应当根据部分犯罪共同说，在不同身份犯的重合部分成立共同犯罪，再按各自的身份分别定罪。

五是主职权行为决定说②。该说主张在两种纯正身份犯相互加功而实施共同犯罪时，应当定一个罪名，这个罪名一般应由为主的职权行为来决定，在两种职权行为难分主次时，按照"就低不就高"的原则来认定共同犯罪的性质。

六是想象竞合说③。该说主张出现身份犯竞合时，每个行为人都成为自己身份所对应罪名的正犯，同时又是他人所触犯的犯罪的狭义共犯，最终应基于想象竞合犯的原理处断。

七是义务重要者说④。该说主张在身份犯的竞合情形下，具有不同身份的行为人成立身份犯的同时犯，其中义务重要者仅成立与其身份相对应的身份犯，义务次要者则除了成立自己身份的正犯之外，还成立义务重要者的身份犯的共犯，以观念上的想象竞合原理处理。

（三）身份犯共同犯罪量刑问题的代表性观点

身份犯共同犯罪不仅是涉及定罪上的问题，也涉及量刑上的问题。虽然定罪在很大程度上影响量刑，或者说决定了量刑的基本范围，但在此范围内，需要回答的问题是：无身份者的量刑是否应当比照有身份者的量刑予以减轻？就像德国刑法第 28 条第 1 款规定⑤的那样。此时前提性的问题是：无身份者与有身份者

---

① 参见韩轶：《不同身份者实施的共同犯罪定性之研析——兼论异种罪名的共同犯罪》，载《法商研究》2010 年第 3 期。

② 参见赵秉志：《共犯与身份问题研究——以职务犯罪为视角》，载《中国法学》2004 年第 1 期。

③ 参见陈兴良：《身份犯之共犯：以比较法为视角的考察》，载《法律科学（西北政法大学学报）》2013 年第 4 期；王作富、庄劲：《共同犯罪与构成身份新论》，载《人民检察》2003 年第 11 期；张明楷：《刑法学》，法律出版社 2016 年版，第 398 页。

④ 参见周光权：《论身份犯的竞合》，载《政法论坛》2012 年第 5 期。

⑤ 德国刑法典第 28 条第 1 款规定为："正犯的刑罚取决于特定的个人特征（第 14 条第 1 款）。正犯（教唆犯或帮助犯）缺少此等特征的，依第 49 条第 1 款减轻处罚。"《德国刑法典》，徐久生、庄敬华译，中国法制出版社 2000 年版，第 50 页。

能否构成身份犯的共同正犯？如果可以成立共同正犯，则无身份者的量刑幅度与身份者一致，如果无法成立身份犯的共同正犯，无身份者只能在教唆犯与帮助犯的量刑规则内予以处罚。除此之外，无身份者是否需要减轻刑罚？如果可以，在可以成立共同正犯的情形下，对无身份者是一次减轻，而在不可以成立共同正犯的情形下，对无身份者是二次减轻(无身份者被评价为帮助犯时，相对于正犯的刑罚有所减轻，然后再由于无身份，进行第二次减轻)，对此应当如何理解，学界也有不同的观点。

　　对于无身份者能否与有身份者一起成立身份犯的共同正犯，对无身份者的定罪并无影响，主要的影响在量刑方面。在认可无身份者可以成立身份犯的共同正犯时，就有了无身份者的量刑可能与身份者一致的可能。如果否认无身份者可以成立身份犯的共同正犯，无身份者则在教唆犯或帮助犯的范围内量刑，虽然我国的刑法规定意味着教唆犯可能作为主犯进行处罚，但教唆犯的量刑不应当比实行犯(正犯)重，因为"教唆行为、帮助行为和正犯行为是对同一法益不同强度的侵害，教唆行为的侵害强度高于帮助行为，正犯行为的侵害强度又高于教唆行为和帮助行为。"[1]对此，学界有肯定说与否定说的不同观点。持肯定说的学者主要理由有三个：[2] 一是主张共同正犯是共犯的一种而不是正犯的一种。二是主张身份犯在事实上可由无身份者实施部分实行行为，例如受贿罪中的收受财物的行为，又如强奸罪中的暴力行为等。三是从我国刑法分则第 382 条第 3 款的规定出发，认为其中"与前两款所列人员勾结，伙同贪污的，以共犯论处"的"共犯"，从文义解读的角度包括共同正犯。持否定说的学者主要理由有两个[3]：一是共同正犯是正犯的一种形式而不是共犯的一种形式。二是主张身份犯的实行行为是不具备身份者不可能实施的，即使在事实样态上与身份犯的实行行为有相似之处，但也因为不具备相应身份，而不是实施的身份犯实行行为。将身份犯理解为义务犯的学者更是直接指出无身份者不具备身份者所必须遵守的义务，义务具有一身专属

---

　　① 许玉秀：《当代刑法思潮》，中国民主法制出版社 2005 年版，第 790 页。

　　② 参见黎宏：《刑法学》，法律出版社 2012 年版，第 302 页；周啸天：《共犯与身份论的重构和应用》，法律出版社 2017 年版，第 263~265 页。

　　③ 参见陈兴良：《共同犯罪论》，中国人民大学出版社 2006 年版，第 318 页(参考文献为 2017 年版)；张明楷：《刑法学》，法律出版社 2016 年版，第 389~440 页。

性，无身份者无义务可以违反，也就不可能成为身份犯的共同正犯①。

对于无身份者是否需要减轻刑罚，特别是对于无身份的帮助犯能否进行"二次减轻"的问题，学界给予的关注并不多。对于前者，大多数学者都持肯定态度，认为无身份者在与身份者共同构成身份犯罪时，应当减轻处罚②，但是否要"二次减轻"，语焉不详。也有学者持否定态度，从义务犯的角度对无身份者的义务犯参与者的减轻处罚进行了讨论，主张无身份者参与义务犯与支配犯中的参与并没有什么区别，对义务犯的无身份参与者，没有必要单独另行规定对其减轻处罚，只需根据参与者不法内涵比正犯的不法内涵低的一般原则予以量刑即可。甚至和支配犯的参与者相比，义务犯的参与者可罚性程度相对更高③，应当给义务犯的参与者相较支配犯的参与者更重的处罚。

（四）身份犯共同犯罪现有理论的困境及分析

学界关于身份犯共同犯罪问题的讨论，各种观点层出不穷，看似精彩纷呈，却有着无法忽视的混乱的困境。正如许玉秀教授所言："共犯领域固然原本就是困难的理论领域，但是尽管困难，在它的核心问题，例如正犯与从犯区分理论，亦即共同正犯理论，以及教唆犯和帮助犯处罚依据等，虽然学说推陈出新，所有的讨论还算井然有序，反而共犯与身份这个共犯边缘问题，被打理得一团混乱。"④我国刑法学界对身份犯共犯问题探讨的复杂局面可以用图 0-2 直观地表现出来。

身份犯共同犯罪在立法及司法实践中没有形成明确、统一的规则，理论上的探讨也如此复杂，且各种观点在说服力上难分伯仲，这就难免使得对此问题的探

---

① 虽然周光权教授、何庆仁教授都持义务犯的观点，主张无身份者不可能与身份者成立共同正犯，但周光权教授还是认可有身份者之间可以成立共同正犯，而何庆仁教授认为即使是有身份的人，彼此之间也不可能成立共同正犯。参见周光权：《刑法总论》，中国人民大学出版社 2016 年版，第 362 页。

② 参见马克昌：《马克昌文集》，武汉大学出版社 2012 年版，第 128 页；刘凌梅：《帮助犯研究》，武汉大学出版社 2003 年版，第 227 页。

③ 参见何庆仁：《义务犯研究》，中国人民大学出版社 2010 年版，第 319 页。

④ 许玉秀：《刑事法之基础与界限》，台湾学林文化事业有限公司 2003 年版，第 471 页。

讨陷入了僵局，近年参与探讨的学者也越来越少，这显然不利于身份犯共同犯罪问题的解决。具体而言，此种复杂局面主要表现为以下几个方面：

一是研究前提的混乱。身份犯类型的划分，决定了不同的身份犯共同犯罪定罪量刑模式，虽然当前通说都以真正（纯正）身份犯与不真正（纯正）身份犯的划分模式对身份犯进行分类，但这种划分的具体标准实际上并不统一。例如传统观点会认为不真正身份犯是只影响量刑的身份，其中"非法拘禁罪就是典型的'不真正身份犯'"①，但又有观点认为，非法拘禁罪并不是不真正身份犯，而是真正身份犯②。贪污罪一般被认为是真正身份犯，但又有观点认为贪污罪是不真正身份犯③。而对于私自开拆、隐匿、毁弃邮件、电报罪到底是真正身份犯还是不真正身份犯更是观点林立。这些观点不一致的背后是各自不同的真正身份犯与不真正身份犯的划分标准，这就导致学界虽然都冠以真正身份犯与不真正身份犯之名进行讨论，但概念所指向的对象或许并不一致，使得从一开始身份犯的讨论就显得较为混乱。有学者为了克服这种混乱，试图从实质性的角度进行身份犯划分，比较典型的就是违法身份犯与责任身份犯的划分，以及义务犯理论的引入，但从实质性的角度进行的身份犯划分的学者只占学界的少数，且并未得到充分展开。

此外，仔细观察不真正身份犯与责任身份犯，虽然二者分别体现了形式的划分方式以及实质的划分方式，但不难发现这二者在我国刑法当中都没有太多的存在空间，对真正身份犯与不真正身份犯，或者违法身份犯与责任身份犯进行了系统梳理的学者们得出来的结论都是不真正身份犯或责任身份犯屈指可数。因为我国并不像德日等国家那样，对罪名进行了十分精细的设置，许多被认为是不真正身份犯（或责任身份犯）的罪名，实质上并没有独立的罪名，而是与普通主体犯罪共用一个罪名。这不得不使人反思上述这些分类方法是否真的把握住了身份犯的核心要素，当一种分类得出来的结论是不同类别之间的体量悬殊时，往往说明这种分类要么并不科学，要么有进一步细化的必要。

---

① 陈世伟：《论共犯的二重性》，中国检察出版社 2008 年版，第 215 页。
② 参见吴飞飞：《身份犯论——基于犯罪形态视野的考察》，中国检察出版社 2014 年版，第 64 页。
③ 参见阎二鹏：《身份犯之共犯问题研究》，载吉林大学 2006 年博士论文。

身份犯共同犯罪问题观点概览

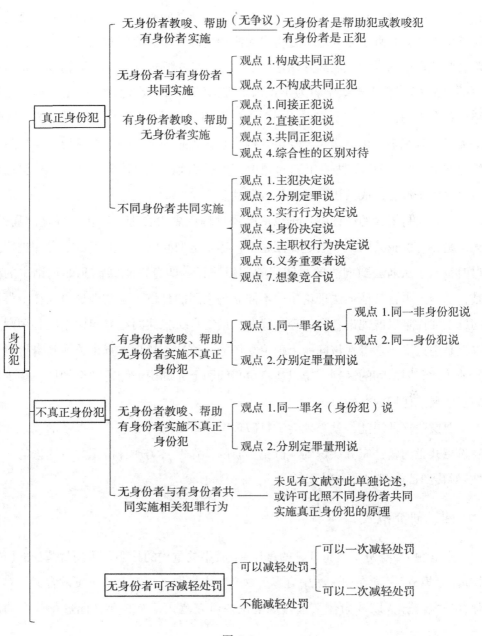

图 0-2

二是为了消解结论的合理性与理论的自洽性之间的冲突而出现的混乱。身份犯共同犯罪也是共同犯罪，共同犯罪的理论必然也应当在身份犯问题上实现理论自洽，但由于身份犯问题的特殊性，有时在普通共同犯罪当中可以得到坚持的共犯理论立场，在身份犯问题上会得出无法接受的结论。为了解决这一问题，有的学者坚持理论的自洽性而放弃结论的合理性（如主张非身份者不能构成真正身份犯的共犯①），但大多数学者为了得出合理的结论而对理论进行变通，但变通的路径各有不同，部分甚至有突破相关理论前提的风险（如认为有身份者教唆、帮助无身份者实施真正身份犯，身份者构成间接正犯的观点中，无身份者的"工具"性存在疑问），身份犯共同犯罪问题应当在什么地方变通，变通的界限是什么，对这一问题没有达成共识必然会导致混乱。

三是在封闭式的讨论中，难以决断哪种理论更为合理，固化了混乱的局面。无论是在身份犯共同犯罪的定罪问题上，还是量刑问题上，大多数学者在进行探讨时是基于从刑法到刑法的封闭式的逻辑路径，即身份犯共同犯罪理论中的分歧，基本上来自其他刑法理论中的不同立场之间的分歧，这些理论争议在身份犯问题上往往难以展现出各自的理论优势。最终身份犯共同犯罪问题中的各种观点仅仅是坚持了各学者在该问题上理论立场的一致性，却没有真正关注到身份犯与其他普通犯罪之间的区别，难以在身份犯问题上充分论证结论的合理性，缺少打破当前混乱僵局的突破口。

要摆脱这种混乱，就必须尝试打破现有的封闭的研究范式，以新的视角看待身份犯共犯问题，充分认识到身份犯实质的特殊性，实现身份犯共犯理论的开放性（对接到社会现实中去）。

四、研究范式

本书题为"身份犯共犯理论的重构"，其中的重构的核心是采用规范论的研究视角。"规范"一词在刑法学中有多重含义，本书取其研究范式角度的含义，对于什么是"规范论"以及为什么选择规范论的研究范式，有必要在此进行基本的说

---

① 参见王发强：《内外勾结的受贿罪共犯是否已被取消》，载《人民司法》1998 年第 9 期。

明，以便更为清晰地展现本书的研究主线。

(一)刑法学中的存在论与规范论研究范式

在刑法学研究中，对于"规范"一词的理解有从法的概念与结构中发展而来的刑法规范论，如日本学者高桥则夫借鉴哈特的规范论，将刑法规范的结构区分为行为规范与制裁规范，并在此基础上对整个犯罪论的基本问题进行分析，这是基于刑法规范(成文法)结构的外在的规范论①。同属此种规范论类型的还有德国学者梅茨格尔对规范进行的评价规范与决定规范的区分。而自宾丁开始的规范论关注的是刑法内在的规范论，即刑法(成文法)之前的规范是什么，在宾丁看来，刑法之前的规范就是从刑法条文推导出来的行为准则。到了 M. E. 迈尔那里，他不再直接从刑法条文形式地推导行为准则，而是为刑法之前的规范寻找更为实质的根基——社会文化。由此发展出了犯罪本质问题上的规范论——规范违反说。在这些层面上，"规范"的含义还是其基本意义，即准则(名词)或符合准则的(形容词)。而在刑法学研究范式层面上的规范论中，"规范"不再仅仅意味着准则，而是由此推往了更深层次的哲学(价值哲学)含义，与其相对应的概念也必须从哲学意义上进行理解，即存在。

存在论(Ontologisimus)与规范论(Normativismus)代表了两种不同的哲学主张，同时也指代基于各自不同哲学主张的方法论。这二者之间的差异根源在于对事实与价值之间关系的不同认识，即事实与价值是否为两个独立的领域，"究竟规范(也就是当为)是否由现实(也就是存在)当中形成，也就是决定于素材与否"②。存在论的基本主张是事实与价值之间有着决定与被决定的关系，事实决定了价值，当为是在存在中形成的。而从规范论的立场上来看，价值与事实、当为与存在分属两个不同的世界，价值从其他价值评价体系中演绎而来，而非从事实中归纳而成。虽然存在论与规范论的核心差异表现为事实与价值的一元论还是二元论，但并非事实与价值相分离的二元论都是规范论。在事实与价值分离之后，有

---

① 参见高桥则夫著：《规范论和刑法解释论》，戴波、李世阳译，中国人民大学出版社2011年版。

② 许玉秀：《当代刑法思潮》，中国民主法制出版社2005年版，第9页。

两种不同的哲学方向，一是自然科学实证主义，即认为只有事实是值得考虑的，价值等无法被证明的抽象的内容不是科学，这在法学领域内表现为法实证主义的"分离命题"。二是新康德主义，在事实与价值分离的前提下同时对事实和价值展开研究。前者对事实的重视与一元论的存在论有内在共通性，但法学不可能完全脱离价值判断，运用自然科学的方式进行研究，"对规范的判断和分析根本无法做到价值无涉"①。后者才是规范论的方向，"规范论是价值主张的学术表达术语"②。

　　由于存在论讲求从事实引出规则，"从事物的内在秩序、物之理性或目的思想来考察法的正当性"③，这种方法论符合人们认识事物的一般规律，可以使得事实和价值之间的一致性得到实现，因而在刑法学中有着深远的影响力。在我国，多数学者认可的犯罪论体系构建的"三关系"和"三原则"④；在行为认定中对自然外观的偏重⑤；认为因果关系是一种负刑事责任的必要条件的普遍观点；在犯罪主观的构成要件上采用的心理责任论的评价机制⑥等都体现了运用存在论解决刑法问题的理论直觉，"存在论结构因此直至今日依然是刑法教义学不可放弃的基础"⑦。但与此同时，注重价值评价的规范论在刑法学中地位日益提高，在犯罪论构成体系理论中，甚至出现了存在论到规范论的转向，"目前大陆法系

---

① 刘艳红：《我国犯罪论体系之变革及刑法学研究范式之转型》，载《法商研究》2014 年第 5 期。

② Gene Shreve：《非概念性法学中的事实、价值与行为》，载《政法论坛（中国政法大学学报）》2005 年第 2 期。

③ 张超：《先天理性的法概念抑或刑法功能主义——雅各布斯"规范论"初探兼与林立先生商榷》，载《北大法律评论》2008 年第 1 期。

④ "三关系"和"三原则"即客观判断优于主观判断、形式判断先于实质判断、事实判断优于法律判断。参见陈兴良：《犯罪论体系：比较、阐述与讨论》，载《刑事法评论》2004 年第 14 期。

⑤ 一般认为危害行为是在人的意志或意识支配下实施的危害社会的身体动作。参见高铭暄、马克昌：《刑法学（第八版）》，北京大学出版社、高等教育出版社 2017 年版，第 63 页。（参考文献为 2016 年版，无"第八版"）

⑥ 童德华：《哲学思潮与犯罪构成——以德国犯罪论的谱系为视角》，载《环球法律评论》2007 年第 3 期。

⑦ 何庆仁：《共犯论中的直接—间接模式之批判——兼及共犯论的方法论基础》，载《法律科学（西北政法大学学报）》2014 年第 5 期。

犯罪论体系的发展早已超越了存在论，进入规范论与价值论的知识领域"①，在犯罪论与刑罚论的具体理论中也都有规范论的影子，如规范的②构成要件要素理论、社会行为论、因果关系理论从归因到归责的转变、规范责任论等。

（二）身份犯共犯问题的规范论研究范式选择

在身份犯共同犯罪问题上，研究范式的不同必然会导致研究思路、研究方向乃至具体观点的不同，虽然存在论与规范论之间并不是完全对立的关系，正如拉德布鲁赫所述"二元方法论并非主张，评价和判断是不受应然事实影响的……评判价值行为是有原因的结果，也是实然事实的意识形态的上层建筑，准确地说就是实施评价行为的社会环境的上层建筑"③。但存在论与规范论在评价的标准上仍有着不可忽视的差异，在对某些具体问题的认识上需要从二者中选择出特定的方向。

一直以来学界对身份犯共同犯罪问题的研究大多采用的是存在论的方法论，之所以作出这样的判断主要是基于相关研究两个方面的表现：首先，对身份犯采用了根据立法外在形式区分的真正身份犯与不真正身份犯的分类作为研究起点，对身份犯的实质属性分析不足，并未认识到身份犯在实质上的内部差异（真正身份犯与不真正身份犯只体现出了外在形式差异）；其次，对身份犯共同犯罪中正犯的认定依据的是行为人的自然行为样态或者自然因果力的贡献。

然而，身份犯在刑法体系中具有构造上的特殊性，并不来自刑法立法的外在形式，也不来自刑法学理论内部，而是来自其相对应社会结构的特殊性，仅采用存在论的方法论无法突破身份犯的立法形式对接到身份犯的社会结构，也就看不到身份犯真正的特殊性以及内部的结构差异性，而忽视了这种差异性必然会导致整个身份犯共犯理论的混乱。此外，在共同犯罪的判断中，正犯的认定是关键，

---

① 陈兴良：《主客观相统一原则：价值论与方法论的双重清理》，载《法学研究》2007 年第 5 期。

② 此处的"规范的"意味着按照社会和法律规则来确定的，涉及的是法律关系或该客体在社会生活中承担的功能，换句话说即是价值性的。参见金德霍伊泽尔著：《刑法总论教科书》，蔡桂生译，北京大学出版社 2015 年版，第 255 页。

③ 拉德布鲁赫著：《法哲学》，王朴译，法律出版社 2013 年版，第 11 页。

目前学界对于正犯的判断大多是以存在论基础上的，行为自然意义上的外观为标准，在身份犯中，这种判断的模式往往会失灵。例如在国家工作人员利用非国家工作人员收受贿赂的场合，国家工作人员并未实施收取钱财的受贿罪实行行为，而在为他人谋取利益上只需承诺即可，包括默示的承诺，在国家工作人员实际上只是面对请托人不做拒绝，之后由亲属收取财物，并由亲属谋划并实施取财方法、掩饰财物性质的情况下，很难说国家工作人员在自然因果力上支配了整个犯罪行为，但是对此展开研究的学者往往都会下意识地将国家工作人员认定为正犯（直接正犯或间接正犯），然后进行论证，在论证的过程中不断将正犯的判断标准实质化，很大程度上已经偏离了固有的正犯原理，却又没有明确为什么在这种情况下要将正犯的标准实质化，如果仅只是为了避免处罚的漏洞，得出合理的案件处理结论，那这种实质化又能否在其他身份犯共同犯罪中同样适用呢？虽然表面上解决了一个问题，却有着引发更多问题的风险。

事实上，在普通共同犯罪中，以存在论的方法论进行研究尚且可以得出合理的结论，但在身份犯共同犯罪中，严格按照这样的逻辑有时得出的结论很难符合人们根据法感情及社会公正需要而对处理结论的预期。坚持存在论研究范式的学者往往会通过各种解释的技巧，将身份犯的本质以及行为事实进行新的解读，但这种解读实质上只会让其原本自洽的理论出现危机。存在论的方法论因受到物本逻辑的限制带有不可避免的封闭性，也正是因为这样使得身份犯共同犯罪问题的相关理论呈现出了混乱且封闭的状态。要摆脱这种局面，与其在存在论的前提下小修小补，不如尝试打破现有的封闭的研究范式，以新的视角看待身份犯共犯问题，重构身份犯共犯的理论体系，规范论就可以是这样一个新的视角，"应用于法学中的客观规范主义，使法学中的价值性知识与规则性知识的联系显然易见，它拓宽了法学研究的视野，更加深人们对一些规则性知识的理解，且给予对策研究提供了指引"①。采取规范论的视角，正视并深入挖掘身份犯的特殊性，采用规范化、机能化研究方法，透过身份犯共同犯罪的自然外观看到实质，并最终着力于应当如何评价，将身份犯从普通犯罪中剥离出来，

───────────

① 刘水林：《法学方法论的哲学基础》，载《西南民族大学学报（人文社科版）》2004年第4期。

找到身份犯内部的实质性差异，构建出新的理论体系，为身份犯共犯理论进行融合、对话打通开放的管道。这样或许才能将混乱的身份犯共犯理论真正地厘清、理顺。

五、研究价值与基本思路

（一）共同犯罪中身份问题的研究价值

1. 理论价值

首先，有助于从理论前提开始理顺身份犯共同犯罪问题。身份犯共同犯罪问题的解决，最为核心的是如何理解共同犯罪中的身份，只有先将身份问题理顺，才能继而将身份犯共犯问题理顺。正如前文所述，当前有关身份犯共犯问题的理论十分复杂，且较为无序，这种无序首先来自对于身份的不同认识，如果依旧遵循原有的研究方法，根据身份犯的表现形式对身份犯进行理解，展开研究，由于没有把握住身份犯的本质内涵，即使在共同犯罪领域内进行理论性的改造，也依旧无法从根本上构建起合理的身份犯理论体系。对身份的不同理解决定了对身份犯共犯问题解决的不同理论模式，以真正身份犯与不真正身份犯的形式性划分为基础的研究，往往会得出真正身份起连带作用，不真正身份独立起作用的身份犯共犯处理结论，但却无法回答为何真正身份起了连带作用，不真正身份起了独立作用，仅仅是因为真正身份犯中没有对普通主体专门设定相对应的罪名，所以就在身份犯的罪名下定罪处罚，而不真正身份犯中有针对普通主体设定的罪名，如果就按照这个罪名处罚，逻辑就过于草率和粗糙，也会引发无休无止的争论。如果是认为根据了"违法是连带的，责任是个别的"原理，却又会发现真正身份并不必然等于违法身份，不真正身份犯也并不必然等同于责任身份。为此从实质的层面看到身份犯的本质，并基于此进行身份犯的分类，才可能达成身份犯共同犯罪的理论共识，至少在有序的范围内说理、论证。

其次，有助于共同犯罪理论的深化。身份犯在单独犯的情形下问题并不复杂，对身份犯研究的重点在于身份犯共同犯罪问题，而在共同犯罪中研究身份问题，同时也会推动共同犯罪理论的深化。例如对于无身份者与有身份者能否成立共同正犯问题的讨论，既要考虑身份犯的特殊性，又要回到共同正犯的理论当中去，讨论共同正犯的处罚基础、共同正犯究竟是正犯还是共犯等问题，以身份犯为切入点，扩展共同正犯的理论深度。又如有身份者教唆、帮助无身份者实施身份犯罪的，能否将身份者认定为间接正犯？此时无身份者与通常意义上被利用来实施犯罪的人的工具有所不同，无身份者具备规范意识，存在着规范障碍，身份者对其的利用，还能否被认定为间接正犯，这是对间接正犯理论的考验。再如学者们将身份犯区分为真正身份和不真正身份以后，主张真正身份是起连带作用的，而不真正身份是起独立作用的，即无身份者帮助、教唆身份者实施真正身份犯，无身份者是按照该真正身份犯定罪处罚，体现了共犯的从属性，而无身份者教唆、帮助身份者实施不真正身份犯时，无身份者按照相对应的基本犯定罪处罚，体现的又是共犯的独立性，这里面是否存在着矛盾，共犯从属性和独立性究竟是何种关系？这都需要在共同犯罪理论中进行深入的探讨、分析，而这些特殊问题的分析，必然也会带动整个共同犯罪理论的丰富和发展。此外，我国刑法当中并未规定德日刑法当中的正犯、帮助犯与教唆犯，而是将共同犯罪人区分为主犯、从犯、胁从犯、教唆犯，这两种不同区分之间如何对应，如何借用德日刑法中的共同犯罪理论完善我国的共同犯罪立法下的理论分析，用解决身份犯共同犯罪问题为契机，也可以得到一定的理论深化。

最后，有助于刑法研究方法论上的拓展及刑法观念的更新。由于自然法运动带来的实质化思潮，刑法研究方法也日益将眼光从重视物本逻辑的存在，转向在价值和目的指引下规范论式的和实质化的存在。在共同犯罪领域，正犯理论的发展就是刑法研究方法论转变的一个重要表现，例如共同正犯、间接正犯、共谋共同正犯等正犯理论，是将共同犯罪中没有亲自实施构成要件的行为人评价为正犯，此时就不仅仅是从行为人的客观行为表现形式出发去考虑行为人行为的意义，而是行为的规范意义。但从总体来看，共同犯罪理论领域中对实质化、规范论思潮仍保持十分谨慎的态度，"当规范论越来越受重视，并在诸多刑法领域取得相当优势时，共犯论似乎不为所动，仍然困守在存在论与物本逻辑的方法论基础之内"[1]。能否在整个共同犯罪理论中彻底抛弃存在论的基础，进行规范论视

---

① 何庆仁：《共犯论中的直接—间接模式之批判——兼及共犯论的方法论基础》，载《法律科学（西北政法大学学报）》2014 年第 5 期。

角的转变，尚且还不能做出肯定的回答，但在身份犯共同犯罪领域内，完全可以以规范论的视角进行研究。在共同犯罪领域内划分不同区块，以不同的理论模式展开研究或许会受到"理论立场不一致"的批判，但正如弗莱彻教授所言，"刑法是一个多中心的思想体系，任何单一的思考模式都不足以解释所有的犯罪；为消解不必要的错误纷争，有必要注意通常被名义上的统一性所掩盖的多样性"①。如果身份犯的原理原本就与普通犯罪不同，硬套普通犯罪的共同犯罪理论，才会造成更大的问题。而以身份犯的研究为线索，也可以尝试性地探寻规范论研究方法的边界在哪里，为刑法研究方法论及刑法观念的更新奠定基础。

2. 实践价值

从实践方面来看，对共同犯罪中的身份问题进行研究，除了可以为填补我国身份犯立法的总则性空白提供理论储备，还可以在身份犯共同犯罪的定罪与量刑两个方面，为司法实践提供一定的指导。

从定罪方面来看，正如前文所述，目前对身份犯共同犯罪在定罪上的难点集中在身份竞合的情形，即各犯罪参与者（身份者与非身份者，或身份者与身份者）各自的行为都有相对应的构成要件时，谁是这个犯罪中的核心人物，应当如何确定各犯罪参与人的罪名。这就既要考虑身份犯的原理，也要考虑共同犯罪的原理。共同犯罪中的各犯罪人通过意思联络形成一个有机的整体，各个犯罪人都要对对方的行为负责，因为对方的行为在共同犯罪意思的作用下已经等同于自己的行为，但此时行为的性质是什么？通过对共同犯罪中身份问题进行研究，可以明确身份犯共同犯罪中，身份究竟如何起作用，起到了何种作用，在这一问题得到解决的基础上，才能够准确地对身份犯共同犯罪进行定性，并确定各个犯罪人的罪名。在当前的司法实践中，并未形成统一的思想，案情类似但定罪截然不同的问题仍客观存在。虽然在理论界身份竞合的情形下，想象竞合说成为最近支持者较多的学说，但以其作为司法实践的指导仍有不足。依照想象竞合说的原理来进行定罪，实质上就是对身份犯共同犯罪问题一律"从一重"处罚，有学者认为这样可能会加剧身份犯共同犯罪"重刑化"倾向问题②。除此之外，更大的问题在于想

---

① 弗莱彻著：《反思刑法》，邓子滨译，华夏出版社 2008 年版，第 286 页。
② 周啸天：《共犯与身份论的重构和应用》，法律出版社 2017 年版，第 11 页。

象竞合说的内在逻辑不够细腻，套用单一的公式却没有精细分析想象竞合是什么形态的犯罪之间的竞合，是否都是一身份犯的正犯与另一身份犯的帮助犯（教唆犯）的竞合？实际上内外勾结侵吞国有公司财物的情形，与内外勾结进行保险诈骗的情形应当是不同的，这就需要更为细致的理论给予司法实践清晰地指导。

从量刑方面来看，身份犯共同犯罪的量刑问题受到的重视并不够，但对犯罪行为的处罚必然包括定罪和量刑两个方面，仅仅解决了定罪问题还只是解决问题的一个部分，如何准确合理地量刑也是不可忽视的重要方面。在我国，量刑往往根据行为人在共同犯罪中所起到的作用大小，先进行主犯与从犯的判断，然后以此为基准进行量刑，但主犯与从犯的判断在身份犯共同犯罪的领域中，是存在认定困难的，不同的法官可能会对行为人究竟是起主要作用还是起次要作用有不同的认识，此时可以借助德日的正犯共犯区分体系，先对各个共犯人的角色进行固定，然后再根据其角色判断其在共同犯罪中的作用大小，即正犯—共犯体系与主犯—从犯体系的对接。在德日刑法中，通说性的刑法观点在解决共同犯罪问题时，总是要先确定犯罪的核心（正犯），再根据其他共犯人与这个核心的关系，确定其他共犯人在共同犯罪中的角色，是共同正犯、教唆犯、帮助犯抑或是其他。但在身份犯的共同犯罪中，谁是共同犯罪的核心并不像普通犯罪那样一目了然。在普通犯罪中，谁贡献了更多的力量，一般就支配了整个犯罪的流程，自然也位于共同犯罪的中心。但在身份犯共同犯罪中，由于身份因素的存在，究竟谁是共同犯罪的核心，并不是完全根据行为的分量决定的，身份本身的分量也必须考虑在内。而当共同犯罪人各自有身份时，谁是犯罪的核心就更加不好判断了。为此，还是要回归到共同犯罪中身份问题的核心，以此在解决身份犯共犯定罪问题的同时，对身份犯共同犯罪人的角色进行判断，继而对其在共同犯罪中的分量予以确定，并探讨清楚无身份者是否应当额外相比有身份者减轻处罚，将这些问题理顺，可以有助于身份犯共同犯罪量刑规则的清晰化、客观化。

（二）研究方法与基本思路

本书主要通过以下方法展开研究：

第一，文献分析法。本书研究的起点在于通过阅读文献、查阅资料、提取信息以便获得对研究对象的全面了解与掌握。通过对国内外学者关于身份共犯的立法规定、理论探析、司法判例等文献资料的搜集和阅读，了解身份共犯在不同地域的立法规定、司法适用与理论研究现状，同时探寻这些立法规定、司法适用与理论研究背后的方法论根基与哲学根基。一方面整体掌握身份与共犯问题的理论轮廓，另一方面梳理已有研究成果的理论前提与理论内涵之间的逻辑关系，并对其进行批判性反思。

第二，比较研究方法。通过阅读大量的文献资料，抽出适用于比较研究的文献，对国内、国外关于身份犯共犯规定的立法发展、演变与现状，分析我国身份犯共犯的立法规定与理论现状所存在的窘境根源，并通过观察域外的理论更新情况及司法状况，探寻我国身份犯共犯立法、司法及理论改进方向的线索。

第三，案例分析法。身份犯共犯本来就是司法实践中切实存在的真实难题，必须通过对司法判例的研究才能准确掌握司法适用现状与存在的问题，找到身份犯共犯这一问题在我国语境下的真实面貌。对案例的分析，可以找到实践中需解决的难题，并进行相应的理论构建，以保证论文研究的实践价值和现实意义，将抽象的理论通过案例的分析具体化与丰富化。

运用上述研究方法，本书按照以下思路展开：

第一章主要探讨身份犯在共犯理论中的困境，包括共犯体系理论中身份犯问题解决的困境、正犯理论中身份犯的难题，以及狭义共犯理论中身份犯的问题。在共犯体系理论中观察身份犯，可以发现其困境主要表现为无论是在区分制共犯体系理论下，还是在单一制共犯理论体系下，都无法很好地解决身份犯共同犯罪问题，虽然区分制共犯体系相对更为合理，但没有经过规范论式的改造仍难以自圆其说。在正犯理论中，身份犯问题主要是非身份者能否与有身份者成立共同正犯，以及有身份者教唆无身份者实施身份犯的情形以间接正犯处理是否恰当。对于前一个问题学界一直未达成一致意见，对于后一问题，以间接正犯处理可以较好地解决处罚漏洞的问题，但这种处理方式可能会导致间接正犯理论的崩溃。在狭义共犯理论中，共犯对正犯的从属性已经在学界取得了认可，但将身份犯区分为真正身份犯与不真正身份犯的情形下，身份者与非身份者分开定罪处罚的做法有突破共犯从属性的问题，在形式化对身份犯进行分类的前提下难以对此进行合理的说明。通过第一章的探讨，旨在说明身份犯在理论上有着重塑的必要。

第二章主要对身份犯共犯理论规范论式的重塑的理论根基进行阐述，分别从法哲学、社会学以及刑法教义学三个角度切入。在法哲学领域，规范论的兴起突破了存在论将价值评价与自然存在捆绑在一起的束缚，表明了价值评价的相对独立性，这对规范论式的思考刑法学问题提供了视角。存在论作为人们的一种思维惯性，来自科学领域内追求确定性思维的传统，但确定性思维的前提并不能经得起推敲，同时随着现代哲学解释学的发展，重视价值评价的规范论式的理论在（刑）法学领域中有了很大的发挥空间。要进行规范论式的思考并不意味着随意地主观化评价，而是应当重视刑法学的目的性与价值性，这就要求刑法对社会的开放与对接。为此本章接下来从社会学的角度探析身份犯的社会结构，可以发现身份犯内部对应的社会结构存在着差异，分别是个人原子式的社会结构与共同体式的社会结构，对应不同社会结构的身份犯意味着行为人对应义务的差异，认识到这种差异才能更合理地构建身份犯共犯理论，在这种构建中，社会学功能主义的方法论提供了重要的支撑。在刑法教义学的层面，可以发现刑法学理论已经出现了一定的规范论倾向，包括刑法体系的价值化、构成要件解释的实质化以及因果认定的机能化等，这种规范论的倾向是身份犯共犯理论规范论式的重构的基础，但规范论的运用必须有一定的限度，需要专门进行探讨。

　　第三章主要探讨身份犯的基本问题，包括身份犯的界定、身份犯的学理分类以及身份犯的本质。身份犯的基础问题是身份犯共同犯罪的理论基础，对身份犯基本问题的研究旨在明确研究的逻辑起点。在身份犯的界定及特征方面，本章首先从多个角度探析身份的内涵，在此基础上给出身份犯的定义以及刑法定位，同时通过对身份犯特征及功能的分析更加全面地展示出身份犯的内涵及属性。身份犯的学理分类决定了身份犯共同犯罪理论的基本构架，目前学界对于身份犯的分类可以类型化为形式化的分类与实质化的分类两种，形式化的分类主要根据身份犯的立法形式进行分类，实质化的分类则深入身份犯的实质内容，根据身份起作用的方式或身份的实质结构进行分类，通过对身份犯分类的分析，明确应在何种身份犯划分基础上构建身份犯共犯理论。身份犯的本质主要涉及的是如何理解身份犯特殊的可罚性问题，本书尝试在分析现有理论的基础上，提出更为合理的对身份犯本质的认识。

　　第四章对身份犯共犯理论规范论式的重构进行具体的展开，首先通过对已有的规范论式的路径进行分析，确立本书的理论构建路径。接下来就身份犯共犯的正犯原理及参与原理的重构进行分别展开，正犯原理的重构包括正犯准则、共同正犯理论以及间接正犯理论三个方面，参与原理的重构则主要讨论非身份者对身份犯的参与以及身份者的竞合参与两个方面。

　　第五章主要探讨规范论式的身份犯共犯理论的实际运用，为了更好地实现该理论在定罪中的运用，需要明确如何对身份犯根据其不同的社会结构进行区分，即如何判定义务依附型身份犯中的特殊义务。此外，由于在义务依附型身份犯中是以义务违反作为正犯准则，如何判定义务违反也是一个定罪中的重点问题。在量刑当中，首先需要完成的是规范论式的身份犯共犯理论与我国刑事立法的对接，规范论式的身份犯共犯理论依靠正犯、共犯概念而构建，如何在立法中仅有主犯、从犯概念的我国运用该理论就必须厘清正犯与主犯之间的关系。除此之外，非身份者是否应当减轻处罚，也是量刑中需要特别讨论的问题。仅仅通过理论的叙述还不能完全展示该理论的实际运用，为此在本章最后一部分需要对一些典型的身份犯案件进行分析，以展示该理论的运用思路。

第一章　身份犯在共犯理论中的问题阐述

正如本书导论部分所述，身份犯共同犯罪问题有立法、司法、理论三个层面的体现，但集中到一点，还是理论层面的难题。之所以会出现立法上的空白与不协调，以及司法上的不统一，主要是因为在理论上没有将身份犯共犯问题梳理清楚，没有构建起科学合理、有序的身份犯共犯理论。为此，对身份犯共同犯罪问题进行研究，必须将其在理论上的问题进行充分展开。身份犯共同犯罪是身份犯理论与共同犯罪理论相互交融的难点问题，但其复杂之处主要集中于共同犯罪理论的这一端，因此，本书主要就身份犯在共犯理论中的问题进行展开。

身份犯共同犯罪虽然有着自身的特殊性，但也有一般共同犯罪的特征，因而对该问题的探讨既要能契合该问题的特殊性，又要受到共同犯罪基本原理的框定。能否解决好身份犯共犯问题，也成为检验共犯理论自洽性与合理性的"试金石"之一。我国的共同犯罪理论经过长期的发展，已经逐步形成较为稳定的体系，在体系内学者们就各个细节进行探讨，在一些问题上形成了一定的理论共识（通说），但这些共识都是以一般共同犯罪为前提构建的，并且大多以存在论的方法论为基础，"种种迹象显示，直接—间接模式不仅与纷繁复杂的共犯论问题息息相关，而且充分地决定了主流观点对共同犯罪领域内诸问题的理解"①。在身份犯问题上，大多数学者以真正身份-不真正身份的形式化划分为研究起点，基本确立了在真正身份犯共同犯罪中，以身份的连带性为核心，不具有身份者与身份者一起按照真正身份犯进行处罚；在不真正身份犯共同犯罪中，以身份的独立性

---

① 何庆仁：《共犯论中的直接—间接模式之批判——兼及共犯论的方法论基础》，载《法律科学（西北政法大学学报）》2014 年第 5 期。

为核心，不具有身份者与有身份者按照各自对应的刑罚进行处罚的基本规则。但身份犯构造上的特殊性并不来自刑法立法的外在形式，而是来自其相对应社会结构的特殊性，以形式化划分为研究起点，并运用直接—间接模式的存在论共犯理论构建起的身份犯共犯处理规则存在着诸多难以自洽的问题，这些问题正是促发本书在身份犯共犯理论中引入规范论式的研究的基本动因。

需要说明的是，共同犯罪与犯罪论中的其他问题始终是密切联系在一起的，共同犯罪理论上的差异也往往根源于犯罪论中其他问题的争议。同时，共同犯罪理论不仅是一种静态的理论，也是一种方法论及动态思考方式的体现(如对共同犯罪的认定是先划定整体参与人范围，进而在这一范围内确定各个行为人所需承担的责任，还是先在大致的参与人范围内找到正犯，再根据其他行为人与正犯之间的关系确定其应当承担的责任)。为此，共同犯罪理论所涵盖的问题既庞大又精细，在本章内不可能面面俱到地就每一个细节探讨身份犯共犯问题。但仍可以把握住的是，共同犯罪理论的核心部分主要涉及体系、本质与内部逻辑问题，因而本书以此为线索依次对相关问题进行分析和阐述。

第一节　共犯体系中的身份犯问题

共犯的体系在世界各国的立法例上主要有区分制共犯体系与单一制共犯体系两种形式。与立法形式相对应的，在共犯体系的理论上也就分别存在着区分制的共犯体系理论与单一制的共犯体系理论①。对于我国的共同犯罪刑事立法，传统理论一般主张我国的共犯立法体系以共犯人在共同犯罪中所起的作用进行类型划分为主，以共犯人在共同犯罪中的分工进行类型划分为辅。但仅以此对立法的理解解决共同犯罪问题，缺乏对共同犯罪人行为认定精确性的重视，不利于对共同犯罪的准确认定，而德日刑法学中对共犯体系的分析及相关理论的发展，可以成为我国的有益借鉴。对于我国究竟采用的是单一制共犯体系还是区分制共犯体系，学界尚未形成定论，这主要是因为我国的共同犯罪立法体例既有亲和于区分

---

① 为了行文的简洁，本书在后文中将共犯立法体系和共犯理论体系的理论统一用共犯体系进行表述，在语境中可以较为清晰地作出区分。

制共犯体系的教唆犯(以分工为标准)的共犯类型，又有亲和于单一制共犯体系的主犯·从犯(以作用为标准)的共犯类型。但同一个共犯体系是无法既容纳区分制体例，又容纳单一制体例的，"分工分类法与作用分类法是两种不同的分类法，分类标准有所不同，两者不能交错。"①从当前的研究现状来看，区分制的共犯理论是大多数学者的理论工具选择。然而区分制共犯体系理论在解决身份犯问题时存在着一定的理论困境，因为其在对正犯的认定中过于注重物本逻辑，可能导出不合理的结论。转向单一制共犯体系理论也未能化解困境，一方面单一制共犯体系自身存在着一定的不合理性，另一方面在身份犯问题上也无法周延地进行解释。

一、区分制共犯体系下身份犯正犯的认定困局

(一)以限制的正犯概念为基础的区分制共犯体系

对于正犯，学界有限制的正犯概念与扩张的正犯概念两种不同的解读，限制的正犯概念凸显了正犯与狭义的共犯在评价上的差异。区分制共犯体系正是建立于限制的正犯概念基础上的，其外观特征表现为对正犯以及狭义的共犯，即帮助犯、教唆犯进行区分，并以区分后的正犯作为共同犯罪的核心构建体系。其中，正犯与共犯无论在概念上、形态上还是价值上都有所不同。正犯是直接实现构成要件的行为人，而共犯围绕在正犯周围，其虽并未直接实现构成要件，但经由构成要件的扩张(或刑罚的扩张)而被给予了处罚的依据。此外，基于正犯与狭义共犯在概念、形态、价值上的区别，正犯与狭义共犯适用不同的法定刑，一般而言对共犯进行减轻处罚。例如，德国刑法典第二章第三节中明确规定了正犯与教唆犯、帮助犯的法定形式，且规定了对帮助犯在法定刑上的减轻。区分制的共犯体系重视正犯与狭义的共犯在解释论上的区分，即对行为的定性是核心的问题。在区分制共犯体系中，正犯与狭义共犯之间的关系是被从属与从属的关系，虽然根据不同的理论观点，对从属的程度理论界尚有争议，但狭义共犯需从属于正犯已

---

① 陈兴良：《刑法适用总论(上卷)》，法律出版社 1999 年版，第 528 页。

经成为理论共识①。总结而言，区分制共犯体系的基本主张在于采用限制的正犯概念，明确区分正犯与狭义共犯，并以正犯为核心，将正犯与构成要件直接挂钩，狭义共犯从属于正犯。

区分制共犯体系采用限制的正犯概念并以之为核心基础，主要是出于对共同参与犯罪事实当中的行为进行了构造、价值不同的区分，同时还有对构成要件定型性的维护等方面的考虑。

首先，将正犯与共犯区分开来，并以正犯为共同犯罪的核心，来源于正犯与共犯在存在论上的构造差异。区分制共犯体系对正犯与共犯在价值上进行的区分，之所以在德国、日本、韩国等大陆法系国家的立法体例中有正式的表现，并且为德国、日本、韩国等国家以及我国的多数学者所接受，是因为这种区分方式在物本逻辑的层面上清晰地表现出了共同犯罪中不同的行为层次，符合人们对共同犯罪这种犯罪形态的直接性认知。虽然共同犯罪是与单独犯罪所不同的犯罪形态，但在实质上都是对法益的侵害，而在与单独犯罪相比较的过程中，共同犯罪中亲自、直接实施构成要件行为的人，显然更接近于单独犯罪的场景，因而应当处罚更重；而加功于正犯的教唆犯、帮助犯则相对而言离法益被侵害的场景较远，也与单独犯罪的行为情境差异较为明显。为此，相对应地给予狭义的共犯较轻的处罚也就理所当然。质言之，区分正犯与共犯并确立正犯在共同犯罪中的核心地位，首先是因为其符合人们对共同犯罪现象进行评价的直观、朴素的直觉。

其次，从因果关系理论的角度来看，区分制共犯体系主张正犯的行为与法益侵害结果之间的因果性和狭义的共犯是不等价的，即有学者所称的"因果关系非等价说"②。具体而言，正犯是实施了构成要件行为，直接侵害法益的行为人，其行为与法益侵害结果之间是直接的因果关系；而教唆犯与帮助犯并没有实施构成要件行为，因而对法益的侵害是间接的，其行为与法益侵害的结果之间是间接的因果关系，二者在因果性上并不相同。由于因果关系是刑事归责的前提，而因果作用力的大小又决定了行为人不法程度的高低，为此，正犯与狭义的共犯在因

---

① 在英美法系国家也认可帮助犯、教唆犯属于间接责任，其责任建立在正犯责任的基础上。See Noel Cross. Criminal Law and Criminal Justice：An Introduction，London：Sage Publications Ltd，2015，p. 75.

② 王志远：《区分制共犯制度模式研究》，载《当代法学》2009 年第 5 期。

果性上的大小差异，就必须在定性评价的范畴内予以表现出来。

最后，限制的正犯与构成要件直接挂钩，这有助于维护构成要件的定型性，也有助于实现违法问题与责任问题的阶层性区分。在限制的正犯概念中，正犯与构成要件是严格对应的关系，且只有正犯可以与构成要件直接对应，"不通过他人而自己直接实施构成要件的行为者是正犯，而参与犯罪但并未直接实施构成要件的行为者是共犯"①。而在扩张的正犯概念中，正犯与构成要件之间的关系不再直接对应，凡是对法益侵害结果有贡献的人都是正犯，都是实施了构成要件行为的人。区分制的共犯体系以限制的正犯概念为核心，强调正犯是实施了构成要件行为或行为一部分的人，从而在构成要件符合性层面将正犯与共犯的不同形态与性质区分开来。通过将正犯与构成要件的挂钩实现对构成要件定型性的维护，即只有实施构成要件行为的人才能是正犯，没有实施构成要件行为的人就不能被评价为正犯。同时，通过将正犯与构成要件密切联系在一起，使得正犯与共犯的行为在违法性层面有了明显的区分，并在此基础上将违法与责任问题区分开来。

（二）身份犯对限制的正犯概念的松动

区分制共犯体系最大的特征，也是最具备说服力的优点在于其通过正犯的设定，实现与构成要件定型性的紧密联系，从而有利于贯彻罪刑法定原则。在典型的、一般的共同犯罪当中，区分制共犯体系可以较为顺畅且明确地判断出共同犯罪中谁是正犯、谁是狭义的共犯。然而，在一些特殊情形下，区分制共犯体系对正犯与共犯的区分变得十分困难，这种困难主要来自正犯的特殊地位与功能。在区分制的共犯体系中，正犯不仅是行为定性的核心，同时也是量刑的基准性决定因素。帮助犯一般比照正犯减轻刑罚，而教唆犯出于刑事政策的考虑处以正犯之刑，这即意味着正犯同时在定罪与量刑两个方面处于共同犯罪评价的中心。然而，正犯所承载的这两种评价功能一定情况下存在着冲突与矛盾。在严格以构成要件为标准，对实施了构成要件行为的行为人评价为正犯时，对并没有实施构成要件行为的行为人只能评价为帮助犯或教唆犯，但有些共同犯罪人虽然没有亲自

---

① 马克昌：《比较刑法原理：外国刑法学总论》，武汉大学出版社 2002 年版，第 569 页。

直接实施构成要件行为，但其行为效果并不次于(有时甚至高于)亲自实施了构成要件行为的行为人，对这些形式上的狭义共犯处以较轻的刑罚是人们所不能接受的。为此，在正犯与狭义共犯的区分标准上，除了形式的客观说之外，还发展出了实质的客观说与行为支配说。这种正犯标准的实质化发展，一定程度上解决了间接正犯与组织犯等特殊的共同犯罪人类型的处罚合理性问题。但在身份犯的问题上，即使是实质的客观说或者行为支配说①，也无法完全实现逻辑自洽。

在区分制共犯体系下，无论采用哪种客观说以区分正犯与狭义的共犯，都强调自然意义上正犯的因果贡献力。在形式客观说的视角下，正犯必须亲自实施构成要件的全部或者一部分，其对法益侵害结果的主要因果贡献力是直观的。而在实质客观说的视角下，首先坚持的仍是实施构成要件行为所具备的主要的因果贡献力，而在此之外，对没有实施构成要件行为，但与之在作用(功能、地位等)上相匹配的也作为正犯看待，以此修正形式客观说对构成要件的僵硬性联系。然而，区分制共犯体系的此种对正犯与狭义共犯的理解，实际上打着物本逻辑式的存在论方法论烙印，即使是实质的客观说对正犯进行了一定的实质化，但其仍未摆脱自然主义的束缚，仍是以实施了构成要件行为一部分或全部的正犯作为参照系，以因果贡献力确定实质意义上的正犯。

在德、日刑法学界，实质的客观说主要是为了解决间接正犯与组织犯的处罚问题而发展出来的。但在身份犯的问题上，有一部分的身份犯共同犯罪人是否在自然外观上实施了构成要件的全部或部分行为并不是评价的重点，其自然意义上的因果贡献力大小也无法起到区分正犯和狭义共犯的作用。对于这些身份犯而言，评价的重点不在于行为人对法益侵害结果在自然意义上的因果贡献力，或者说行为人事实意义上的贡献大小，而是从规范的角度对行为人行为的意义予以评价。以贪污罪为例，在国家工作人员利用职务上的便利，为他人窃取、骗取公共财物提供帮助的情况下(如导论中第一组案例中的案例1，国家工作人员肖某仅实施了消极的不作为——不带保卫部的人去抓盗挖钨砂的贺某某，而贺某某实施了整个窃取、销赃的行为)，如果将国家工作人员的行为评价为从犯(帮助犯)，

---

① 虽然将行为支配说与实质客观说并列，但实质上其与实质的客观说并没有本质性的区别，都是对正犯进行一定的实质化、规范化。

由于非国家工作人员单独不能构成贪污罪，则会导致实施窃取、骗取公共财物的行为人只能认定为普通犯罪(盗窃或诈骗的正犯)的处理结果，这样的结论显然是无法被接受的①。而在处理此类案件时，司法人员或学者们往往会先入为主地将国家工作人员视为行为的核心，再通过各种实质化的解释将其外观上的教唆或帮助行为认定为实行行为，但又不为其本身实际的客观行为样态与构成要件的差距作充分的说明。这就导致以限制的正犯概念为基础的区分制共犯体系难以在身份犯领域内贯彻其底层逻辑，其引以为傲的对构成要件定型性的维护以及对正犯与狭义共犯认定的清晰性也可能出现危机。

二、单一制共犯体系下身份犯对"自主负责"原则的挑战

在区分制共犯体系出现对身份犯共犯的解释困境时，单一制共犯体系作为学术上的少数说发现了可以施展的舞台。以对身份犯共同犯罪的合理解决为契机，单一制共犯体系对其自身理论的合理性进行了加强性的阐述，但这种阐述仍具有无法克服的局限性。

(一)单一制共犯体系中的"自主负责"原则及其理论基础

1. 单一制共犯体系中的"自主负责"原则

单一制共犯体系在立法形式上表现为不区分行为人在共同犯罪中的参与形式，都适用同一法定刑(当然适用同一法定刑并不意味着所有共同犯罪人最终被科处的刑罚是完全同一的)。如意大利刑法典第 110 条规定："当数人共同实施同一犯罪时，对于他们当中的每一个人，均处以法律为该犯罪规定的刑罚，以下各条另有规定者除外。"②又如巴西刑法典第 29 条规定："以任何方式共同加功于犯罪的人，根据他们的责任大小，按照法律对该罪规定的刑罚追究刑事责任。"③从理论上来说，单一制共犯体系理论主张所有的共同犯罪参与人在行为定性的价值评价上并没有区别，只要是参与了共同犯罪的行为人，都是正犯，

---

①　在这种情况也很难直接套用实质的客观说的理论，因为显然这种情况并不是间接正犯或者组织犯的情形，国家工作人员肖某并没有在自然因果上支配整个犯罪。

②　黄风译注：《最新意大利刑法典》，法律出版社 2007 年版，第 42 页。

③　陈志军译：《巴西刑法典》，中国人民公安大学出版社 2009 年版，第 13 页。

人自己的角度来看就具有了独立、固定的不法内容。从对刑法分则规范的理解上来看，单一制共犯体系论者并不认为正犯与共犯所违反的行为规范是有差异的，并且认为其所受到的制裁规范也是同一的。例如正犯违反的是"不得杀人"的行为规范，共犯违反的也是"不得杀人"的行为规范，"刑法分则'不得杀人'的行为规范不仅包含不得'亲自'杀人的内容，而且也包含不得'以任何归责的方式'杀人"①。同时，正犯与共犯都同样适用刑法分则中对于违反了"不得杀人"行为规范所相对应的制裁规范。质言之，刑法分则的规范既适用于正犯，也适用于共犯，所有的犯罪参与人（无论什么形态）都足以根据自己的行为适用刑法分则的规范，因此单一制共犯体系中所有共同犯罪参与人都适用统一法定刑（但并不意味着统一的刑罚）。

（二）单一制共犯体系"自主负责"原则在身份犯中的失灵

1. 单一制共犯体系下解决身份犯共犯问题的方案

学界大多数学者一般会认为单一制共犯体系对身份犯共同犯罪是无能为力的，因为"如果承认教唆犯、帮助犯都是正犯，那么，在身份犯的场合，其就必须具有特定身份才可能成立狭义共犯"②，这就表明对于无身份者帮助或教唆身份者实施身份犯的场合下，既然无身份也是正犯，就必须具备成立正犯所必需的特殊身份，由于无身份者不具备这样的身份，对无身份者就无法处罚。德国学者耶塞克和魏根特教授也指出："在特别犯（包括自首犯、身份犯等）的情况下，单一正犯体系将无能为力，只有在刑法上规定特别的处罚规定，否则根本上不能处罚"③，身份犯问题一度成为批判单一制共犯体系最为有力的工具。单一制共犯体系理论的支持者在抨击中不断思考如何化解身份犯共犯的问题，尤其是真正身份犯的共同犯罪问题，逐步形成了一些解决的方案，并以此作为着力点表明自己对比于区分制更具有理论优势。

方案之一是对"正犯"进行新的解读。例如我国学者刘明祥教授主张单一正犯

①　江溯：《区分制共犯体系的整体性批判》，载《法学论坛》2011年第6期，第72页。

②　张明楷：《刑法学》，法制出版社2011年版，第354页。

③　耶塞克、魏根特著：《德国刑法教科书（总论）》，徐久生译，中国法制出版社2001年版，第778页。

体系与区分正犯与共犯体系的"正犯"应当做不同的理解，认为单一正犯体系中的"正犯"实际上等同于"行为人"（或犯罪人），区分制体系中的"正犯"与"共犯"都是单一正犯体系中的"正犯"①。这也就是说，无身份者虽然不能单独实施真正身份犯的实行行为，但是可以实施相关行为（如帮助国家工作人员收取财物、教唆国家工作人员贪污公款等），因此也是真正身份犯的"行为人"，可以纳入单一正犯体系当中来。在此种解读下，单一制共犯体系中的"正犯"原本就并不要求与区分制体系中实施构成要件行为全部或一部分的"正犯"相一致，从而消解了不具身份者作为单一制中的正犯无法处罚的问题。此外，刘明祥教授还认为，此种处理方式甚至还带来了另外的益处，克服了区分制理论中对身份犯的参与者处罚的种种不当②。

方案二是对犯罪参与者不法的独立性判断原则作出合目的性的解释。单一制共犯体系强调对各个犯罪参与人责任的独立判断，每个参与人都是因为"自己的不法"而承担责任，即"自主负责"原则。在身份犯的场合下，由于行为人不具备身份，对其进行"自己的不法"判断时就会遭遇障碍，但奥地利学者新近以来认为这并不是一个问题，因为"在真正的特别犯的情况下，之所以认为包含非特别犯在内的所有犯罪参与者均成立该特别犯，其原因就在于欠缺该特别资格或关系的参与者实际上是通过参与特别犯的行为而间接地实现了特别犯的不法"③，我国学者江溯教授也支持这一观点。

2. 单一制共犯体系"自主负责"原则在身份犯中的难以为继

单一制共犯体系理论虽然通过种种努力化解身份犯问题导致的理论危机，但由于单一制共犯体系自身的不足难以克服，其"自主负责"原则也很难在身份犯中坚持下去。

单一制共犯体系一直以来饱受诟病的不足在于其与构成要件的脱节，由于其坚持"自主负责"原则，行为人是帮助也好、教唆也好，在单一制共犯体系看来并

---

① 刘明祥：《从单一正犯视角看贿赂罪中的共同犯罪疑难问题》，载《法学家》2017 年第 2 期。

② 包括对身份犯的参与者处罚轻重失当、对身份犯的教唆未遂无法定罪处罚以及对有身份者教唆无身份者实施身份犯难以准确定性的问题。

③ 江溯：《关于单一正犯体系的若干辩驳》，载《当代法学》2011 年第 5 期。

不重要，即使是帮助、教唆，只要对犯罪结果的产生贡献了因果就可以处罚。如果坚持"自主负责"原则，单一制共犯体系中对各个行为人的责任就是单独予以判断的，即每个人都是因为"自己的不法"而承担责任，而帮助、教唆等行为单独来看显然与构成要件中的实行行为相去甚远。例如，无论如何进行解释，也很难将一个单纯地给行凶者准备了刀具的行为解释为"杀人"的行为，而在单一制共犯体系的处罚逻辑下，准备刀具的行为同样违反的是"不得杀人"的行为规范，这实际上已经使得构成要件的明确性和定型性遭受了严重的损害。刘明祥教授将单一制共犯体系中的"正犯"解释为"行为人"，事实上就表明了对"正犯"概念的放弃，随之而来的就是对构成要件行为明确性的放弃。如刘明祥教授在对国家工作人员教唆非国家工作人员收受贿赂的情形下，就直接将国家工作人员的"教唆"行为认定为是受贿行为，同时也将非国家工作人员的"帮助受贿"的行为认定为符合受贿罪的客观条件，但"教唆"与非国家工作人员"帮助受贿"显然与受贿罪构成要件所表述的行为类型不相符合，只因为存在因果关系，就能直接认定二者符合受贿罪的主客观条件，显然已经对构成要件所规定的内容进行了突破。

　　虽然单一制共犯体系逐步发展出了机能的单一制共犯体系与限缩的单一制共犯体系(江溯教授就是机能的单一制共犯体系的推崇者)，一定程度上解决了处罚范围过大、违反法治国原则等问题，但也同时越来越接近区分制共犯体系，除了犯罪人适用同一法定刑以及其核心的"自主负责"原则，其余已经与区分制共犯体系无异，但"自主负责"原则在身份犯问题上并不能彻底贯彻下去。所有犯罪人"自主负责"的原则表明每个犯罪人只对自己的不法负责，而不需要从属或借用他人的不法，换句话说，不对他人的不法负责。这种自主负责的模式首先并不符合共同犯罪的社会意义，共同犯罪是各个共同犯罪人所结合的整体实施的不法，将这种不法予以割裂成为多个单一的不法无法反映出共同犯罪原本的社会意义。此外，所有犯罪人"自主负责"的原则所强调的"自己的不法"就意味着不应当存在为其他参加者的不法负责的情形，在身份犯共同犯罪的问题上，非身份者犯罪人"自己的不法"中不得不包含、借用或者说从属于身份者的"不法"，这实际上就是以"自己的不法"之名，而行"他人的不法"之实，一旦去掉他人(身份者)的不法，行为人由于不具备身份，其行为显然无法被涵射于身份犯的射程当中去。

三、区分制共犯体系的选择及其问题出路

(一)区分制共犯体系的选择

我国立法由于并未明示我国的共犯体系属于区分制共犯体系还是单一制共犯体系，因而这两种共犯体系理论都可以为我们所用。例如，在我国，相比较于将共同犯罪参与人划分为正犯与共犯进行了立法上确认的德国、日本、韩国等国家，适用单一制共犯体系理论不会存在与立法的冲突。由于我国在立法上并没有区分正犯与共犯，仅有狭义共犯中的一类(教唆犯)具有立法上的根据，为此刘明祥教授、江溯教授、阮齐林教授等主张我国的共犯立法应采用单一制共犯体系进行理解就不存在像德、日那样的障碍。事实上，经过不断的探索和发展，单一制共犯体系与区分制共犯体系彼此之间在不断地靠拢，区分制共犯体系的实质化使得正犯与构成要件之间的僵硬性联系开始变得缓和，单一制共犯体系的机能化也使得各个犯罪参与人之间并不是绝对地不在价值上作区分，这就表明，这两种共犯体系理论内部有能使二者互相借鉴与融合的共通基础。但总体而言，区分制共犯体系与单一制共犯体系在逻辑出发点以及在对共同犯罪现象的认识上还是存在着差异，仍有必要在二者之间做出选择。虽然区分制与单一制在处理身份犯共同犯罪的问题上各有利弊，但相比较而言，区分制仍然应当是值得坚持的理论模式，只是在身份犯问题上需要对区分制共犯体系进行一定的修正。

首先，区分制对构成要件明确性的维护是刑法得到正确理解的适用的重要基础。构成要件的行为定型性保障了罪刑法定原则的贯彻和落实，人们通过对构成要件行为的判断才可能实现对自己行为的预测。在区分制的共犯体系中，正犯与构成要件的紧密关联就为刑法的适用找到了一个核心的行为判断中心，一旦将犯罪人的行为评价与构成要件完全脱钩，会使人对刑法判断的依据产生疑惑。例如，为什么一个单纯的帮助行为也被包含在了实行行为的规范下？仅仅是"事实上的关联性"无法充分体现各个犯罪人的行为意义。缺乏对构成要件行为的直观理解和认识，在适用刑法时就难免会过于侧重对行为人预防必要性的判断，这也是为什么单一制共犯体系被认为容易与意思刑法相结合，并在纳粹时期沦为了纳

粹刑法通论①。

其次，区分制对不同犯罪人在不同阶层的区分更符合共同犯罪的社会意义表达。共同犯罪是与单独犯罪并不相同的犯罪形态，但这种区别主要是在内部结构上，从外部法益侵害的角度来看，都是造成了一重法益侵害，而不是每个犯罪参与人都造成了一重法益侵害，这就意味着从外部来看，共同犯罪与单独犯罪应当具有同一性。而单一制共犯体系过于强调每个人自己的不法，即前文所述的"所有犯罪人自主负责的原则"，这就是将共同犯罪理解为了多个同时犯的结合，这显然并不符合共同犯罪的社会意义表达。

最后，区分制更符合我国共犯体系的建设需要。单一制共犯体系将对共同犯罪各个参与人的罪责判断压在了量刑阶段，然而，罪责判断中包括了犯行责任与量刑责任两个部分，如果将共同犯罪人的犯行责任全部视为同一，则只剩下对行为人人身危险性予以考虑的量刑责任的判断②，此时法官的自由裁量权大范围地扩张，就需要有十分细致且明确的量刑规则予以配套。在意大利、奥地利等采用单一共犯体系立法的国家里就有这样的配套的量刑规定，"意大利的共犯规定还对参与者的处罚设有例外规定，没有严格贯彻参与者同罚的原则，由此可见，取代构成要件上的解释论层面的范畴性类型化，进行了极其类型化的量刑规定。"③在我国，这样的量刑配套规则并没有建立起来之前，以单一制的共犯体系思考我国的共同犯罪问题，就会使得量刑灵活度有余而客观性不足。

综合以上分析而言，虽然区分制共犯体系在分析身份犯问题时有一定的困境，但从总体的理论正当性角度来看，本文认为区分制共犯体系优于单一制共犯体系，应当对区分制共犯体系予以坚持。对于身份犯问题，则可以对区分制共犯体系进行一定的调整，使其能更好地作为分析工具处理身份犯问题。正如一栋房子若仅只是窗户存在破漏，并不意味着要将这栋房子全部推倒重新建造，而可以

---

① 高桥则夫著：《共犯体系和共犯理论》，冯军、毛乃纯译，中国人民大学出版社 2010 年版，第 9 页。

② 参见何庆仁：《归责视野下共同犯罪的区分制与单一制》，载《法学研究》2016 年第 3 期。

③ 高桥则夫著：《共犯体系和共犯理论》，冯军、毛乃纯译，中国人民大学出版社 2010 年版，第 28~29 页。

仅对窗户部分进行修补，以最大化房子整体的功能和价值。

(二) 区分制共犯体系的规范论视角修正

虽然在理论路径上选择了区分制共犯体系，但正如前文所述，区分制共犯体系自身在解决身份犯问题时会造成限制的正犯概念的危机，这种危机主要来自目前的区分制共犯体系中所带有的"直接—间接"模式①，以及其对价值考量不足的体系构造。所谓的"直接—间接"模式指的是在区分制共犯体系中，正犯是直接与构成要件以及法益侵害相关联的行为人，而狭义的共犯(教唆犯与帮助犯)通过正犯的行为间接与构成要件以及法益侵害相关联，这样的理解往往与物本逻辑的存在论方法论相结合，直接导致了区分制共犯体系价值考量不足的问题。具体而言，在现有的"直接—间接"模式中，正犯与构成要件以及法益侵害之间的联系大多数是物理因果性的、自然主义的，谁亲自实施了构成要件行为，直接侵害了法益，谁就是正犯。而这样的考察主要是从外部现象上进行的考虑，即使是在一定程度上实质化了的实质的客观说中，仍旧主要强调的是行为人的行为在自然意义上对法益侵害结果所贡献的分量大小。然而，虽然共同犯罪是一种客观存在的犯罪现象，但对共同犯罪进行研究并不是单纯地分析其在自然存在状态中的结构与特征，而是要分析如何对共同犯罪现象予以评价，而在这种评价当中，当然自然主义(物本逻辑)式的直观观察是重要的评价参考标准，但不应当是唯一标准，否则就无法解释为什么在身份者教唆无身份者收受贿赂的场合下，一个只动了嘴，而没有实施物理上其他行为(行为在整个犯罪中分量很少)的人要被评价为直接侵犯了法益的正犯，在客观上实施了全部收受钱财、转化钱财形式等等行为的行为人却仅只能被评价为帮助犯。这就表明，对行为人在共同犯罪中到底是正犯还是共犯，不能仅仅依照物本逻辑下的"直接—间接"构造。在身份犯共同犯罪的场合，需要进行的是规范论式的改造，重新确立判断限制的正犯的标准，明确其与共犯的区分，这是区分制共犯体系化解身份犯危机的切入点。

可能存在的疑问是：这样的规范论转型是否会造成区分制共犯体系中限制的

---

① 关于共同犯罪理论中的"直接—间接模式"，参见何庆仁：《共犯论中的直接—间接模式之批判》，载《法律科学(西北政法大学学报)》2014 年第 5 期。

正犯概念进一步崩溃，使得正犯与构成要件之间的联系更为松散？这种担忧实际上还是来自存在论的思维直觉。正如前文所述，虽然存在论方法论仍是整个刑法体系的基石，但对接社会结构、开放性的规范论式的方法论能够提供新的视野，而刑法中的规范性要素也是不可回避的，与其强行以物本逻辑统摄规范性要素，造成理论的撕裂，不如正视这些规范性的要素，以规范论的视角构建例外的内容。在身份犯问题上，如果继续坚持真正身份-不真正身份的身份犯共犯理论，就难免会使得以规范性因素为核心的身份犯在共犯问题上不断地冲击区分制共犯体系的理论基础。相反，区分出以规范性评价为核心的身份犯，并在这类身份犯共同犯罪问题上构建规范论式的、例外性的正犯准则，反而更有利于维护区分制共犯体系(包括限制的正犯概念)整体的稳定性。此时，正犯与构成要件的联系不再是通过外在的表现形式或行为的自然因果力，而是通过行为的意义表达。正犯依然与构成要件紧密联系、直接挂钩，正犯是实施了构成要件的行为人，其依然是整个共同犯罪的核心。正犯与共犯仍有着本质性的区别，只是为什么以及如何以意义表达将正犯与构成要件联系在一起，这是规范论式的身份犯共犯体系构建中需要讨论的具体问题。

第二节　正犯理论中的身份犯问题

在单独正犯的场合下，身份犯一般来说并不是一个十分复杂的问题，在身份问题上只需考虑主体是否适格即可。共同犯罪与数个人单独同时犯罪具有形态上的相似性，但在行为评价上却截然不同，这主要是源自共同犯罪的"共同性"，这种共同性使得仅只是实施了部分行为的行为人，仍要对全部的行为结果承担责任。这涉及的就是共犯本质的问题，并且主要是共同正犯的本质问题。在真正身份-不真正身份区分下的身份犯共犯理论中，相关问题的讨论核心主要集中在：有身份者与无身份者能否成立共同正犯(根据学界观点的差异，还可以衍生出有身份者与有身份者能否成立共同正犯的问题)，不同身份者利用各自的身份实施了身份犯罪的情况下如何定罪处罚？学界对这些问题的探讨，逐步形成了不同观点之间僵持的局面。事实上，对这些问题的回答是否合理，必须回溯到正犯的基本理论，从共同正犯的本质以及共同正犯的成立条件等理论出发，对身份犯共同正犯问题中的诸多观点进行考察。此外，在身份犯共同犯罪的正犯问题上，还存在着一种特殊的情形，即有身份者虽然具备了身份，但是没有实施身份犯构成要件所规定的行为，而只是实施了教唆、帮助等共犯行为，构成要件所规定的行为是由无身份者实施，此时应当如何处理？真正身份-不真正身份区分下的身份犯共犯理论中存在着"间接正犯说"，即在这种情况下以间接正犯的理论予以解决，将身份者评价为间接正犯，这种解决的方案看似可以给身份者的正犯性提供依据，但又能否与间接正犯理论相融合呢？同样，也需要从间接正犯的基本理论出发进行考察。为此，本节从共同正犯的基础理论以及间接正犯的基础理论角度分别对相关问题进行探讨，以说明正犯理论中的身份犯难题。

一、身份犯对共同正犯理论僵局的引发

共同正犯在外观形态上与同时犯有着一定的相似性，都是 2 人以上同时实施犯罪行为，但即使 2 人的犯罪对象是同一的，其法律后果也会截然不同。例如，甲与乙在没有事前意思联络的情形下 1 人想对丙施以强奸，1 人想对丙进行抢劫，1 人隐藏在暗处彼此不知道对方的存在。乙先对丙实施暴力，致使其昏迷时，甲突然起身准备冲出。在甲发现乙之前，乙先逃离了现场，甲出现时只看到了昏迷的丙，于是顺利地实施了窃取的行为，甲取财后离去。乙不久后返回现场，丙依然处于昏迷状态，于是继续实施了奸淫行为。此时甲与乙就只是同时犯，在主观上没有任何意思联络，对 2 人只能就其自己的意思与行为予以归责。尤其是对于甲而言，虽然其利用了乙的暴力行为的结果，但只单独实施了窃取行为，而对于乙的行为结果无法对甲进行归责，对甲就只能追究盗窃的刑事责任。如果甲与乙事前有意思联络，就有可能成立共同犯罪，进而要为对方的行为负责，即共同犯罪中"部分行为，全部责任"[①]的处罚原则，此时甲就需要对乙的暴力行为负责，进而在抢劫罪的范畴内追究刑事责任。

但为什么共同正犯可以依照"部分实行，全部责任"的原则进行处罚，且在各个犯罪人实施的犯罪性质不同的情况下(1 人实施的是抢劫 1 人实施的是强奸)能

---

① 英美刑法中虽无共同正犯的概念，但也有一致的规制。Derek Roebuck. The Criminal Law Of Hong Kong, Beijing: Peking University Press, 1995, p. 26.

否构成共同犯罪，又应当如何定罪处罚？对这些基本问题的回答，是身份者与无身份者能否构成共同正犯相关争议的基本理论前提，在对这些前提进行分析的基础上，可以发现在身份犯问题上，共同正犯的相关理论争议陷入了僵局。

（一）共同正犯的基本理论争议

共同正犯在本质上是共犯的一种还是正犯的一种？这是横亘在共同正犯的基本理论面前的第一个问题。如果主张共同正犯是共犯类型，则对共同正犯的本质及其成立条件就应当对应于狭义共犯的基本原理，如果主张共同正犯是正犯的类型，其所指向的对共同正犯本质的认识在于强调正犯性之间的共同，接下来的争议主要集中在犯罪共同说或行为共同说之间的选择。

认为共同正犯是共犯的类型，其理由主要在于注重共同正犯与单独正犯的差异性，"共同正犯的刑事责任的构造在原则上与以他人的行为为媒介而扩张自己行为的因果性范围的教唆犯、帮助犯相同，而且，从这一意义上看，应该说共同正犯是有别于单独正犯的'共犯'的一种"。① 而认为共同正犯是正犯的类型，其理由主要在于看到了共同正犯之间与正犯-共犯之间关系的差异。首先，共同正犯与狭义共犯的参与构造并不相同。在共同正犯的构造中，各个行为人均实施了部分实行行为，其所承担的责任都是"一次责任"，而狭义共犯并没有实施实行行为，其所承担的是相对于正犯而言的"二次责任"。其次，正犯行为与侵害结果之间的因果关系是直接的、明确的，共犯行为与侵害结果之间的因果关系是间接的，其不会对正犯行为与结果之间的因果判断形成干扰。而在共同正犯的场合，基于多个实行行为，就有多条直接的因果关系链条，如果对此也采用狭义共犯的构造理解，在因果关系不明时，就只能否认因果关系的存在。如甲、乙同时向他人射击，被害人死亡，但无法查明谁的子弹击中被害人时，由于不知道是谁的行为直接导致了结果的发生，也就无法判断出谁"以他人的行为作为了媒介"，从甲、乙各自的因果性予以考察时，只能得出甲、乙对被害人的死亡结果都不具有因果关系的结论，这显然是无法被接受的。而要让甲、乙对被害人的死亡结果承

---

① ［日］西田典之著：《日本刑法总论》，王昭武、刘明祥译，中国人民大学出版社 2007 年版，第 284 页。

担责任，就必须考虑甲、乙因为在正犯性上的共同而一起对结果承担责任①。最后，共同正犯与单独正犯相比，每个人都要为全部行为人的行为结果承担责任，这种对自己的归责中包含了对他人不法行为的评价，具备一定的共犯性，但正犯所分担的部分对被侵害的法益造成的是一种具体的危险，而狭义的共犯对被侵害的法益造成的只是一种抽象的危险，共同正犯的共犯性只是为了表明其与单独正犯之间的不同，其本质上与狭义共犯的共犯性（从属性）是不相同的。相比较而言，主张共同正犯是正犯的类型是更有力的观点。

如果将共同正犯定位在正犯类型的基础上，引发的便是另一重争议：共同正犯的正犯属性在什么层面上"共同"，对这一问题的回答也决定了共同正犯的成立需要哪些条件。关于共同正犯的本质，即共同正犯在什么层面上"共同"，学界主要有犯罪共同说与行为共同说的对立。虽然行为共同说与犯罪共同说在各自的发展中与对方的对立点逐渐减少，但二者在理论出发点上存在的差异使得二者虽然在某些具体问题上得出了相同的结论，但其内在的差异性以及在特定问题上的不同观点仍是不可忽视的。

犯罪共同说是我国刑法理论界的传统观点。在论及共同犯罪时，传统理论一般会首先讨论共同犯罪的成立条件，并要求行为人为 2 人以上，有共同的犯罪行为以及共同的犯罪故意，其中行为人需具备"2 人以上必须是达到刑事责任年龄、具有刑事责任能力的人"，共同的犯罪行为指的是"各行为人的行为都指向同一犯罪，互相联系，互相配合，形成一个统一的犯罪活动整体。"共同的犯罪故意则"必须是 2 人以上具有共同的犯罪故意"②。传统理论下共同犯罪只能是数个人犯

---

① 有学者认为行为人共谋一起向被害人射击，但只有一人的子弹打中的场合，与一人教唆另一人射击，击中被害人的场合之间并没有实质性的不同，没有射中的行为人和进行教唆的行为人对被害人的死亡都只是具有间接因果关系（即强化另一行为人犯意而获得的心理上的因果关系），以此说明共同正犯与狭义共犯构造的一致性。参见周啸天：《共犯与身份论的重构和应用》，法律出版社 2017 年版，第 264 页。但这种认识是从事后进行判断的结论，从最终只有一人造成被害人死亡角度来看，另一人进行的射击行为只起到了心理强化的作用。如果从事前的角度来看，另一人的射击行为实际上同时开启了导致被害人生命受到死亡威胁的因果链条，只不过是由于偶然的因素这一因果链条并未出现实害结果，这与教唆行为从一开始就不可能对被害人的生命造成直接威胁显然是不相同的。

② 高铭暄、马克昌：《刑法学》，北京大学出版社、高等教育出版社 2017 年版，第164~166 页。

同一个罪，在主观故意以及客观行为上，都要求行为人之间是同一的，也为此被称为犯罪共同说。在犯罪共同说的指导下，共同犯罪成立的范围是十分狭窄的，因为其所要求的"犯罪"共同，必须在犯罪的四个要件上，即犯罪主体、客体、主观方面、客观方面均具有同一性，这就导致了部分应当被作为共同犯罪处理，以适用"部分实行全部责任"原则的案件，只能按照同时犯处理，而形成了处罚上的疏漏①。为此，目前传统的犯罪共同说支持者已经不多，取而代之的是部分犯罪共同说。

部分犯罪共同说对"犯罪"的内涵进行了松绑，不再要求成立共同犯罪必须完全符合犯罪构成四个要件的要求，而是吸收了德国、日本等大陆法系国家的阶层式犯罪论体系，主张共同犯罪成立应定位于不法层面，而属于责任阶层的责任能力等不再是判断共同犯罪成立与否时考虑的问题。此时，有责任能力者与无责任能力的行为人同样可以构成共同犯罪。部分犯罪共同说仍然要求数个行为人之间有共同的犯罪故意，但不再要求数个行为人实施的是同一个犯罪，即使行为人彼此实施的犯罪并不相同，但只要罪名有重合的部分，仍然可以在重合的部分成立共同犯罪。如甲持杀人故意，乙持伤害故意共同对丙施暴时，故意杀人罪与故意伤害罪在故意伤害的范畴内重合，进而甲、乙在共同伤害罪的范畴内有共同的故意，也有共同的行为，因而成立故意伤害罪的共同正犯，可以将各方的行为后果归属于彼此。

值得注意的是，除了部分犯罪共同说之外，从结果无价值论出发的行为无价值理论在我国近年来也成为十分有力的学说，甚至有成为通说的趋势。其主要的推崇者张明楷教授、黎宏教授等认为，共同正犯的成立并不需要局限于某一个罪名内，换句话说，共同正犯的成立并不需要判断是什么犯罪的共同正犯，只要判断结果是否归属于各行为人即可，"在不法层面，认定共同正犯所要解决的问题

---

①　比较典型的情况如 13 岁的甲与 16 岁的乙共同强奸妇女，根据犯罪共同说甲无刑事责任能力，甲乙之间不能构成共同犯罪，只能以同时犯处理，则对乙不能适用轮奸的法定刑幅度；又如 13 岁的甲与 16 岁的乙商议后共同开枪杀害丙，甲的子弹导致了丙死亡，根据犯罪共同说，甲乙同样不能构成共同犯罪，按照同时犯处理甲只能成立故意杀人未遂，这些处理的结论不能实现罪刑均衡，很大程度上也不能为人们所接受。

就是，在什么情况下或者说具备什么条件，可以将结果归属于 2 人以上的行为。"①为此，判断共同正犯是否成立，不需要行为人之间有共同的故意，"只要 2 人以上有共同的行为决意，并且有实现决意的共同行为，就足以将结果归属于行为人，因而应当以共同正犯论处"②共同正犯中的共同不再是"犯罪"的共同，而是构成要件的行为共同。从行为共同说的角度来看，不仅行为人实施不同犯罪，这些犯罪之间重合的部分有独立罪名的可以成立共同正犯，重合部分没有独立罪名的也可以成立共同正犯（如强奸罪与抢劫罪的重合部分是胁迫，但我国刑法没有设定胁迫罪，但 2 人共同对行为人实施胁迫后，1 人实施强奸，1 人实施抢劫的，仍可以构成共同犯罪，但 1 人成立强奸罪，1 人成立抢劫罪）。此外，过失犯罪也可以成立共同正犯。

可以发现，（部分）犯罪共同说与行为共同说在典型的共同正犯（2 人故意实施同一犯罪）情形下不会产生分歧，分歧点在于"故意"与"同一犯罪"是否为共同正犯成立的条件，行为共同说对这二者都不要求，而犯罪共同说则对此予以坚持（或部分坚持）。造成行为共同说与犯罪共同说之间这种对立的主要原因在于其各自的理论出发点的不同。有学者指出，行为共同说与犯罪共同说的区别从实质上看，在于二者从不同的角度理解共同正犯。"犯罪共同说认为，共同正犯是数人互相协力和配合，共同实施犯罪，实施主体是全体行为人。……行为共同说则认为共同犯罪是各个行为人为了实现自己的犯罪而利用他人的行为，即将他人的行为作为自己行为的手段来实施自己的犯罪，立足点始终在自己的犯罪。"③犯罪共同说将共同正犯进行整体性的理解，即 2 人以上共同故意的犯罪行为使得各个行为之间彼此连接成了一个整体，共同地实施了犯罪，因而也共同地承担责任。既然要形成一个整体，必须在故意的内容、行为以及罪名上有共同之处，否则这个整体无法成形。而行为共同说则是从个体的角度理解共同正犯现象，即每个人只是利用了他人来实施自己的犯罪，在这个人的眼中，他人的行为和其他的自然力没有什么区别，但既然他利用了这个"力"，就应当对自己结合这个"力"所造成

---

① 张明楷：《共犯的本质——"共同"的含义》，载《政治与法律》2017 年第 4 期。
② 张明楷：《共犯的本质——"共同"的含义》，载《政治与法律》2017 年第 4 期。
③ 陈家林：《共同正犯研究》，武汉大学出版社 2004 年版，第 67~78 页。

的后果承担责任，这个结果因此可以归责给他。既然每个人都只是因为自己的故意以及行为而对行为的结果负责，与他人之间当然不需要有故意以及罪名的共同，只要在行为上有共同，足以使彼此的行为因果结合在一起即可。

（二）共同正犯理论争议在身份犯问题上的僵化

在阐述了共同正犯的基本理论争议之后，将目光转向身份犯共同犯罪领域，不难发现这一争论在身份犯共同犯罪领域内同样争议不断，且由于身份犯的加入而使得相关争议更为复杂，甚至使得相关讨论陷入了僵局。问题点在于：无身份者与有身份者能否成立真正身份犯的共同正犯？对此，学界有肯定说与否定说的不同观点，这两种观点相持不下，如果没有新的突破口对此予以破题，可能这种理论僵持还会继续持续下去。

持肯定说的学者有三种不同的理论路径：其一，主张共同正犯是共犯的一种而不是正犯的一种，既然共同正犯是共犯，那么无身份者位于"共犯"地位并不要求必须具备身份，共同正犯并不是"本来的正犯形态"①，无身份者可以因为与身份者一起共同支配犯罪的因果流程，与身份者起到同等作用，因而可以被评价为共同正犯。其二，从正犯与共犯的实质区分标准入手，主张采取实质的区分标准，认为正犯并不需要实施构成要件行为，只要在共同犯罪中起到了重要作用即可成为正犯。"即使是没有身份的参与人，也可能与有身份者共同引起构成要件结果，或者说在构成要件实现过程中起重要作用，另一方面……与没有亲手实施构成要件行为的一部分也可能成立共同正犯一样，即使自己没有身份，但只要基于相互利用补充关系实现了构成要件，就可以认定为共同正犯的成立。"②其三，从行为共同说的角度来看，由于行为共同说理论下共同正犯的成立门槛更低，可以成立共同正犯的情形也更多，如果采用对行为进行自然意义的理解，则可以得出身份犯中身份者与非身份者可以有行为的共同，因而应当可以构成共同正犯③。此外，还有学者以我国刑法分则第 382 条第 3 款④的规定作为论据，证明

---

① 山口厚著：《刑法总论》，付立庆译，中国人民大学出版社 2011 年版，第 297 页。

② 张明楷：《共同正犯的基本问题》，载《中外法学》2019 年第 5 期。

③ 参见张明楷：《共同正犯的基本问题》，载《中外法学》2019 年第 5 期。

④ 该款内容为：与前两款所列人员勾结，伙同贪污的，以共犯论处。

无身份者可以在真正身份犯中成为共同正犯。其基本逻辑推导过程为："第382条第3款的'共犯'，就是我国刑法总则第二章第三节'共同犯罪'的简称……'共同犯罪'之下，包含……共同正犯、教唆犯、帮助犯，那么，无身份者可以成立身份犯的共同正犯就应当是必然的逻辑结论。"①

与此相对应的，持否定说的学者也主要有三种不同的理论路径：其一，主张共同正犯是正犯的类型而不是共犯的类型。既然共同正犯是正犯，那么每一个共同正犯人都应当要具备正犯的资格，无身份者不具备基本的身份要素，在主体资格上是欠缺的，自然也就无法成立共同正犯。其二，认为身份犯实行行为具有身份指向的特定性，无身份者即使在自然意义上实施了类似的行为（如收取钱财的行为），但这一行为结合其不具备身份的情形来看，不能被评价为是身份犯（受贿罪）的实行行为②。其三，从（部分）犯罪共同说的视角来看，共同正犯的成立必须有共同的犯罪故意，并且共同地实施了实行行为，在同一个罪名的范围内成立共同正犯。而无身份者单独不可能实施真正身份犯的实行行为，因而不可能与身份者之间存在犯罪的共同，无身份者只能成为身份者的教唆犯或者帮助犯，而不能成为共同正犯。

目前肯定说与否定说之间的争议实际上还是在一个封闭的场域内进行的，即从刑法学内部进行理论推演，并对身份犯做了物本逻辑式的理解。因此，对这些具有争论的观点始终无法评判究竟哪一种更为合理，共同正犯到底是正犯还是共犯，抑或是两种性质皆有③，对于真正身份犯而言，如果没有切入到身份犯的实质，都还是有着解释力上的缺陷。

主张共同正犯是共犯的肯定说，没有关注到无身份者与有身份者在真正身份犯中的不同支配力。虽然无身份者可以实施有相当因果力分量的自然事实，但其并不会因为贡献了这样的因果力而直接具备身份，同时，在无身份者实施了绝大

----

① 周啸天：《共犯与身份论的重构和应用》，法律出版社2017年版，第265页。

② 持此种观点的学者如日本学者福田平、小野清一郎、吉川经夫等以及我国学者陈兴良。参见李东海：《日本刑事法学者（上）》，法律出版社、成文堂出版社1995年版，第364页；吉川经夫：《共犯与身份》，见于洪增福译：《日本刑法判例评释选集》，汉林出版社1977年版，第132~135页；陈兴良：《共同犯罪论》，中国社会科学出版社1992年版，第356~357页等。

③ 参见陈家林：《共同正犯研究》，武汉大学出版社2004年版，第38~39页。

部分犯罪事实，而身份者几乎没有贡献自然因果力的情况下（如妻子进行了索贿、虚构合法理由收取财物以掩盖犯罪事实的一系列行为，作为国家工作人员的丈夫只是表示同意），可以说无身份者在因果力上支配了整个事实，但同样的标准却得不出身份者支配了整个事实，在缺乏身份者的支配力的情况下，无身份者如何与身份者"共同"支配？要得出身份者支配了整个犯罪，只能从意义表达的、规范论式的角度进行，但在同一个犯罪中，同时存在两种"支配"的标准本身就是矛盾的。认为正犯和共犯的区分应当采用实质标准的理由也有着类似的问题。否定说主张共同正犯是正犯，无身份者因为不具备正犯的身份资格因而不能成立共同正犯，这样的结论应当说是合理的，但问题在于共同正犯本身并不要求所有的行为人都完全符合正犯的情形，否则就无须共同正犯"部分行为，全部责任"的规则了，身份在共同犯罪当中到底说明了什么问题，起到了什么样的作用，无身份者不能成立身份犯的共同正犯，身份者与身份者就一定可以成立共同正犯了吗？不对身份的本质属性和意义予以回答始终难以将问题厘清。

此外，即使认为共同正犯是正犯的类型，也并不必然就能得出无身份者不能成立真正身份犯共同正犯的结论，因为在共同正犯是正犯的结论项下存在着的行为共同说与犯罪共同说还有着不同的观点。（部分）犯罪共同说由于太过注重罪名的一致性，在学界受到的质疑越来越多，尤其存在着当两种不同罪名的犯罪没有重合部分时，根据（部分）犯罪共同说不能成立"中间犯罪"的共同正犯，可能会导致归责漏洞的问题。逐渐占据理论上风的行为共同说，对于身份犯共同正犯的问题得出了肯定的结论，认为无身份者可以与有身份者构成共同正犯，但这种理解又很难坚持下去。因为如果行为共同说坚持对共同正犯做"各个行为人为了实现自己的犯罪而利用他人的行为"的个体视角理解，身份者与无身份者就不可能构成共同正犯。有身份者虽然可以利用无身份者的行为实现身份犯罪，但无身份者无论如何不能利用有身份者的身份和行为实现"自己的"身份犯罪。行为共同说在理解共同犯罪时，仅只考虑因果性，认为"即使行为人在物理上或客观上只实施了部分行为，但由于共同实行犯罪，使得其部分实行与不法结果之间具有物理的或者心理的因果性，因而要将全部结果归属于其行为"[1]，而在身份犯问题上，

---

[1]　张明楷：《共犯的本质——"共同"的含义》，载《政治与法律》2017 年第 4 期。

决定罪与非罪的不仅只是因果性，身份因素的一身专属性决定了不可能在身份者与非身份者之间存在"相互利用补充"①实施构成要件行为。之所以行为共同说会出现这样的问题，与行为共同说在身份犯问题上依然关注的是共同犯罪的自然主义结构，而忽视了身份犯共同犯罪的特殊结构不无关联。

而以我国刑法第 382 条第 3 款的规定为理由推导证明无身份者可以与有身份者一起构成真正身份犯共同正犯就更在方法论上站不住脚了。根据立法沿革，刑法第 382 条第 3 款承袭于 1988 年《全国人民代表大会常务委员会关于惩治贪污罪贿赂罪的补充规定》。而在当时的立法背景下，刑法学界尚未形成主张分工分类方法的理论氛围，主要是从作用大小上对共同犯罪人进行区分，而对教唆犯则是从"造意者虽不行仍为首"的角度，根据其特殊的社会危害性进行理解②。这就表明共同正犯这一我国刑法立法中并不存在的概念，在当时的刑法理论界也少有人推崇，要说"以共犯论处"的表述中当然地包含了以共同正犯论处的含义，显然是站不住脚的。这与日本刑法中明确规定了"正犯"概念，日本刑法学界也一般性地认为共犯可以包含共同正犯。当然，随着我国刑法理论的不断发展，对"共犯"构造的认识发生了变化，尤其是德日刑法在我国有了深入的传播与研究之后，共犯包括共同正犯的观念在当下已经被广泛接受，但从逻辑的推论角度来看，即使共犯包括了共同正犯、教唆犯与帮助犯，"以共犯论处"只是表明了以共同正犯论处的可能性，而不是必然性。身份者与无身份者最终是否能构成真正身份犯的共同正犯，还需要看其是否符合共同正犯的成立条件，仅凭这种可能性无法推导出来无身份者能够成为真正身份犯共同正犯的结论。

由此可见，以真正身份-不真正身份为基础构建的身份犯共犯理论，在真正身份犯共同正犯问题上进行的讨论始终存在着方法论层面的混乱，要么在事实的判断与规范的判断之间随意切换，要么以物本逻辑对规范性问题进行说明，要么采用纯粹的形式逻辑推理进行论证。正是因为这种混乱导致肯定说与否定说之间

---

①　不可能存在互相利用，主要是指无身份者不可能利用身份者实现真正身份犯，这也是为什么学界通说主张无身份者利用有身份的人实施身份犯罪不构成间接正犯的原因，在德、日及韩国的判例中，同样采用的是这样的观点。关于韩国的判例，可见朴宗根：《正犯论》，法律出版社 2009 年版，第 155 页。

②　参见李光灿：《论共同犯罪》，中国政法大学出版社 1987 年版，第 63~64 页。

未能搭建对话的桥梁，而是在各自封闭的理论逻辑里进行各自的推演，最终形成了双方僵持不下的局面。

二、身份犯对间接正犯理论基础的破坏

身份犯是否可以成立间接正犯，这个问题可以被拆分为几种不同的情况：一是无身份者利用有身份者作为工具实施真正身份犯时能否成立间接正犯；二是有身份者利用无身份者作为工具实施真正身份犯时能否成立间接正犯；三是特殊的身份犯(亲手犯)能否成立间接正犯；四是有身份者教唆、利用无身份者实施真正身份犯时能否以对身份者按照间接正犯处理。其中，第一种情况下，主流观点持否定态度，即"一般认为没有身份的人利用有身份的人时，不能成为真正身份犯的间接正犯，这是通说的观点"①。这主要是因为间接正犯也是正犯的一种，真正身份犯的成立要求行为主体必须具备身份，无身份者既然不能成立真正身份犯的单独正犯，也就不能成立真正身份犯的间接正犯。在我国，刑法修正案(七)新增利用影响力受贿罪正是为了填补无身份者不能利用有身份者成立真正身份犯的间接正犯，而同时又不能成立单独正犯、狭义的共犯(因为有身份者是被利用的，其不构成身份犯罪，在没有正犯的情况下，共犯也无法存在)从而可能出现的处罚漏洞。第二种情况下，可以成立间接正犯是没有争议的。第三种情况下，主要需考虑的是妇女能否成为强奸罪的间接正犯的问题。对于这一问题国内外刑法学者虽有争论，但在我国已经逐步达成了肯定结论的共识，因为我国刑法对强奸罪的主体没有明确规定为男性，同时强奸罪的行为方式决定了没有身份的女性可以利用男性对被害妇女的性自主权进行侵犯。而第四种情况，才是身份犯对间接正犯理论的最大挑战，故本文以此为讨论的重点展开论述。

(一)间接正犯的理论缘起与展开

间接正犯理论缘起于客观主义刑法理论的自我修补，客观主义刑法的核心内容在于对犯罪"行为"的关注。"客观主义又被称为犯罪主义、事实主义或行为主义，客观主义认为，刑法上的可罚对象是行为人的外部危害事实——社会危害

---

① [韩]朴宗根：《正犯论》，法律出版社 2009 年版，第 154~155 页。

性，即刑罚以犯罪外部的行为为对象。"①正是由于客观主义刑法理论的这一立场，使得其在正犯与共犯的关系上坚持共犯的从属性。因为共犯的行为从外部行为来说，并不是构成要件的行为(如教唆他人杀人或为杀人者递刀的外部行为与故意杀害他人的外部行为是截然不同的)，既然在外部行为上不符合构成要件行为，即使行为人主观上有犯罪的意图，也不足以使其受到刑罚处罚，为此共犯的可罚性就必须从其从属于正犯的实行行为上获得。但若彻底贯彻这一理论，就可能会出现处罚上的漏洞，即当行为人客观实施的是帮助或教唆的行为，而被教唆或被帮助实施犯罪行为的人无法成立正犯，就会导致没有正犯因而也不能处罚共犯的局面，但不处罚教唆或帮助的行为人又有违公平正义和基本的法律感情(例如，张三教唆不满10岁的孩童入户盗窃，张三在客观上只是实施了一个教唆的行为，而实施盗窃行为的10岁孩童不能成立正犯，就会出现因为正犯不存在，故而教唆犯也不能受到处罚的困境)，要如何既不突破共犯的从属性，又能处罚此种情形下的教唆犯或帮助犯就成为理论上要解决的问题。对此，德国学者发展出了间接正犯理论，对这种情况下的形式上的教唆犯或帮助犯不再视为是教唆犯或帮助犯，而是作为正犯加以处罚，但它与单独正犯自己直接实施构成要件的情形又有所不同，故而称为间接正犯②。

间接正犯理论的重要意义除了填补处罚的漏洞之外，还在于其从教唆犯中区分出了不同的类别(间接正犯)③，也将帮助犯限定在合理的范围。虽然就帮助犯而言，其与间接正犯之间的区别相对比较明显，帮助犯在主观上始终是帮助、辅助他人实施犯罪，而间接正犯是利用他人实施自己的犯罪，但这种区分仅仅停留在主观上是不足够的，间接正犯的理论不仅要区分行为人的主观目的，同时还要对间接正犯的正犯性进行论证，这样就对区分间接正犯与教唆犯或帮助犯有重要的价值，使得教唆犯和帮助犯的概念范围得到固定。

在间接正犯正犯性以及间接正犯的具体表现类别上，国内外刑法学者发展出

---

① 童德华：《规范刑法学原理》，中国人民公安大学出版社2005年版，第60页。

② 在英美法系国家虽无间接正犯概念，但也规定了形式上的帮助犯、教唆犯在正犯不能成立的情况下需要受到处罚。See Mike Molan：Denis Lanser and Duncan Bloy：Bloy and Parry's Principles of Criminal Law. 4th. ed. London：Cavendish Publishing Limited，2000，p. 117.

③ 参见野村稔著：《刑法总论》，法律出版社2000年版，全理其、何力译，第411页。

了多种不同的观点。就间接正犯的正犯性来看，分别有工具论、实行行为性说、行为支配说、规范的障碍说、自律的决定论①等观点。其中工具论和行为支配说立足于正犯和从犯与犯罪结果之间不同的因果联结，强调间接正犯对被利用者行为的利用或支配。即在导致结果发生的原因中，需要区分条件和原因，正犯是导致犯罪结果发生的起因力（原因），而从犯就只是犯罪结果发生的一个条件，如果将被利用者的行为仅只是视为结果发生的条件，那么这个条件与其他自然力没有差别，对这个条件的利用者和支配者才是更值得研究和探讨的。"施加无形的影响者可以把非自由人以及他的身体的动作就像动物一样利用，因为从其发生的结果来看犯罪是被他引起的。"②行为支配论除了考察自然性的因果关系之外，还加入了主体对因果关系的支配过程③，但在对间接正犯的正犯性考察上与工具论是相似的。实行行为性说直接从利用者的行为本身中寻求正犯性，这种寻求不得不说在构成要件行为定型性下是很难实现的。而规范的障碍说与自律的决定论则将目光放在被利用者身上，当被利用者成为规范的障碍或者存在自律的决定时，利用者不能成为间接正犯。所谓规范的障碍、自律的决定，都是指被利用者对自己的行为意义、后果具有明确的认识，且可以期待他作出适法行为决定。

　　在上述这些理论中，除实行行为性说具有较大缺陷（既不能提供判断的明确性，也无法充分说明间接正犯的正犯性）外，其余几种学说之间并不是互相矛盾冲突的关系，在判断间接正犯时完全可以综合起来运用。如在判断利用者是否实现了对被利用者的支配性或工具性利用时，被利用者是否具备规范障碍或者自律的决定性就是重要的判断依据。而对于间接正犯的具体表现形式，学界一般主张主要包括以下几种："一是利用无责任能力者，二是利用不知情者的间接正犯，三是利用有故意的工具，四是利用适法行为，五是利用非刑法上的行为。"④其中

---

① 参见陈家林：《外国刑法理论的思潮与流变》，中国人民公安大学出版社 2017 年版，第 529~532 页。

② ［日］西原春夫著：《间接正犯的理论》，成文堂出版社 1962 年版，第 23 页。转引自［韩］朴宗根：《正犯论》，法律出版社 2009 年版，第 75 页。

③ 参见［日］西原春夫著：《犯罪实行行为论》，戴波、江溯译，北京大学出版社 2006 年版，第 207 页。

④ 参见马克昌：《比较刑法原理：外国刑法学总论》，武汉大学出版社 2002 年版，第 577~582 页。

与本书论题直接相关的是第三种形式：利用有故意的工具。有学者认为，在有身份者利用无身份而有故意的工具情形下，有身份者构成间接正犯。① 但仔细对比可以发现，有身份者利用无身份而有故意的工具情形，与间接正犯的其他情形存在着较大的差异性，将这种情形也划定为间接正犯，在间接正犯的理论框架内能否容纳下去呢？有学者认为应当在间接正犯理论中容纳这种特殊的情形，并认为这种容纳是对间接正犯理论的发展，是"破除一切框框的束缚，达到问题的有益解决"②，但这一结论似乎略显草率，因为间接正犯概念有其特定的含义，破除了这种理论的框架，到底是对这种理论的发展，还是对这种理论的破坏，取决于破除框架的结果还能否坚持理论的核心部分。

（二）身份犯对间接正犯理论基础的动摇

有身份者利用无身份而有故意的工具，在实践当中的典型例子是国家工作人员唆使不具有国家工作人员身份的近亲属或其他关系人收受贿赂。此时非国家工作人员明确地知道自己的行为内容，也有实施行为的故意，但由于其不具备主体资格而不能构成受贿罪。国家工作人员虽然在成立受贿罪的主体资格上不存在障碍，但其并没有实施受贿罪的实行行为③，要成为受贿罪的正犯也存在障碍。如果受贿罪的正犯不成立，则受贿罪的共犯也无法成立，如果最后得出的结论是2人不构成犯罪，不受刑事处罚，这是无法让人接受的。为了解决这一问题，学界提出了数种方案，其中比较有力的方案是将这种情况下的国家工作人员认定为间

---

① 持此观点的学者如日本学者团藤重光、大谷实等，我国学者吴振兴、林维、杨志成等。分别参见大谷实著：《刑法总论》，黎宏译，法律出版社2003年版，第121页；吴振兴：《论教唆犯》，吉林人民出版社1986年版，第169页；林维：《间接正犯研究》，中国政法大学出版社1998年版，第122页；杨志成：《共犯与身份——与大陆法系的比较研究》//于志刚：《刑法问题与争鸣》，中国方正出版社2006年版，第263页。

② 吴飞飞：《身份犯论——基于犯罪形态视野的考察》，中国检察出版社2014年版，第112页。

③ 此处涉及受贿罪的实行行为到底是单一行为还是复数行为的问题，对于受贿罪中"利用职务上的便利"是否为独立的构成要件行为学界有不同的认识，但主流观点认为"利用职务上的便利"并不是一种独立的实行行为，而只是实行行为的特殊方式，故受贿罪的实行行为应当是单一行为，而不是复数行为。参见张明楷：《单一行为与附属行为的区分》，载《人民检察》2011年第1期。

接正犯，而将非国家工作人员认定为帮助犯或不认为是犯罪，仅进行行政上的处理，或按照介绍贿赂罪处罚①（本文认为根据介绍贿赂罪的构成要件，此种情形也不应当符合介绍贿赂罪），且目前的主要探讨集中在如何处理非国家工作人员上，到底是以帮助犯处理，还是以介绍贿赂罪处罚，抑或以不作为犯罪处理，为了达到理论和实践的统一而进行论证。但将国家工作人员作为间接正犯处理这一前提能否站得住脚呢？

通过前述对间接正犯理论的缘起与发展进行的阐述，可以发现间接正犯作为一种独特的正犯形式，其构成存在着几个理论前提：一是间接正犯中的利用者与被利用者不存在共犯关系（这也是为什么有学者提出对于非国家工作人员做无罪处理，或另行定罪）；二是间接正犯中利用者与被利用者之间的关系，与教唆者和被教唆者的物理关系是不同的，间接正犯中被利用者不存在规范障碍，或者不存在自律的决定，利用者将被利用者作为一种工具，支配犯罪的因果流程。而在上述身份者教唆非身份者实施真正身份犯的场合，非身份者明显存在规范障碍与自律的决定，身份者也没有在事实上支配整个因果流程，因为非身份者存在着的规范障碍，其是否会受到身份者的唆使实施行为的盖然性是较低的，"只具有身份义务，尚不足以成立对虽无资格但完全负责的行为者的犯罪行为的支配"②。德国有学者认为，此种情形下身份者要成立间接正犯的条件是"具有身份义务者违反了其相应的义务"③，但如果做这种理解，身份者已经不再是间接正犯，而是具备了直接正犯的性质。如果在非身份者明确具有规范障碍和自律的决定情况下，仍然肯认身份者的间接正犯属性，无疑使得间接正犯和教唆犯几乎找不到差异，即"利用人间接正犯成立的条件降低为利用人对被利用人以教唆犯成立相同的物理作用发生了影响"④。这就表明，真正的问题并不在于将身份者认定为间接正犯后，非身份者根据间接正犯理论不能形成共犯关系而可能形成处罚漏洞，

① 参见林维：《间接正犯研究》，中国政法大学出版社1998年版，第122页。

② 参见金德霍伊泽尔著：《刑法总论教科书》，蔡桂生译，北京大学出版社2015年版，第412页。

③ 持此观点的德国学者有威尔策尔、耶塞克、魏根特、韦塞尔斯等。参见金德霍伊泽尔著：《刑法总论教科书》，蔡桂生译，北京大学出版社2015年版，第413页。

④ 李东海：《刑法原理入门（犯罪论基础）》，法律出版社1998年版，第177页。

而是身份者本身就不符合间接正犯成立的理论条件，如果在此运用间接正犯理论，并不是对间接正犯理论的发展，而是破坏。

不难发现，此时对身份者教唆、帮助非身份者实施真正身份犯应当如何处理，似乎陷入了理论上的两难：不按照间接正犯处理，可能出现对身份者和非身份者都不能处罚的谬论；按照间接正犯处理，又必然会对间接正犯理论的自洽性以及理论基础的稳固性产生冲击。对此，有学者另辟蹊径，提出此时的身份者在外观上虽然只是教唆和帮助，但实质上有身份者是直接实行犯，无身份者只是帮助犯①，此种思路对身份犯进行了规范论式的看待，而不仅仅注重行为人身体上的动静。通过这样的方案，即可以维护间接正犯理论的完整性，也能够较好地解决身份者利用无身份有故意的工具的处罚问题。这表明在贯彻物本逻辑的自然主义方法论基础上，试图在间接正犯理论领域内解决身份者利用无身份有故意的工具的处罚问题，始终会显得格格不入，而规范论式的路径才是更好的方案。

第三节　狭义共犯理论中的身份犯问题

从狭义共犯理论的角度考虑，身份犯共同犯罪需要解决的主要问题包括：无身份者是否能与有身份者构成共同犯罪，身份犯中的正犯与共犯之间又是什么样的关系？如果采用区分制共犯体系，一般都会认可在正犯与共犯的关系上，共犯对正犯的"从属性"原则，只是从属的程度如何在学界存在不同的认识。但在真正身份犯-不真正身份犯理论中，狭义共犯对正犯的"从属性"原则似乎并不能完全贯彻下去。

一、狭义共犯中的"从属性"原则

狭义共犯中的"从属性"原则，来自正犯与共犯之间的关系，而正犯与共犯之间的关系是由共犯的处罚根据所决定的。需要说明的是，正犯与共犯之间的关系还与另一理论范畴"狭义共犯的本质"有关。日本学者山中敬一、川端博等认为

---

① 参见林维：《真正身份犯之共犯问题展开——实行行为决定论的贯彻》，载《法学家》2013 年第 6 期。

"犯罪共同与行为共同应当作为共犯的全体问题来考察"①。但本书认为论及犯罪本质的"犯罪共同说""行为共同说"以及"部分犯罪共同说"，主要讨论的对象是共同正犯，直接运用于狭义的共犯并不十分合适。例如教唆犯与帮助犯是否应当与正犯同一个罪名，更多的问题在于狭义的共犯自身的处罚根据上，如果狭义的共犯始终从属于正犯，毫无疑问属于"数人一罪"，如果认为狭义共犯有自身的独立性，则可能出现"数人数罪"的情况，这虽然与犯罪共同说、行为共同说最终的结论类似，但与狭义共犯的本质属性并不相符合，毕竟教唆犯与帮助犯并没有"实施"构成要件行为，不存在"犯罪"共同或"行为"共同的基础。而对正犯与狭义共犯之间的"共同"，涉及的其实还是狭义共犯的处罚根据问题，即狭义共犯的可罚性是来自正犯，还是自己本身就具有一定的可罚性。如果是前者，则共犯从属于正犯，从而所有正犯实施的犯罪行为都是正犯与共犯"共同"的部分，如果是后者，则共犯一定程度上独立于正犯，在独立的部分就不存在正犯与共犯的"共同"。为此，本书在论述狭义共犯"从属性"原则时以共犯的处罚根据理论为线索。

关于共犯的处罚根据，学界主要有责任共犯论、不法共犯论以及因果共犯论的不同观点，在对狭义共犯处罚根据的认识变迁中，共犯对正犯从属性也有了不同的形态。

（一）责任共犯论基础上的共犯从属性

根据责任共犯论的核心观点，共犯的处罚根据在于使正犯实施了违法行为，并让正犯陷入了罪责和刑罚。责任共犯论是共犯处罚根据理论中最早出现的一种理论，有学者提出其根源与古代宗教上的"精神杀人"（Seelenmord）有关②，支持责任共犯论的学者也一般是从共犯使正犯堕落的角度论证共犯的可罚性。从关于不法的理论角度出发，可以认为责任共犯论与不法理论中的主观的规范违反说是具有共通性的。从主观的规范违反说的立场来看，不法是"否定或损害作为精神

---

① 参见陈家林：《共同正犯研究》，武汉大学出版社 2004 年版，第 62 页。
② 参见刘凌梅：《帮助犯研究》，武汉大学出版社 2003 年版，第 28 页。

力量的法律"①，正如黑格尔所述："犯罪和刑法是意志发展的一个阶段，在这一阶段，自在普遍的意志与特殊意志是相对立的。"②从黑格尔的论述中可以看出，其所认为的不法，核心在于人的特殊意志对普遍意志的违反，而责任共犯论的核心也在于共犯使得正犯在意志上的堕落，只有将不法解释为对道德伦理的违反，才能真正理解责任共犯论的理论内核。主张责任共犯论的学者一般会主张共犯的成立前提是正犯实施了违法行为，且正犯本身可以归责，并且后者是更为重要的，因为一个排除了责任的行为人，是无法在精神上出现堕落的。

根据传统的(从来的)责任共犯论，可以解释教唆犯的处罚根据，但对于帮助犯的处罚根据似乎并不具有解释力，因为帮助犯提供帮助时，正犯已经具备了犯罪意思，不存在使得正犯堕落的前提。德国学者 H. 迈耶对传统的责任共犯论进行了修正，提出了"意思结合说"，即共犯的处罚根据在于"一方面实际上实施了活动，另一方面共犯者将自己的意思与有责的共犯者意思相结合，并使其决意充分地为援助行为的目的服务"③。其中的意思结合，既包括精神性的唤起或强化正犯意思，也包括物理性的外部援助，使得正犯的行为归为己有，这就从统一的理论立场上说明了帮助犯与教唆犯的处罚根据。此外，由于迈耶对共犯处罚根据中加入了"行为"的因素，使得共犯的处罚根据具有了双重基础：一是使得正犯者堕落化的要素；二是与正犯行为相关的惹起要素，在迈耶看来，责任本身就包含了行为的要素，是行为的内部一面。但无论是从来的责任共犯论还是修正后的责任共犯论，都强调共犯的处罚根据在于对正犯责任层面的作用，因而在责任共犯论的基础上，共犯对正犯具有极端的从属性，要成立共犯，前提是正犯的行为是符合构成要件、违法且有责的。

随着主观的规范违反说的败落，责任共犯论也广受批评。在客观的不法论逐步在学界占据主流地位之后，德国刑法在 1943 年修改时弃用了极端从属性，明确狭义的共犯成立的条件不再是教唆、帮助正犯实施了"可罚的行为"，而是"刑

---

① 王安异：《刑法中的行为无价值与结果无价值研究》，中国人民公安大学出版社 2005年版，第 57 页。

② 黑格尔著：《法哲学原理》，杨东柱子、尹建军译，北京出版社 2007 年版，第 50 页。

③ 转引自高桥则夫著：《共犯体系和共犯理论》，冯军、毛乃纯译，中国人民大学出版社 2010 年版，第 98 页。

罚所威吓的行为"，之后共犯对正犯的从属性开始缓和。

（二）不法共犯论基础上的共犯从属性

随着理论与立法对共犯从属性的缓和，不法共犯论产生了。不法共犯论不再从正犯的精神堕落层面寻找共犯的处罚根据，而是从客观不法理论的角度出发，主张不法的实质内容在于客观的规范违反或法益侵害，共犯的可罚性也不是来自使得正犯陷入罪责和刑罚，而是对社会中难以容忍的活动（符合构成要件、违法的行为）进行的诱发或者促进，此时共犯对正犯的从属是一种限制性的从属。德国学者莱斯（Less）、威尔泽尔（Welzel）、施特拉腾韦特（Stratenwerth）为此进行了深入的讨论。

莱斯试图解决的主要问题之一在于说明教唆犯的处罚问题，由于德国刑法规定对教唆犯处以正犯之刑，但从理论上看教唆犯的犯罪参与程度低于正犯，如何调和这二者的关系，为将参与程度较低的教唆犯与正犯同等对待提供逻辑正当化基础呢？莱斯提出了"二重不法"理论，即教唆犯的不法不仅仅在于惹起了被教唆者实施不法行为，还在于对被教唆者本人（作为社会共同体成员）的侵害。在惹起被教唆者实施的不法行为中，教唆犯的犯罪程度低于正犯，但由于其还另外侵害了单独的特别法益——他人人格自由发展，其不法程度随之升高，因而可以与正犯同等对待①。莱斯的理论从法益侵害的角度来论述教唆犯的处罚根据，被认为是一种进步，但其理论基础"暗示理论"（教唆者通过暗示，侵害被教唆者的意思自由）使得教唆犯与间接正犯的界限不清，并且所谓"他人人格自由发展"也并没有刑法分则所规定的构成要件予以保护，也因此让这种特殊法益显得模糊不清。

威尔泽尔、施特拉腾韦特则从行为无价值的角度论述共犯的处罚根据。威尔泽尔从他的目的行为论以及由此演化而来的一元行为无价值出发，认为"犯罪行为是在人的不法意义上的违法行为，共犯是因为参与了这一社会难以忍受的行为

---

① 参见耶塞克、魏根特著：《德国刑法教科书》，徐久生译，中国法制出版社2001年版，第929页。（无"总论"）

的成立而受到处罚。"①与此相类似的，主张二元行为无价值②的日本学者大塚仁也认为：教唆犯的处罚根据在于"引起正犯的实行行为"，帮助犯的处罚根据在于"帮助行为与正犯的实行行为具有物理上或者心理上使实行行为变得容易这种意义上的因果关系而受到处罚"③。施特拉腾韦特在威尔泽尔的基础上进行了详细的论述，将行为无价值的理论更加充分地展示，其肯定了未遂的教唆(陷害教唆)的可罚性，因为虽然正犯的行为缺乏结果无价值而未遂，但正犯的未遂中已经存在着行为无价值，足以充足不法的内容，指向结果无价值的教唆犯的意思在此并不是必要的。

问题在于，从不法共犯论的角度出发，正犯的不法只要有行为无价值则足以给共犯不法提供依据，此时的行为无价值与社会伦理规范的违法是一致的，缺乏结果无价值的限制，无疑会导致不法判断的扩大化，从而扩张了共犯的可罚性，因为正犯的行为不需要法益的危险化或者法益侵害中存在无价值，只要其具有行为无价值则足以推导出共犯的不法，共犯的行为也就具有了可罚性④，这实际上也会使得正犯与共犯的处罚陷入了主观主义刑法的范畴，显然与现代刑法的基本精神不相符合。

不法共犯论建立在(一元)行为无价值的基础之上，随着(一元)行为无价值遭受到理论上的抨击，不法共犯论也岌岌可危，在此基础上的共犯的限制从属性也难以为继。

---

①　转引自杨金彪：《共犯的处罚根据》，中国人民公安大学出版社 2008 年版，第 45 页。

②　虽然大塚仁教授主张二元行为无价值，但由于其认为"违法是违反国家、社会的伦理规范、给法益造成侵害或者威胁"，在许多场合实际倒向了一元的行为无价值。大塚仁的相关观点可见大塚仁著：《刑法概说(总论)》，冯军译，中国人民大学出版社 2003 年版，第 303页。

③　大塚仁著：《刑法概说(总论)》，冯军译，中国人民大学出版社 2003 年版，第 276页。

④　例如甲(非国家工作人员)明知单位保险柜中的财产已经被转移，在情人乙(国家工作人员)不知情的情况下，帮助其"盗窃"单位保险柜，对于乙而言，其行为可能构成贪污罪的未遂，而对于甲，其从一开始就知道乙的行为不可能成功，只是迫于情人的再三请求，进行的一场"表演"。此时根据不法共犯论，乙的行为已经具备了行为无价值，甲的行为也就具有了可罚性。

(三)因果共犯论基础上的共犯从属性

因果共犯论站在不法的本质是法益侵害的结果无价值的立场上，主张共犯的处罚根据在于共同地对法益侵害的结果设定了原因。即正犯由于直接侵害了法益而受到处罚，共犯受到处罚也是由于其对法益造成了侵害，但对于共犯究竟在什么程度和层面上侵犯了法益，因果共犯论内部尚有不同的意见。据此学界一般将因果共犯论划分为三种不同的理论学说，分别是纯粹惹起说，修正惹起说以及折中惹起说。

1. 纯粹惹起说。该说也被称为独立性志向惹起说，其主张者认为共犯的处罚根据在于其自身对法益的侵害，共犯的行为同样具有符合构成要件性，"处罚共犯的根据在于，引起了从共犯本身来看可谓之为，该当于构成要件且违法的事态。"①共犯的特殊之处在于它不像正犯那样直接运用刑法分则中规定的构成要件就可以进行行为定性，还必须结合刑法总则当中的刑罚法规，也因此共犯的处罚与直接符合分则构成要件的正犯行为产生了关联，但关联之处不在于参与了违反行为规范的活动，而是自身以违反行为规范的方式参与了他人的活动。为此，从纯粹惹起说的角度看来，没有正犯的共犯是可以处罚的，因为法益保护不仅仅面向正犯，也面向共犯，共犯只要实现了自身的构成要件要素即可以处罚，而不需要正犯实现构成要件。同时，法益保护的判断也应当是个别地进行的，在判断共犯是否侵犯了法益时，就完全从共犯自身的角度出发，而无须考虑法益对于正犯的意义。例如，在教唆他人自杀的情况下，正犯的自杀行为属于自损法益并不受处罚，但正犯的生命对于教唆者而言是受保护的法益，教唆者就是要受到处罚的。纯粹惹起说贯彻了近代刑法中的个人责任原则，这是其理论优点，但其在共犯与正犯的关系上使得共犯几乎脱离了正犯，呈现出共犯独立性的特征，这不仅可能使得共犯的处罚范围过于扩大，也会因主张共犯自身具有构成要件符合性而破坏了构成要件的定型，更无法解决身份犯共同犯罪中无身份的共犯的可罚性。

2. 修正惹起说。该说在纯粹惹起说的基础上，切断了共犯与法益侵害之间

① ［日］松原芳博著：《共犯的基本问题》//周永坤：《东吴法学》，中国法制出版社2014年版，第226页。

的直接联系，主张共犯并没有自己独立的不法，其对法益的侵害性不是直接的，而是必须通过正犯来实现的。"共犯的处罚根据在于，共同犯罪人因唤起犯罪故意而促成了符合构成要件的和违法的行为，或对犯罪行为大力予以支持，因而，其行为本身就是有责的。"①修正惹起说一般也是从法益侵害的结果中寻找共犯的可罚性，但不认为法益在正犯与共犯中存在相对性，主张法益由构成要件针对正犯的行为而确定，共犯的法益侵害性只能从正犯的不法中推导出来。为此，共犯的不法来源于对正犯的从属，这表现出了对"人的不法"（即因人而异地进行违法评价）的否认，与主张规范无接受者的客观的违法性论相契合，也与违法的连带性相一致。但也正是由于修正的惹起说过于强调共犯的从属性，忽略了共犯自身违法性判断的必要性，导致其对教唆他人损害自己法益的行为以及陷害教唆问题的分析难以贯彻自己的立场。根据修正的惹起说的基本理论主张，在教唆他人损害自己法益的情况下，如果被教唆的正犯行为是受刑罚处罚的（如日本刑法中的受嘱托杀人罪），则教唆犯基于从属性也应当受到处罚；在陷害教唆的问题上，由于被教唆的正犯实现了未遂的不法，则教唆犯也应当获得不法，但修正惹起说的支持者基本上都对这两种情况下的共犯可处罚性予以了否认。

修正的惹起说过分强调共犯对正犯的从属性而无法合理说明对教唆他人损害自己法益的行为以及陷害教唆问题的不可罚性，为此，修正的惹起说再一次被"修正"。如日本学者曾根威彦提出了"不可罚的违法性说"，以及在责任阶段排除共犯的可罚性②等。在修正惹起说再一次被"修正"时，其与后来学界提出的折中惹起说已经在事实上差异不大了，都是一般性地以共犯的从属性原则为主，同时对共犯的从属性进行了一定的限制，即对共犯行为自身的行为评价予以一定的考虑。

3. 折中惹起说。该说在共犯与法益侵害结果的关系上取了中间值，既主张共犯从正犯中导出的法益侵害性，又主张共犯自身独立的不法，"正犯所实施的故意的不法，也被归责于共犯人（在实施帮助行为时具有刑罚从轻情节）。但只是

---

① 参见耶塞克、魏根特著：《德国刑法教科书》，徐久生译，中国法制出版社 2001 年版，第 929 页。

② 参见黎宏：《刑法总论问题思考》，中国人民大学出版社 2007 年版，第 517 页。

在对正犯行为的共同作用同时也属于共犯人自己的法益侵害的范围内，这种归责才是成功的。"①折中惹起说试图在纯粹惹起说与修正惹起说之间进行混合，以避免二者的缺陷。根据折中惹起说的基本立场，正犯的不法决定了共犯不法的上下限，但在被侵害的法益对于共犯而言不具有保护性的情形下，共犯并不应当被处罚。这就意味着共犯对正犯的从属性绝大多数情况下决定了共犯的可罚性，因为共犯通过正犯间接地侵害了法益，而当共犯行为本身不具有法益侵害性时，则应当表现出共犯不法的独立性，否定共犯的可罚性。于是，教唆他人杀死自己的情形下，被害者的生命对于教唆者而言已经不受保护，其不法也就被否认了。同样的，陷害教唆情形下，由于教唆者一开始就没有侵害法益的主观意图，其不可罚性就可以被证成。需要注意的是，虽然折中惹起说混合了共犯的独立不法与共犯不法从属于正犯不法的双重立场，但以共犯不法从属于正犯不法为理论主体，共犯的独立不法更多是从消极判断的角度发挥作用，即一般情况下正犯的不法可以推导出共犯的不法，除非正犯所侵害的法益对于共犯而言不受保护，这与纯粹惹起说中积极地表明共犯的独立不法(共犯者犯罪具有独立的积极的不法构成要件)是有较大区别的。折中惹起说综合了结果无价值与行为无价值的二元不法判断，其结论的相对合理性也使得其在德日刑法理论界与实务中获得了多数的支持。

通过对共犯从属性发展脉络的梳理，可以发现共犯与正犯的关系经历了从极端从属到限制从属的转变，目前限制从属性是共犯的公认属性。虽然共犯的限制从属性在不同的理论根据上有不同的具体形态，"限制"的程度有高低不同的差异，但共犯对正犯的"从属性"原则毫无疑问是狭义共犯理论的根基，即使在一定情况下要对这种"从属性"进行例外处理，基本也都是出于对法益相对性的考虑，并大多从消极层面(排除共犯的可罚性)进行。对这一根基有所破坏，就会造成整个狭义的共犯理论的动摇，而真正身份犯-不真正身份犯的理论中不真正身份独立起作用的规则就有着动摇共犯从属性原则的危险。

二、狭义共犯"从属性"原则在身份犯中的矛盾

身份犯的狭义共犯情形包括有身份者为正犯，无身份者为共犯，以及无身份

---

① 罗克辛:《德国刑法中的共犯理论》，劳东燕、王钢译，载《刑事法评论》2010 年第 2 期。

者为正犯，有身份者为共犯两种可能。其中，无身份者为正犯，有身份者为共犯一般只可能出现于不真正身份犯中，因为无身份者不具备身份要素，无法单独成立真正身份犯的正犯，且正犯与共犯关系中的违法性连带只能是正犯对共犯的连带，而不能是共犯的违法性对正犯的违法性的连带，因而无身份者作为正犯时，其不具备的身份要素无法从作为共犯的身份者中获得，而成为正犯。身份犯狭义共犯的两种情形（如图 2-1 所示）中，前一种情形（情形 1）需要解决的问题在于：不具有身份的行为人为什么可以处以适用身份者的刑罚条款，换句话说，即无身份者与有身份者是否能够构成真正身份犯共同犯罪的问题。后一种情形（情形 2）需要解决的问题在于，身份者与无身份者共同实施相同行为的情况下，立法规定了不同的罪名，此时应当如何判定各行为人的罪名？

图 2-1　身份犯的狭义共犯情形

对于情形 1 而言，无身份者能否通过从属于身份者获得身份者的可罚性，进而与身份者一起构成身份犯的共同犯罪，从刑事政策的角度来看回答应当是肯定的，否则必然会出现处罚的漏洞。例如，如果教唆或帮助公务人员实施职务犯罪的行为人因为不具备身份而不受处罚，显然难以为社会一般民众的法律感情所接受。问题在于，将无身份者纳入到真正身份犯的处罚范围当中来是否能契合共犯的"从属性"原则呢？在责任共犯论、不法共犯论以及因果共犯论中的修正惹起说、折中惹起说中，由于都承认共犯对正犯的从属性，不具有身份的共犯者可以从具有身份的正犯的违法性（或有责性）中推导出可罚性，这是毫无疑问的，但在因果共犯论中的纯粹惹起说的角度看来，无身份者的可罚性就成为问题。纯粹惹起说的提倡者施米德霍伊泽尔认为：“从真正身份犯推导出非身份犯的可罚性，依然是不合理的”①，纯粹惹起说对共犯自身可罚性的要求，使得共犯的行为成为了“仅仅用法规不处罚的一般性方法侵害了法益”的行为。由于学界对于共犯“限制从属”原则的公认，纯粹惹起说几乎被弃用，似乎是真正身份犯中无身份者共犯的可罚性已经成为一个被解决的问题，但新近有学者认为，应当重新发掘纯粹惹起说中的合理因素，为共犯的独立性提供更多的施展空间，从而又将这一问题摆了出来。

为了解决纯粹惹起说无法证成真正身份犯的共犯可罚性问题，有学者提出纯正身份犯的违法性包括了价值评价与自然外观两个角度，“纯正身份犯的违法性包含两部分内容：一是特定身份者的义务违反；二是客观上造成的法益受损”，无身份者无法实施前者，却可以独立实施后者，“共犯固有的违法性就在于，其通过正犯基于特殊身份实施的该当构成要件的行为事实，造成了对法益的客观损害，并不包括正犯基于特殊身份产生的规范违反”。② 但此种对真正身份犯的理解是存在问题的。对于同一个真正身份犯而言，特定的义务违反与客观上造成的法益受损并不是独立可分的两个部分，而是紧密结合在一起的整体，离开了特定的义务违反，客观上造成的法益受损难以成立，正如行为无价值与结果无价值虽然具有相对的独立性，但如果未能将二者融合而单纯地只是将二者机械组合的二元行为无价值，必然会造成适用中的随意与分裂。为此，通过将真正身份犯中的价值论因素与存在论因素相分离的方法，并不能解决纯粹惹起说对真正身份犯共犯处罚依据说明不能的问题。之所以又将纯粹惹起说摆出来，很大一部分原因在于其对于情形 2 中的共犯从属性危机有着较好的化解能力。

对于情形 2，即无身份者与身份者共同实施不真正身份犯时，共犯的可罚性问题虽然没有争议，但在如何定罪上却存在问题。无论是身份者作为共犯还是无身份者作为共犯，都会因为立法上针对身份者与无身份者分别规定了处罚条款，而使得共犯的从属性原则有一定程度上的突破。因为在情形 2 中，正犯与共犯是

---

① ［日］高桥则夫著：《共犯体系和共犯理论》，冯军、毛乃纯译，中国人民大学出版社2010 年版，第 117 页。

② 秦雪娜：《共犯处罚根据的全新定位——改良的纯粹惹起说之提倡》，载《环球法律评论》2015 年第 5 期。

个别化处理,共犯并不从属于正犯定罪处罚。这样不真正身份独立起作用的规则是身份犯共犯理论的公认规则,而狭义共犯的"从属性"原则又是狭义共犯理论的公认规则,2 个公认规则之间却存在着共犯独立性与共犯从属性的矛盾。为了消除这一矛盾,学者们做出了多种方式的努力。

主张责任共犯论的学者试图通过理论修正调和共犯极端从属性与不真正身份独立起作用之间的矛盾。责任共犯论的结论之一是共犯对正犯的极端从属性,属于正犯的责任要素也归咎于共犯,在身份犯的场合下,就得出对参与了不真正身份犯的无身份的共犯也直接适用身份者(正犯)的处罚的结论,这虽然贯彻了共犯的从属性,却在德、日等国出现了与立法的冲突,如德国刑法典第 28 条第 2 款①(旧刑法第 50 条第 2 款)的明确规定以及日本刑法典中的类似规定。为此,H. 迈耶对责任共犯论进行了一定的修正,旨在继续贯彻责任共犯论基础上的共犯从属性,同时维持理论与立法的一致性。他认为共犯与正犯责任 的量是有所差异的,即"依据于在何种程度上能够定型地感到他们在其生活领域、法律领域上所禁止的行为是当罚的不法这一问题,非公务员通常没有充分地理解侵害职务义务的严重性"②。但这种方向并不能说是成功的,毕竟公务员"没有充分理解侵害职务义务的严重性"这一主观状态是否真的存在尚且不问,仅以此区分非公务员与公务员在特定犯罪上的责任差异也不够充分,想要在责任共犯论的基础上继续维持共犯的极端从属性,并不与立法规定相左的尝试显然未能成功。

还有的学者将不真正身份归结于责任要素(一定程度的实质化),以此将不真正身份的作用划归到责任层面,进而维持不法层面的共犯的从属性,即共犯从属性是在不法意义上的从属,责任要素本身就应当进行个别化的评价③。根据这种思路,从不法共犯论、因果共犯论(纯粹的惹起说主张共犯的可罚性本来就要个别化评价,所以身份者与非身份者适用各自相对应的条款不存在理论上的障

---

① 该款内容为:如果法律规定特别的人的标志使刑罚重处、轻处或者排除,那么,它只对具备这些标志的参加者(行为人或者参与人)适用。冯军译:《德国刑法典》,中国政法大学出版社 2000 年版,第 50 页。

② [日]高桥则夫著:《共犯体系和共犯理论》,冯军、毛乃纯译,中国人民大学出版社 2010 年版,第 99 页。

③ 参见黎宏:《刑法学》,法律出版社 2012 年版,第 304~305 页。

碍）的理论立场出发，共犯的从属性与不真正身份犯中身份者与无身份者分别依照各自相对应的处罚规定进行处罚之间就没有冲突，似乎就能在立法的框架内，在不真正身份犯共同犯罪问题上继续贯彻共犯的"从属性"原则。但这种理解是存在疑问的。如果属于责任要素的不真正身份要独立起作用，那么属于责任要素的真正身份是不是也要独立起作用？如赌博罪中的职业身份属于责任的要素，当不具备以赌博为业特征的行为人教唆、帮助常习赌博者赌博，是否就应当根据责任要素的身份独立起作用的原则，不构成犯罪？如果得出这样的结论，显然又与我国的司法解释出现了矛盾。2005 年最高人民法院、最高人民检察院发布的《关于办理赌博刑事案件具体应用法律若干问题的解释》明确规定了为赌博提供直接帮助的应按照赌博罪的共犯处理。此外，当身份者为共犯，教唆或帮助非身份者实施不真正身份犯时，从正犯的角度来看，实施的只是一个普通犯罪的实行行为，但这个行为对于共犯而言，却又成为不真正身份犯的实行行为，同样是正犯实施的一个行为，却在共犯与正犯处有截然不同的行为性质，这种行为的双重性应当如何解释？实行行为的不同性质是一个不法内涵的判断问题，而不只是责任判断的问题。这就表明建立在真正身份-不真正身份区分基础上的身份犯共同犯罪理论，在不真正身份犯的处理规则上始终难以理顺其与共犯"从属性"原则的矛盾关系。

本 章 小 结

　　形式化的身份犯共犯理论存在着诸多冲突与矛盾。从共犯体系的角度来看，单一制共犯体系与区分制共犯体系各有优劣，也各有立法例与学界的理论支持，但无论是单一制共犯体系还是区分制共犯体系，在不进行方法论转变的前提下，都无法妥当地解决身份犯共犯问题。对于区分制共犯体系而言，其最大的优越性在于通过正犯的设定，实现与构成要件定型性的紧密联系，从而有利于贯彻罪刑法定主义，同时，为了保障正犯定罪与量刑的双重功能，区分制共犯体系还发展出了实质的正犯标准，以维护区分制共犯体系的实用性。但即使是实质的正犯标准，其所强调的仍然是正犯在自然意义上的因果贡献力（形式的正犯标准更加重视行为人是否亲自实施了构成要件的部分或全部），但在身份犯共犯问题上，义务依附型身份犯的评价重点并不在于行为人的外部举动，依据行为人的外在举动或自然意义上的因果贡献力解决身份犯共犯问题，可能得出的结论反而难以让人接受。惯常的做法是先将身份者设定为犯罪的核心人物，再通过一系列实质化的解释论证其核心地位，但实际上行为人的客观行为样态与构成要件差距甚远，也不具备自然意义上的重大因果贡献力，这就使得区分制共犯体系对身份犯的解决实际上不能自圆其说。从单一制共犯体系的角度来看，除了其体系本身具备的缺陷以外，对于身份犯共犯问题的解决，其最大的问题在于无法将自己所坚持的"所有犯罪人自主负责的原则"贯彻下去，在身份犯共同犯罪的问题上，非身份者犯罪人"自己的不法"中不得不包含、借用或者说从属于身份者的"不法"。最终得出的结论是：区分制共犯体系是相对优越的共犯体系，但应在方法论上进行规范论式的修正。

从正犯理论的角度来看，身份犯在共同正犯领域的主要问题是身份者与无身份者能否成立共同正犯。持肯定观点的学者一般是从共同正犯的性质是共犯出发，认为既然共同正犯也是共犯，就无须要求非身份成立共同正犯必须具备身份。或者从实质的正犯标准出发，认为无身份者在身份犯的犯罪中同样可以起到重要作用，因而被评价为正犯（还有学者认为无身份者也可以实施身份犯的部分实行行为，这种观点来自对身份犯实行行为的不同理解）。但这几种理解都存在问题，共同正犯不应当被单纯地看作共犯的一种，至少应同时具备正犯性和共犯性，这是毫无疑问的，而第二种观点只看到了身份犯的外部客观行为样态，而没有关注到对身份犯评价的社会意义，也是不妥当的。从共同正犯的本质的理论——为共同说或部分犯罪共同说——推论来看，要得出无身份者与身份者可以成立共同正犯的结论必然与其理论逻辑相违背，而这种相违背的情形在学界也真实的存在着，其原因还是在于过于关注共同犯罪的自然主义结构，而忽视了共同犯罪以及共同正犯理论在身份犯问题上的特殊内涵。在间接正犯与身份犯的问题上，冲突就更为明显了，学界主张在有身份者教唆、帮助无身份者实施真正身份犯的情形中，将有身份者作为间接正犯来处理，这种处理与间接正犯的理论逻辑起点以及间接正犯的成立前提相违背。

从狭义的共犯理论的角度来看，身份犯共犯需要解决的问题主要在于不真正身份犯的情况下，如何对构成共同犯罪的身份者及非身份者定罪。因为，无论是身份者作为共犯还是无身份者作为共犯，立法上针对身份者与无身份者分别规定了处罚条款。如果对身份者与非身份者进行分别定罪处罚，则突破了共犯的从属性。对此，有学者认为此时的身份要素只是责任要素，本来就应当分别评价。但如此理解又会使得同一个行为，在正犯的角度和在共犯的角度出现不同评价的问题，而对于实行行为的评价并不仅只是责任判断的问题。由此可见在共犯从属性原则下，身份犯共犯问题的解决仍有疑问。

真正身份-不真正身份的理论体系下，身份犯共犯问题与共犯理论存在着一定的冲突，这些冲突表明身份犯共犯理论有规范论式的重构的必要性，这种重构不仅仅是维护共犯理论的既有框架，同时也是以身份犯共同犯罪为契机的对共犯理论的发展与丰富。

第二章　身份犯共犯理论重构的理论依据

通过前述身份犯在共犯理论中的冲突点梳理，揭示了对身份犯共犯理论进行重构的需要，重构的主要方向是借鉴规范论的方法论。而所谓的"规范论"指的就是在身份犯共同犯罪的领域内，不再过度关注行为人的外部行为内容，而是重视如何对犯罪现象的评价，即"不受一些自然主义的形式要素的束缚，而置重于评价式的规范性准则"①。事实上，真正身份-不真正身份的身份犯共犯理论为了缓和其坚持物本逻辑可能会对共犯理论造成的冲击，已经在一定程度上悄然进行规范论式的处理，但少有学者直视"规范论"这一转变。本文认为与其欲说还休，不如直面问题，对身份犯共犯理论的规范论式转变进行审视，探讨其能否采用规范论、应当如何采用规范论。其中能否采用规范论是前提，如何采用规范论是具体构建，而对于能否进行规范论式的重构这一前提性的问题，从理论上来说，要看其是否具备充分的论证基础，本章对身份犯共犯理论的重构进行理论依据上的挖掘，一方面论证其可行性，另一方面也是在同时探索重构的行进路径。

第一节　身份犯共犯理论重构的法哲学根据

身份犯共犯理论的规范论式的重构基础，首先来自法哲学上方法论的丰富与发展，这种丰富与发展，为人们提供了不同的认识世界、探索世界、解决问题的视角和路径，"哲学就是认识人、认识社会和认识世界的学问"②。对身份犯共犯问题进行规范论式的理解，实质上体现了传统哲学领域划分内的认识论与价值论

---

① 何庆仁：《归责视野下共同犯罪的区分制与单一制》，载《法学研究》2016 年第 3 期。
② ［美］所罗门著：《大问题》，张卜天译，广西师范大学出版社 2008 年版，第 11 页。

转型的在法学领域内的延伸(尤其是刑法学领域内的体现)，同时也是当代哲学发展给法哲学领域带来的新的思潮。具体而言，"规范论式的"地评价行为人的行为，其根基来源于规范论在法哲学领域内的兴起、认识论上确定性思维的崩溃与重塑，以及方法论上现代哲学解释学的发展。

一、规范论在(刑)法哲学领域内的兴起

在法哲学领域，"规范论"的对立面是"存在论"，即规范论是以对存在论的反思姿态而出现的。存在论是当前大多数刑法学者所采用的，直觉式的理论模式，在这种理论模式下，对身份犯共犯问题的解决不能不从身份犯共犯的外在行为内容出发，做相符合的判定。但这种理论是否真的如此"理所应当"，不经由观察它的对立面就直接给出结论显然是不合适的。

"规范论"这一概念为(刑)法哲学所特有，因为在哲学领域严格来说并无"规范论"这一概念。存在论在哲学上是有对应概念的，一般也被成为本体论①，但由于对存在论这一来自哲学领域的概念作出的解读不同，法学领域内的学者在论及"存在论"时，有时所指的对象并不完全相同。正如前文所说，规范论是作为存在论的对立面出现的，当学者们对存在论的理解存在分歧时，必然会导致即使学者们都使用规范论这一表述，但实际其内涵也并不相同。为此，有必要先对存在论这一概念的所指进行解读，才能准确定位规范论，并阐述它的产生与兴起，进而判断规范论作为"非主流"立场在解释身份犯共犯问题中的可能的价值。

(一)哲学中的存在论及其当代命运

存在论是哲学领域内的一个传统范畴，顾名思义，其所探讨的对象就是"存

---

① 刑法学者一般使用"存在论"的表述，但也有人使用"本体论"，如我国台湾学者许玉秀在其《当代刑法思潮》一书中提及的存在论(Ontologismus)，在谢焱所撰写的《刑事政策考量下的刑法教义学应何去何从——本体论抑或规范论?》一文中被译为了本体论《Ontologismus》。但我国多数刑法学者惯用存在论，故本书也采此表述。类似的"存在论"一词用法还可见劳东燕：《事实因果与刑法中的结果归责》，载《中国法学》2015年第2期；章雨润：《共同犯罪刑事责任的扩散——从解释论到方法论的重新演绎》，载《烟台大学学报》2017年第3期；蔡桂生：《韦尔策尔犯罪阶层体系研究》，载《环球法律评论》2010年第1期；车浩：《体系化与功能主义：当代阶层犯罪理论的两个实践优势》，载《清华法学》2017年第5期；欧阳本祺：《犯罪构成体系的价值评价——从存在论走向规范论》，载《法学研究》2011年第1期等。

在"问题。德国存在主义哲学大师雅科贝尔斯曾指出,哲学有三种主要根源:惊异、怀疑和震惊,其中存在论就来自惊异。这种惊异是对存在本身展示出的惊叹与好奇,惊叹不经由人的创造,存在便已经存在,而在惊叹之后进而对存在进行研究,为什么"存在"是存在的,无反而不存在。存在论思想最早可以追溯到古希腊哲学家巴门尼德那里,在他看来,存在就是事物内含的普遍共性,是永恒①。为此,存在不属于感官世界,而是属于超感官世界,但巴门尼德所理解的存在没有能够彻底脱离出直观,到了柏拉图那里这个问题才得到解决。柏拉图将"存在"上升为"理念"(idea),即每一类存在都有一个本原模型,而这个本原模型只能是存在于人们思想中的理念。柏拉图遇到的难题在于如何区分理念和事物,从而引出了个别与一般的关系问题。在他的学生亚里士多德看来,要认识存在,必须首先对"是"本身进行界分,因为"是"本身已经是最高概念,无法再用概念去定义,只能进行界分。他将存在(是)界分为"奇偶性的存在;真假的存在;范畴的存在;潜能与现实的存在。"②其中只有后两种是研究的对象,前两者不能成为科学研究的对象。对于存在,亚里士多德从个别的事物出发,认为"似乎任何'普遍性名词'皆不可能成为一个本体。每一事物的本体其第一义就在它的个别性"③,而每个事物都有自己的"原始底层",这才是最真切的本体,而原始底层的本性又包括了物质、形状以及二者的组合,至此亚里士多德对形式和质料进行了区分,也树立起来了西方哲学中存在论的构架。

存在论的危机来自近代认识论的转向,存在论是以存在为核心,为认识的前提,而自笛卡儿提出"我思故我在"之后,形而上学的核心就从存在转变为了"我思",即主体。"我是一个实体。这个实体的全部本质或者本性只是思想,它不需要任何地点以便存在,也不依赖任何物质性的东西;因此这个'我',亦即我赖以成为我的那个心灵。"④笛卡儿确立的哲学的主体性,无疑是对存在论

---

① 参见[古希腊]亚里士多德:《形而上学》,吴寿彭译,商务印书馆 2007 年版,第 64 页。

② 张晓兰:《传统存在论的确立及其现代发展》,载《南华大学学报(社会科学版)》2014 年第 2 期。

③ [古希腊]亚里士多德:《形而上学》,吴寿彭译,商务印书馆 2007 年版,第 169 页。

④ 北京大学哲学系:《西方哲学原著选读(上卷)》,商务印书馆 1981 年版,第 369 页。

的巨大冲击，在笛卡儿这里，主体和存在分离了，但其对"我"这一主体的独断性，与存在论对"是"的独断性是一样的。当贝克莱等学者主张的经验论在经过休谟推导至怀疑论的极端之后，无论是存在论的独断性还是主体性的独断性都受到了强烈撼动，这也是康德开始批判形而上学的起点。康德开始调和独断性的存在论与本体论，将范畴与理念区分开来，"把理念（即纯粹理性概念）同范畴（即纯粹理智概念）区别开来作为在种类上、来源上和使用上完全不同的知识，这对于建立一种应该包括所有这些先天知识的体系的科学来说是十分重要的"。① 范畴与有限的东西相联系，与经验对象相呼应，而理念是理想性的东西，不受任何条件限制。由此推出的问题是，人类能否以范畴去认知理念？对此，康德对人的理性能力进行了考察，最终得出的结论是，知识只能局限于现象范围内，无限整体不能被认识，却可以信仰，"我必须限制知识，以便给信仰留地盘"②。康德的"无限整体"即"物自体"使得他的理论在"二元论"里打转，甚至走向不可知论。黑格尔对康德哲学进行了批判，认为存在和认识是统一的，存在本身就是思维，强调"不仅把真实的东西或者真理理解和表述为实体，而且同样理解和表述为主体"。③ 黑格尔完成了古典的存在论，但也最终陷入了唯心主义的循环论证。

在对黑格尔的批判中，存在论开始了新的发展。当代存在论继受了康德哲学本体论中要求把握无限本体的理性综合方面，由叔本华、尼采等人开创了存在主义为代表的人本主义，"关于人的生存状态、生命动力以及人的独立性、自主性、价值性与责任、存在与命运构成了他们哲学理论的最高主题"。④ 但在存在主义内部，也出现了实用主义的趋势，即不仅只对终极价值进行思考，也要考虑到对当下人的问题的关注。这促发了哲学的语言学转向，美国分析哲学家威拉特·奎因认为本质上本体就是人们出于实用主义的一种共同语言约定，哈贝马斯则主张通过解释学和语言分析来沟通"科学"与"批判的理论"。至此，可以发现当代存在论与古典存在论相比，已经在很大程度上脱胎换骨，从最初的研

---

① ［德］康德著：《未来形而上学导论》，商务印书馆1982年版，第105页。

② ［德］康德著：《未来形而上学导论》，商务印书馆1982年版，第25页。

③ ［德］黑格尔著：《精神现象学（上卷）》，贺麟译，商务印书馆1962年版，第11页。

④ 张能为：《康德与现代哲学》，安徽大学出版社2001年版，第15页。

究"是"这种客观，逐步变成了研究头脑中的"是"这种主观，再到最后演化为"是"的语言学分析。

（二）法哲学中古典存在论的局限与规范论的兴起

哲学与法哲学的关系是非常密切的，正如德国学者阿图尔·考夫曼所言："法律哲学为哲学的分支，而不是法学的分支。"[①]哲学当中对基本问题的思考，自然也会影响到法学的思考方向。但法哲学与哲学又并不能完全等同，因为哲学思考的始终是最基本的问题，而法哲学则是以哲学的方式，思考法学内的基本问题。就存在论而言，上文大致地梳理了存在论在哲学领域的过去与现在，但在法哲学领域（尤其是刑法哲学领域），存在论又有另一番样貌。有的学者认为，存在论与规范论是价值论内的一对争议范畴，"存在论与规范论实际上是两种不同的价值哲学：存在论认为，事实中蕴含着价值，规范来源于现实，两者之间不存在一条不可逾越的鸿沟；规范论认为，事实（现实）与价值（规范）是两个各自封闭的领域——事实只能实际运作，无法从价值上定型，规范只能从其他规范体系中演绎而来，无法从存在体系归纳而成。"[②]在这种理解中，存在论与规范论的不同主要是在事实与价值的关系方面，即事实与价值是各自分离的还是浑然一体的。也有学者认为存在论与规范论的核心对立点在于方法论上存在和规范的关系，即存在论意味着"从人类经验的自然中，自逻辑的观点，导出人类的权利。这里遵循的是'实然'推出'应然'、'从存在'推出'规范'、或从'是什么'推出'应该是什么'的'一元方法论'。"[③]规范论则相反，是从"是什么"无法推出"应该是怎么的"的二元方法论。虽然上述学者将存在论和规范论分别归属于不同的领域（价值论或方法论），但可以看出来二者对存在论的理解在实际内容上是相近的，都是认为事实本身蕴含的规范（价值）。

此种法哲学领域内的存在论，只对应了存在论古典时期的理论，即存在论理

---

① ［德］考夫曼著：《法律哲学》，刘幸义等译，法律出版社 2011 年版，第 8 页。

② 欧阳本祺：《犯罪构成体系的价值评价——从存在论走向规范论》，载《法学研究》2011 年第 1 期。

③ 张超：《先天理性的法概念抑或刑法功能主义——雅各布斯"规范论"初探兼与林立先生商榷》，载《北大法律评论》2008 年第 1 期。

论建立时期的内容。从柏拉图开始，在思考存在为什么是存在，而不是不存在的时候，就认识到了每个物体背后都有客观存在的"像"，也就是理念(idea)，每个具体的存在都是因为有了这个"像"才成为存在，而这个"像"自然就是判断存在还是"不存在"的标准(规范或价值)。古典的存在论都是在研究"存在"，只要研究清楚了"存在"就知道什么是正确的，什么是不正确的。如亚里士多德的论断"人是天生的政治动物"，就表明只有在政治活动中人才是完整的人，这是人的标准，奴隶不是人，是因为其人性无法得到发挥。所以在古典存在论时期，存在和规范(价值)是一体的，这是这一时期理论的必然推论。但存在论并未停留在古典时期，人们对存在的哲学思考在不断的发展，从物本体的存在论转向了人本的存在论，所有关于存在的理论转变成了关于人的思考，当把"人"作为中心时，这时存在论的关注点转变到了人的生存问题上。而规范论则采用了另一个方向，即思考从事实本身就无法再直接推导出规范，规范与存在既然分裂，那么规范自身应该如何运转，以及从何得来规范的问题。

在当下，存在论已经与前述学者所认为的(刑)法哲学中的存在论(实际上是哲学中的古典存在论)相去甚远，规范论的思考则逐步展现出特有的价值。虽然在法哲学领域规范论经历了曲折的发展道路，在其产生之后，于"二战"时期被扭曲，使得人们又开始试图重新回到存在论的道路，规范论的支持者也在反思二元论对事实与价值的割裂。但存在论并没有走回古典存在论的老路，而是顺应哲学中存在论的发展走向了"存在主义本体论的自然法"，"它反映出存在主义法学家们试图从具体的生存意义上的存在诠释角度来阐述当代的自然法思想。"①刑法哲学中对存在论的认识似乎并未把握住这一动向，却还停留在一元论的层面。相比较而言，规范论对规范应当如何运转，以及从何得来规范的思考，在当下社会发展突飞猛进，出现了越来越多的社会风险，对法律功能的现实发挥也要求得越来越高的背景下，愈发显现出重要性。

(三)(刑)法哲学内规范论的发展及其评价

在刑法学领域，"规范"一词可谓是内涵最为丰富的概念，无论是犯罪本质问

---

① 舒国滢：《战后德国法哲学的发展路向》，载《比较法研究》1995 年第 4 期。

题上的"规范违反说"，还是责任论中的"规范责任论"都代表着刑法的基本主张和立场。但本文所称的"规范论"处于一个更宽阔的背景下，涉及的是刑法更为基底的层面(刑法哲学层面)，它体现了特定的刑法理论体系脉络，决定了看待刑法问题的不同视角。

如上所述，规范论来自二元论，主张事实与规范的分离，这是哲学中的存在论在遭遇现代危机之后逐步发展出来的立场。但由于思考角度的不同，规范论内部对于事实与规范的分离程度认识并不完全一致，有的主张规范领域对存在的完全闭合，即彻底的二元论，例如凯尔森的"纯粹法学"，只以法律规范和法律逻辑为研究对象；或是哈贝马斯等人从对话、商谈等程序的角度来获取规范。有的则主张规范领域对存在的不完全闭合，如拉德布鲁赫与哈特。从刑法角度来看，事实与规范的分离实质上意味着在看待客观存在的行为人的行为事实时，如何对此进行评价，可以采取脱离于事实客观情况的视角。但这并不是说可以随意地不考虑任何事实地随意地对行为人的行为事实进行评价，而是在评价时可以在客观情状的基础上做出不同的价值评判。这就表明，客观、自然意义上的因果性此时不再是刑法评价中的核心，取而代之的是规范性的、价值性的判断。在(刑)法哲学中高举规范论大旗的是德国学者雅各布斯，雅各布斯的规范论是最为彻底的规范论，他主张彻底将描述性的内容从规范中去除掉，其二元论的性质尤为明显。但除了雅各布斯之外，包括罗克辛等德国学者在内的其他刑法学者，多多少少在理论中都带有了一定的规范论色彩，坚持纯粹的、机械的"存在论"刑法学者已经寥寥无几，只是大多数学者并不愿意轻易将自己归入到规范论的阵营中去，而以存在论之名，行规范论之实。

对规范论的"避讳"首先来自二元论因完全割裂事实与规范而受到的激烈批判，如普特南对休谟无法从"是"推出"当为"的批判，认为休谟的假设存在着以下几个问题：无法论证"事实内容"与"观念内容"二分的假设；语义学上的以偏概全；"康德的先天综合真理"和"纯粹实践理性"面临的崩溃，同时卡尔纳普的激烈表述也论证了"二分法"的可疑。① 但对纯粹二分法的批判并不意味着事实与

---

① 参见普特南：《事实与价值二分法的崩溃》，应奇译，东方出版社 2006 年版，第 16~24 页。

规范就完全是浑然一体的，这就是从一个极端又回到了另一个极端。虽然说事实知识当中确实会预设价值知识，反之亦然①，但这并不能反推出规范必然都蕴含在事实当中的存在论主张，总是有这样一些价值判断是游离于事实之外的。经济学家阿玛蒂亚·森就提出不反映事实的价值判断，并将其称为"基本价值判断"②，政治学家 G.A.科恩进一步指出"所有原则都对事实敏感不可能是真的，一些原则如此则是真的，仅仅是因为对其他不基于事实的原则而言是虚假的，这也解释了为什么某些事实是那些基于事实的原则的依据。"③为此，虽然雅各布斯的彻底的规范论无论在国外还是国内刑法学界都受到了较多质疑，但这并不表明其所提出的理论全然就是错误的。任何一个行为的刑法判断，绝不是机械地比照着刑法的规定去裁量事实，仅仅从单纯的客观世界中，也无法得出规范的全部内容。为此，与哲学一样，法哲学内的物本逻辑存在论并不能判断一切，其范畴正在逐步缩小，而相对柔和的规范论在(刑)法哲学内的获得了越来越多的关注。对于身份犯共同犯罪而言，抛开物本逻辑存在论的枷锁而采用规范论的视角，与哲学以及法哲学的现代思潮是相契合的。

二、认识论上对确定性思维的反思

规范论在(法)哲学领域内的兴起为身份犯共犯问题的解决提供了新的方向，但这一方向是否能进行下去，可不可以经得起考验，还取决于这种规范论的思考方式在认识论上能否得到认可。存在论与物本逻辑的思维方式之所以是一种学者们下意识会优先选择的方式，主要来自一种"直观的认识观念和朴素的正义情感"④，即人们在面对共同犯罪问题时，会十分自然地从已经发生的共犯现象出发，以客观的因果性判断为标准去进行判断，这在大多数的共同犯罪问题中是合理的，也是有效的。但在身份犯共犯问题上，以物本逻辑的思维去进行分析就会

① 参见普特南：《事实与价值二分法的崩溃》，应奇译，东方出版社 2006 年版，第 173 页。

② Amartya Sen. Collective Choice and Social Welfare, An Expanded Edition. Cambridge：：Harvard University Press，2018：63.

③ ［英］G·A 科恩：《拯救正义与平等》，复旦大学出版社 2014 年版，第 214 页。

④ 何庆仁：《共犯论中的直接——间接模式之批判——兼及共犯论的方法论基础》，载《法律科学(西北政法大学学报)》2014 年第 5 期。

遇到问题。据此所引申出来的，需要思考的问题是，为什么存在论和物本逻辑的思维是符合人们直觉的认识方式，这种认识方式又是否具有唯一合理性呢？简单来说，存在论和物本逻辑的思考方式是从客体角度出发，根据客体的模式作出相一致的主观判断，这种认识的方式来源于人们对确定性的寻求，但确定性思维的基础性假设本身就存有疑问。

自人类社会发源以来，就始终是充满了危险的，虽然危险的具体内容不同（如在人类社会早期，危险主要来自不可预知的自然灾害，而在现代社会，危险还包括人类技术的失控），但危险始终存在，人们为了克服危险，寄希望于确定性的寻求。"人生活在危险的世界中，便不得不寻求安全。"[1]约翰·杜威认为，安全的寻求有两种途径，一种是和解，一种是克服。和解即人们对可以决定他命运的力量无法抗衡时，就通过祈祷、献祭、礼仪和武祀等方式与这些力量和解，顺从这些力量对命运的支配。但这只是被动地、无奈地对安全的寻求。克服则意味着对周围力量的利用，即对周遭的事物有了足够的了解之后，掌握到了重复发生的规律，从而利用这些客观的、必然的规律，通过技艺加以利用，从而获取安全。这两种寻求安全的途径同时都表明了对确定性的追寻，因为"它（理智上的确定性）对于他们所欲望和珍视的东西起着保障的作用"[2]寻求安全和确定性成为了人们的一种嵌入文化的本能，特别是科技革命的进行，更鼓舞了人们对确定性的寻求。

在自然科学领域，确定性思维表现为对客观规律进行的价值无涉地、穷尽性的探索，但能够落实这种确定性思维的前提是：人们具备这样的能力去发现具有绝对真理性的科学规律，以及人们在探寻客观规律时能够做到价值中立。但这种前提已经不断被证实是站不住脚的。具有普遍性的固有的科学真理是难以获得的，因为实践活动天生就具有不确定性。正如物理学家恩斯特·马赫所述："所

---

[1]　[美]杜威著：《确定性的寻求——关于知行关系的研究》，傅统先译，华东师范大学出版社 2019 年版，第 1 页。（书名待考证）

[2]　[美]杜威著：《确定性的寻求——关于知行关系的研究》，傅统先译，华东师范大学出版社 2019 年版，第 35 页。（书名待考证）

有的知识和理论都是可错的、暂定的、不完备的，其发展具有历史的偶然性。"①
如19世纪开耳芬勋爵（Lord Kelvin）那样自信地论断，即"物理学将来的真理唯能
在小数点后末尾的数字里获得"②，已经成为被掩埋的历史。此外，人们在探寻
客观规律时并不可能做到完全价值无涉，相反，所谓的科学真理必然包含了科学
家主观的内容，反映出特定的价值偏向。在发现科学规律的过程中，科学家并不
仅只是冷静客观的旁观者，"作为人对世界的某种认识的科学理论，例如牛顿理
论，并非'自然之镜'，它交织着'信念之网'，浸透了主体的主观成分"③。这就
表明，在自然科学领域，科学真理不是绝对的、确定的，而是相对的、不确定
的，确定性思维的前提难以被证成。

　　受到自然科学的影响，在人文科学领域，同样有着对绝对真理、确定性的追
求。近代自然科学知识作为人类追求确定性知识的典范，带来了一个直接的后
果：人文社会知识的科学化。与确定性思维最相契合的便是"真理符合论"，即命
题与客观相符合时，就是真理。亚里士多德认为："每一事物之真理与各事物之
实是必相符合。"④这也是亚里士多德等古代哲学家们存在论的主要内容，从客观
实在中寻找规则，与客观实在相符合的便是真理。但这种真理观在当下，尤其是
后现代主义哲学开始发展后，遭受到了强烈的质疑。对于"真"的认识，在确定性
思维下必然是要从客观的、确定的事物出发，归纳出什么是真，这种真不以主观
为转移。但"真"，事实上并不仅仅取决于它是否与客观实在相一致，还取决于
"真"本身到底是什么。"真"从来都不是纯粹客观的，纯粹客观的真，即事物本
身的存在状态并无意义，而有意义的在于人们对此所达成的共识。"如果'真'指
的是'事物实际存在的方式'，那么无论有多少人懂得它或拒绝它就无所谓了。但
如果'真'的意思要部分取决于人们相信的东西和所达成的共识，那又将如
何？……算数真理——比如2+5＝7——部分程度上就取决于约定，取决于对某

---

① 李醒民：《马赫——进化认识论和自然主义的先驱》，载《自然辩证法通讯》1995年第
6期。

② Badash L. The Completeness of Nineteenth~Century Science, Isis, 63(1), 1972, p. 50.

③ 李醒民：《现代科学革命的认识论和方法论启示》，载《湖南社会科学》2015年第2
期。

④ ［古希腊］亚里士多德著：《形而上学》，吴寿彭译，商务印书馆1959年版，第33页。

种符号的意思所达成的普遍共识。"①法哲学家考夫曼也明确地提出过"理解的主体也共同进入认识之中"②的论断。

综上所述，无论在自然科学领域还是人文科学领域，寻求确定性始终是人们的一种本能，从物本逻辑的角度思考问题也就看起来理所当然。但确定性思维本身是存在疑问的，与客观相符合也不是判断真理的唯一标准，"科学性问题通常仅仅被看作一个'真'的问题即真理性问题，从对社会的认识和评价方面来看，其实它还有另一面，即合理性问题"③。而合理性的思考正是规范论式的思维的内在要求。身份犯共同犯罪问题要进行判断的不仅只是行为人客观上实施了什么行为，而是要如何合理地看待这些行为，如何评价这些行为是可以被接受的，正如哈贝马斯所说："正确性意味着合理的、有好的理由所支持的可接受性。"④规范论式地理解身份犯共犯现象，是对确定性思维缺陷的弥补，也是为合理地解决这一问题提供多样化的可选择路径。

三、现代哲学解释学的发展

身份犯共犯理论可以进行规范论式的重构，还有赖于现代哲学解释学的发展。解释学最初只具备方法论和认识论意义上的功能，从古希腊时代对晦涩"神意"的解释到中世纪奥古斯丁、卡西昂等哲学家对宗教教义进行的新解释，再到16世纪马丁·路德金提炼出来的对圣经的方法，解释论一直都是一种实用性的技术。而20世纪的德国哲学家海德格尔将解释学发展成为一种哲学，后来伽达默尔将海德格尔的理论结合古典解释学，发展出了现代哲学解释学的哲学学派，这一学派不仅仅只是从语法、逻辑的角度上研究解释问题，而是将解释作为了一种本体性的问题，经过现代哲学解释学的发展，在"理解"、"解释"这个问题上有了更宽广的道路。而刑法学理论在逐步发展为教义学的当下，核心的任务也就

---

① [美]所罗门著：《大问题——简明哲学导论》，张卜天译，广西师范大学出版社 2008 年版，第 45~46 页。

② [德]考夫曼著：《法律哲学》，刘幸义等译，法律出版社 2004 年版，第 83 页。

③ 欧阳康：《社会认识方法论》，武汉大学出版社 1998 年版，第 51 页。

④ [德]哈贝马斯著：《在事实与规范之间：关于法律和民主法治国的商谈理论》，童世骏译，三联书店 2003 年版，第 278 页。

在于"解释"，借助现代哲学解释学，身份犯共犯问题的重构获得了一定的支撑。

伽达默尔的对解释学的研究来自自然科学和精神科学方法论的争论，并认为这种争论掩盖了更重要的问题。① 伽达默尔发现在现代科学渗透进入人文科学以来，人文科学内的解释、理解活动也受到了影响②，"我们的时代受日益增长着的社会合理化以及主宰这一合理化的科学技术的制约，也许比受现代自然科学巨大进展的制约要更强烈得多。科学的方法论精神渗透到一切领域"③。但正如前文所述，自然科学在真理的追求上具有局限性，在其与人文科学存在巨大的差异的情况下，直接套用自然科学的方式来解释人文科学的内容自然更是不合适的。为此，伽达默尔主张抵制科学方法的普遍要求，"社会-历史的世界的经验不是以自然科学的归纳程序而提升为科学的"④，并指出，对于人文科学而言，教化、趣味、共同感、判断力是其主导概念，教化是将自己的存在可能性展示出来，判断力是人文科学的实践智慧，趣味由判断力所决定，共通感则对生活来说具有决定性的意义。共通感来源于哪里呢？伽达默尔指出运用共通感实施的判断力不来自普遍概念，也不来自对个别具体事物的判断，而来自二者的统一。"它不是简单地依据某个普遍概念或规则对个别具体事物进行判断，而是在个别具体事物中见出一般和个别的统一。"⑤在法学领域，普遍概念与个别具体事物的判断分别对应了概念性思维与类型化思维，根据伽达默尔的理论，这二者单一来看都不是理解法学对象的最佳方法，将二者统一才能得到具有共通感的判断。但问题是，如

① 参见李朝东、姜宗强：《现代西方哲学思潮》，高等教育出版社 2011 年版，第 123 页。

② 比较明显的例证便是自然语言在许多学科领域内出现了异化，即不再使用自然语言对内容进行阐述，而使用自身的"术语"，乃至是数理化的符号。如经济学，在 18 世纪时所使用的语言还是自然语言，如亚当·斯密著名的《国民财富的性质和原因的研究》（即《国富论》），一般人尚且可以在掌握自然语言的情况下无障碍地理解作者的表达，但在当下，经济学已经使用的是一般人文学科学者无法理解的公式、模型，相类似的还有社会学。

③ ［德］伽达默尔著：《真理与方法：哲学诠释学的基本特征》，洪汉鼎译，上海译文出版社 2004 年版，第 3 页。

④ ［德］伽达默尔著：《真理与方法：哲学诠释学的基本特征》，洪汉鼎译，上海译文出版社 2004 年版，第 4 页。

⑤ ［德］伽达默尔著：《真理与方法：哲学诠释学的基本特征》，洪汉鼎译，上海译文出版社 2004 年版，第 40 页。

何统一呢？这就要看伽达默尔所提出的另一个重要问题：“理解怎样得以可能”，这个先于主体性的一切理解行为的问题。

现代哲学解释学的贡献之一就在于其在思考理解问题的过程中，对“前结构”（也有学者翻译成“前见”）的指出。海德格尔提出了他著名的“解释学循环”理论，认为“解释从来不是对现行给定的东西所做的无前提性的把握……任何解释工作之初必然有这种先入之见……这就是说，是在先行具有、先行视见和先行掌握中先行给定的。”①为此，对客观事实的判断不可能无须阐释地直接从客观中被给定，人们始终存在着“前结构”性的理解，这种理解决定了对具体事物的判断。而一个正确的理解，单从封闭的解释循环中是难以获得的，伽达默尔对此提出了“完满性的前概念”，即“基于那种把我们与传统统一在一起并不断发展的共同性”②，为此，倾听他者是在理解中至关重要的。这就表明，对于任何一种解释活动，或判断行为，都应当有开放的解释结构，以提升对事物理解的正确性。哈贝马斯将这种解释的过程转化到了法学领域中，哈贝马斯的理性交往理论揭示了在规范中（法律中）的“完满性的前概念”。哈贝马斯指出了交往理性的特殊性，它与实践理性不同（仅依靠单个主体或国家——社会层次即可进行），交往理性依靠的是语言媒介，即“把诸多互动连成一体，为生活赋予结构的语言媒介”③，在这种语言媒介下，参与者之间相互同意产生了主体间性，进而对同意交往后的义务达成了一致，秩序也是依此而产生的。据此，可以认为无论从依据普遍概念对个别事物进行判断的概念性思维还是从个别事物中见出一般，进而提炼出类型的类型化思维在解释的过程中都不能直接获得正确性，而应当着眼于解释的最终目的，进而在概念性思维与类型化思维中进行选择或组合。解释的最终目的不应当是武断与封闭的，共识，才是解释的目的。“一切了解和一切理解的目的都在于：

① ［德］海德格尔著：《存在与时间》，陈嘉映、王庆节译，生活·读书·新知三联书店1999年版，第176页。

② ［德］伽达默尔著：《真理与方法：哲学诠释学的基本特征》，洪汉鼎译，上海译文出版社2004年版，第277页。

③ ［德］哈贝马斯著：《在事实与规范之间：关于法律和民主法治国的商谈理论》，童世骏译，三联书店2003年版，第5页。

取得对事情的一致性"①。

　　显然，对于身份犯到底要如何进行理解和判断，关键在于能否达到设立身份犯的目的，能否取得一般民众对于该问题的理解共识，而行为人的外部举动(单纯的客观事物)在人们的认识中，因为"前见"的掺入而已经被解构了。按照存在论和物本逻辑进行一般论证的学者，在身份犯问题上不自觉地会得出脱离物本逻辑的观点(如大多数学者都会默认无身份者与有身份者共同实施身份犯罪时，有身份者是犯罪的中心，这种判断已经不再严格考察身份者和非身份者实施了什么样的行为)，就是因为这样的结论才是能够达成的共识的。但通往这一结论的前提，并不是不需要说明的，即为什么身份者就要默认为是身份犯罪的核心呢，这与物本逻辑并不相符合。此时，就应当允许从其他视角对这一问题进行的解释，至少可以使得在理解上有更宽阔的路径。规范论能够一定程度上脱离物本逻辑的束缚，从理解的目标与解释的目的出发，对身份犯共犯问题进行具有建构性的解释，为达成"一致性"提供更为充分的说理。

第二节　身份犯共犯理论重构的社会学基础

　　社会学与法学是密切相关的，法律是社会规范的组成内容之一，也是组成社会总体系统的单元，对法律问题的研究不得不从社会的角度进行观察和验证，"时代的法律精神……蕴藏于法的现象的现实社会基础之中，蕴藏于一定时代、一定民族人们之间的相互关系和社会结构之中"②。就身份犯问题来说，首先关涉到的是如何理解身份犯的社会性本质，即身份犯的设立是基于什么样的社会因素。在本书第一章提到了社会学视角中身份本质在于，身份是连接个体和社会结构的关键纽带，每个在社会中的人都有自己的身份，但这些身份与社会结构之间的连接意义并不是完全一致的，身份犯中的身份与一般意义上的身份所对应的社会结构并不相同。要说明为什么本书单单只针对身份犯共犯问题提倡规范论式的

---

①　[德]伽达默尔著：《真理与方法：哲学诠释学的基本特征(上卷)》，洪汉鼎译，上海译文出版社 2004 年版，第 377 页。

②　刘洪旺：《国家与社会：法哲学研究范式的批判与重建》，载《法学研究》2002 年第 6 期。

重构，而不是在整个共犯理论领域（甚至是整个刑法理论领域）提倡此类转型，就必须阐明身份犯所对应的特殊的社会结构，这也是应当以及可以将其从一般刑法理论中相对独立出来，进行规范论式重构的理由。另一方面，社会学中的研究方法同样给刑法学理论的研究提供了新的视角和思路，其中社会学功能主义方法论被认为是机能主义刑法理论形成的理论渊源之一，规范论是机能主义刑法理论的组成部分，为此社会学功能主义方法论也为身份犯问题的规范论式解决提供了一定的理论基础。

一、社会结构区分下对身份犯的不同理解

（一）社会结构的区分

社会结构是人们对社会的一种描述，所描述的内容是社会因素之间的结合方式，日本学者富永健一对此所下的定义为："社会结构是指社会系统的构成要素间相对稳定的关系，这种关系使社会系统具有形态特征。"①人们对社会结构的理解并不是一成不变的，社会结构本身也会随着时间的变化而变化，在对社会结构的不同认识下，社会与社会中的人，以及人与人之间的关系存在着巨大的差异。对社会结构的类型划分有多重标准和方式，如可以从微观层次到宏观层次划分为角色、制度、社会群体、社区、社会阶层、国民社会②；也有学者将社会结构理解为不同层次的社会群体，包括国家、部落、氏族，以及二元社会关系如夫妻、君臣③等。对于法学而言，对社会结构的理解更为重要的是人与人的联系，以及个人与社会、国家的关系所决定的个人的权利与义务。基于这一分析立场，本书将社会结构区分为"个人原子"式的社会结构，与"共同体"式的社会结构。

1. "个人原子"式的社会结构

---

① ［日］富永健一著：《社会学原理》，严立贤等译，社会科学文献出版社 1992 年版，第184页。

② 参见［日］富永健一著：《社会结构与社会变迁——现代化理论》，董兴华译，云南出版社 1988 年版，第20页。

③ 参见［英］德拉克里夫著：《社会人类学方法》，夏建中译，山东人民出版社 1988 年版，第141～148页。

"个人原子"式的社会结构，从理论上可以追溯到启蒙运动中的反封建、反教会思想在社会中取得广泛传播的时候，这种社会结构的提出是自由主义理念在社会结构理论中的反映。在封建社会，人们被束缚在封建王权或教会权威所构建的等级制度中，"个人"的概念几乎是不存在的。而当"天赋人权"的观念开始取得广泛影响力的时候，自由的观念被提升到了前所未有的高度。自由主义的观念使得人们要求从各种捆绑自己的束缚中挣脱出来，以"自己"、以"个人"的身份在社会中生存。这种自由主义的观念在社会学中催生了个人原子主义的社会结构观，即社会的构成因素最基本的就是个人，无论什么样的集体形式，最终都可以还原为个人，人是社会构成社会的原子。马克思·韦伯指出："在社会学当中要解释人的行为，对人的行为进行主观化的解释，必须将集体当作个人的特殊活动方式来看待，只有这样是可以理解的"①，在马克思·韦伯看来，要理解社会中的行为，必须还原到个人（individual）的角度。美国社会学家霍曼斯也提出了类似的观点，"如果认真地努力以构造理论，这就是解释社会现象的开端，而最终的结果是关于人的行为而不是关于社会均衡的一般性命题"②在主张这样一种社会结构观的学者们看来，要理解社会以及所有的社会高级构架，如制度、组织，乃至社会本身，都应当还原到个人的层面。

个人原子式的社会结构是人们基于自由理念而产生的对社会的想象，如洛克提出社会契约论，也是出于假设每个人都是自由而平等的，为了保证他人不伤害自己而相互订立的契约，但人们都知道，这样的契约不具有现实化的对应物。事实上，这样基于假想的理想化的社会结构在现实中是难以维系的。在现代社会，社会比早期社会要更加地复杂，将个人作为唯一的理解的社会原子已经难以描述全部社会的客观面貌，正如涂尔干将社会区分成了机械团结和有机团结那样，在机械团结的情况下社会角色不多，个人直接隶属于社会，尚且可以从个人的角度来理解社会，而当社会发展到有机团结时，个人与个人之间互相依赖以形成体系，共同有机组合维持社会运转，正如人体的各器官一样。此时，社会已经无法

① Max Weber. The Theory of Social and Economic Organization, New York：The Free Press, 1964，p. 88.

② 转引自陈晏清：《历史哲学研究》，南开大学出版社 2017 年版，第 215 页。

再全部还原到个人，即使可以强制还原，也只能得到支离破碎的社会结构面貌。20 世纪 70 年代末以来的西方资本主义社会的衰落①也以事实证明了个人在社会中的原子化状态会造成社会的结构的崩解。

2. "共同体"式的社会结构

虽然社会是由个体所组成的，但并不意味着对社会的理解最终必须分解到个体的人，人在社会当中从来都不是独自存在，社会也不是所有作为个体的人进行的机械组合。相反，社会来自人的共同性，在人们的共同生活中形成了人与人之间的社会关系，并提升出共同体，而社会就是最高层级的共同体。在当下的社会中，脱离了对"共同体"的承认，是不可能描绘出社会结构全貌的。"在任何一个社会整体中，总有一个组织，一个生活的程序，你不能分别地在个体中看见他……你必须把你们的群体，你们的社会程序视为它们本来就是活生生的整体"②社会学形成时期的德国社会学家滕尼斯就看到了共同体式的社会结构与个人原子式社会结构之间的不同，虽然他并未直接使用这样的表述，但其对"社会"与"共同体"的区分已经表达出了这样的思想。"共同体（Gemeinschaft）和社会（Gesellschaft）都是有时被称作社会关系的积极类型的……对于滕尼斯来说，社会的要旨是'对于个人自身利益的理性追求'……所有的这一切，都是以这种关系中的各方在他们自身的目的体系或价值体系方面的本质上的分离性为先决条件的。……共同体是在一个不加限定的一般生活和利益范围内比较宽泛的契合关系。它是一个命运共同体。"③在共同体式的社会结构中，人与人是密切联系在一起的，共同承担社会中的幸与不幸，而这种共同体的结成也并非人们出于个人利益而自愿达成，而是因为命运的相连或其他一些原因，使得人们扭结在一起。正如滕尼斯的举例，父母与子女之间的关系，与自愿达成的契约关系相对照。

在现代社会中，共同体的社会结构被重申与强调，无论在西方社会还是在中

---

① 参见普特南对美国社会的研究。[美]普特南著：《独自打保龄球：美国下降的社会资本》//李慧斌，杨雪东：《社会资本与社会发展》，社会科学文献出版社 2000 年版，第 165～176 页。

② [美]库利著：《人类本性与社会秩序》，包凡一等译，华夏出版社 1999 年版，第 30 页。

③ [美]帕森斯著：《社会行动的结构》，张明德、夏遇南、彭刚译，译林出版社 2012 年版，第 771～774 页。

国都在对个人主义化进行反思，如何将已经逐步个人原子化的社会重新聚合起来成为社会的主要任务之一。本文无意对此问题进行深入探讨，但需要指明的是，个人原子式的社会结构是人们从封建社会束缚中脱离出来所必然会追求的阶段，此时人与人之间之所以要分离，正是为了自由，这种分离是人类社会存在所不可缺少的。但纯粹的个人原子主义社会结构难以维系下去，共同体的社会结构必须与之共存，并可能在特定的时期占据社会的主体面貌，这两种结构始终处于并存，且互相竞争的关系中。

(二)社会结构区分下的不同义务类型

社会学视角对社会结构的描绘只是前提和基础，帮助人们对社会结构有更为清晰的理性认识。在这样的认识基础上，其他的学科，如经济学、政治学、管理学等层面都可以进行更进一步的思考。如在对当下社会结构进行判断和分析的基础上，考虑应当采取什么样的经济政策更有助于经济的发展，应当在文化层面进行哪些价值宣扬以保障社会整体的稳定有序等。而在法学层面，核心问题是权利义务问题，在不同的社会结构下，人与人之间的关系有着不同的模式，这种不同也会导致在法律层面权利义务设置的不同，尤其又以义务的表现形式差异最为明显(权利最终是要通过义务的履行才能得以实现，因而可以认为义务的类型决定了权利的类型)。

1. 个人原子式的社会结构中，"不得侵犯他人"是主要的义务类型。不得侵犯他人的义务是一项十分古老的义务，早在哲学先哲西塞罗那里就已经提出了这项重要的内容，他将非正义区分为两种不同的类型，首要的一种就是"主动伤害他人"[1]，可以说不得侵犯他人是人类的原始义务，而在个人原子式的社会结构中，这种义务类型成为主要的义务。原因主要有三个：其一，从个人原子式的社会结构产生于对封建社会的抗争来看，个人不再负有封建社会当中各种束缚性的义务，如对王权、对教会所负有的各项义务，人们从这些义务中解放出来，只需要承担最低限度的、最原始的义务——不侵犯他人。其二，从个人原子式的社会

---

① [英]斯科菲尔德：《剑桥希腊罗马政治思想史》，晏绍祥译，商务印书馆2016年版，第52页。

结构如何成为可能来看，在个人原子式的社会结构中，人是社会的最终组成原子，人与人之间本身是分离的状态，通过彼此之间的自愿、合意（或者按照霍布斯、洛克和卢梭所说的，按照契约）而共同构建起国家，进而共同组建起有序的社会，此时首要的、人人应当遵守的原则便是"不得侵犯他人"。如生命、健康、财产、言论自由等属于天赋的权利，他人不得对此进行侵犯，而其他的权利同样也不得进行侵犯，因为这些权利来自社会成员互相之间的承认和认可。其三，从个人原子式的社会结构中人的自由要如何实现来看，如果每个社会成员要独立地、完整的享有自由，都依赖于自己的权利不被他人侵犯，为此每个人都不得不负有不侵犯他人的义务，否则每个人自己的自由和权利就只是空中楼阁。

在这种义务模式下，人们所受到的束缚是最小的，要履行不侵犯他人的义务也是最容易的，亚当·斯密在论及正义与仁慈时说道"我们常常能安静地坐着，什么也不做.就可以履行正义的全部法则"①。反映在个人与国家之间的关系上，就表现为国家对个人的最小干预，而给予个人最大的自由。只要不侵犯他人，就都是人们自由的领地，"对于本人自己，对于他自己的身和心，个人乃是最高主权者"②。对于个人来说，这种最为轻松、束缚最小的义务类型似乎是非常理想的。但正如前文所述，单纯的个人原子式的社会结构是不可能稳固的，每个人仅只是最低限度的做到不伤害他人，无法推动社会的稳步发展，社会需要更大的凝聚力，个人权利的充分实现也无法仅仅从他人消极的"不侵犯"中获得，人们始终需要更高层次的帮助与合作。

2. 共同体式的社会结构中，"共同构建"是重要的义务类型。"共同构建"的义务意味着不仅只是消极地不伤害他人，还要积极地与其他社会成员，与共同体一起共同构建一个美好的社会，这与不得侵犯他人的义务相比，对个人所提出的要求更高，施加给个人自由上的限制也相对更多。"共同构建"的义务同样可以在哲学先哲西塞罗那里找到根源，"大地上生长的一切都是为了满足人类的需要，而人类是为了人类而出生，为了人们之间能互相帮助。"③但在自由主义盛行的时

---

①　[英]亚当·斯密：《道德情操论》，焦维娅译，安徽教育出版社 2008 年版，第 88 页。
②　[英]密尔：《论自由》，程崇华译，商务印书馆 1959 年版，第 14 页。
③　[古罗马]西塞罗：《论义务》，王焕生译，中国政法大学出版社 1999 年版，第 23 页。

期，"共同构建"的义务并不会被放在重要位置，如亚当·斯密认为"从社会的功效而言，社会可以存在于不同的人之间，就像存在与不同商人中间一样，而没有相互间的爱或情感。"①19世纪下半叶的社会学家斯宾塞也认为"每一个人都有他愿做的事的自由，只要他不侵犯任何他人的同等自由。因此，我们必须把同等自由的法则完整地加以采纳，作为正确的公平制度应该依据的法则"②。但黑格尔、托马斯·希尔·格林等思想家认识到这种自由只是一种原始的消极的自由，格林指出"正确理解的自由就是幸福的最大化……我们不是说自由仅意味着免于限制或强制……当我们把自由作为某种值得高度珍视的东西来谈论时……这种事物也是我们与他人共做或共享的事物"③。在共同体式的社会结构中，人与人之间的关系不再是分离的，而是紧密结合在一起的，彼此之间的命运也密切相连，仅仅不伤害他人无法保障社会的良性运转，也无法给予人们期望得到的生活。此时，与他人合作，"共同构建"的积极义务就占据了十分重要的地位。

但这并不是说，在共同体式的社会结构越来越被重视的社会发展趋势中，共同构建的积极义务就会取代不得侵犯他人的义务，成为唯一的义务类型。共同构建的义务是不得侵犯他人义务的一种升级，即你不仅不能侵犯他人，还要对他人履行自己的职责，让这个社会，让他人更好，虽然二者在具体内容上，以及在所对应的社会关系上是有所差异的，二者无法互相取代，但可以共存。正如上文所述，当前的社会结构已经是一种多元化的结构，共同体式的社会结构与个人原子式的社会结构在现有的社会发展阶段下，不可能出现一方完全取代另一方的局面，而是二者交织并存，其所相对应的义务类型也处于并存的状态中。

（三）身份犯的义务类型分析

通过前文对不同社会结构以及不同社会结构下的义务类型进行的分析，首先可以得出一个结论：当前的社会是多元化结构的并存的，在这种多元化的基础上，其他与社会结构密切联系的领域也应当充分认识并尊重这种多元化，试图用

① ［英］罗杰·E.巴克豪斯：《西方经济学史》，海南出版社2017年版，第119页。

② ［英］斯宾塞：《社会静力学》，张雄武译，商务印书馆2005年版，第52页。

③ ［英］T.格林：《论自由主义立法与契约自由》//应奇，刘训练：《后伯林的自由观》，江苏人民出版社2007年版，第137页。

一种规则统一化地处理所有问题是不科学的，特别是在社会科学领域，法学领域也是如此。但需要注意的是，社会结构分析下的义务类型与法律上的义务之间的特定关系。一般会认为，不得侵犯他人的义务是可以强制的义务类型，而"共同构建"的这种积极的义务仅只是作为一种道德上的提倡，它不能转化成为强制性的规范，博登海默认为道德价值可以区分为两个等级，第一类包括社会有序化的基本要求，第二类包括那些极为有助于提高生活质量和增进人与人之间的紧密联系的原则，其中第二类不能转化为法律规则①。但这种判断不是绝对的，原本属于第二类的道德价值会在社会秩序要求提升的情况下转变为第一类的道德价值。正如富勒在讨论法律的道德性时所指出的，"义务的道德"与"愿望的道德"在道德标尺上有一条"上下摆动的分界线"②，这条分界线难以确定准确的位置，但确实至关重要。这一方面表明不能以强制的方式推行愿望，但另一方面也说明了"愿望的道德"与"义务的道德"之间并非泾渭分明，标尺的位置不是固定的，而是会上下摆动，即在不同的社会环境下，愿望的道德与义务的道德范畴会发生变动，当整体社会道德水平提升时，原本属于愿望道德的内容就会转变为义务的道德。为此，无论是不得侵犯他人的义务还是共同构建的义务，都具有转变为法律义务的条件，只不过共同构建的义务在法律上需要进行一些技术处理，以增加明确性。

就身份犯而言，其所对应的义务类型同样是多元化的，既包括了不得伤害他人的消极义务，也包括了"共同构建"的积极义务。前者的典型例证为强奸罪，强奸罪是只具有男子身份的行为人可以实施的犯罪，但这种犯罪所对应的义务是"不得伤害他人"，即不得违背妇女意志，侵犯妇女的性自主权，这种类型的身份犯在总体上并不占多数。占多数的是"共同构建"义务类型的身份犯，此类身份犯重要的并不是行为人在客观上做了什么，侵犯了谁，而是行为人应当要"共同构建"的是什么，他有没有这样去履行自己的义务。如遗弃罪，并不是行为人对没有独立生活的人直接实施了侵害行为，而是行为人不履行"共同构建"社会关系中

---

① 参见[美]博登海默著：《法理学：法律哲学与法律方法》，邓正来译，中国政法大学出版社1999年版，第118页。

② [美]富勒著：《法律的道德性》，郑戈译，商务印书馆2017年版，第33页。

所要求的扶养义务，这种不履行可以以任何行为方式表现出来；再如大多数的职务犯罪，很多时候它们未必可以找到一个直接被侵犯的对象（如收受了贿赂的公职人员给予行贿者他本就可以得到的利益），重要的是公职人员的职务内容本身就是为社会、国家进行贡献性的（虽然公职人员会取得相应的报酬，但各国普遍对公职人员获得的收入会进行监督，并对公职人员有着更高的要求）、共同建构性的服务，没有履行这样的职责达到一定程度就是已经可以受到法律处罚，而不需要具体地侵犯了哪个社会个体成员的利益等。

通过对身份犯的义务类型分析，可以发现在身份犯问题的处理上，不能仅只从形式上、外观上去进行判断，还需要深入到其所对应的义务类型层面，发现其本质性的归属。对于违反"不得伤害他人"义务的身份犯，在共同犯罪的判定上可以与其他一般犯罪一样，通过行为人行为与结果之间的因果关系贡献关联性，判断是否以及如何将结果归属给行为人。而对于违反"共同构建"义务的身份犯，就不能再只是通过物本逻辑的行为因果性进行判断，而必须在此基础上加入价值性的考量。

二、社会学功能主义的方法论支撑

社会学对社会整体的观察和分析，不仅其观察成果为其他人文学科提供了研究基础，同时，它的研究方法也会渗透其他学科当中去。其中，功能主义是社会学的基本研究范式之一，也是社会学中最先发展成熟的理论体系，虽然随着后来社会学理论地不断地丰富与多样化，功能主义不再位于社会学理论的主导地位，但它所提供的方法论上的更新仍旧对法学，特别是刑法学有着重大的影响，因为社会学功能主义主要关注的就是社会秩序如何实现，而刑法的属性很大程度上正是保障社会秩序的最严厉的一道防线，二者有着相当的契合度。功能主义的分析对象、分析方法具有开阔性，为规范论式地看待刑法学问题提供了方法论的指引。

（一）社会学功能主义的方法论及其法学体现

1. 社会学功能主义的发展脉络

社会学功能主义发端于古典社会学家孔德、斯宾塞、涂尔干（迪尔凯姆）等的理论学说，但早期的古典功能主义（如孔德的理论）采用的是实证主义①的立场（孔德运用了生物学的模式形成了早期的功能主义思想），随着社会学逐步独立发展，这种实证主义受到了批判，社会学功能主义日益成为体系丰富（包括宏观、中观与微观层面）的庞大的理论学说。

在欧洲的启蒙运动当中，实证主义已经是其中的一个组成部分，随着工业化的不断发展，自然科学的研究方法在人文学科中的渗透，更加剧了早期的社会学家对科学和技术的信仰，孔德在建立第一个完整的社会学体系时便深受这种信仰的影响，孔德将社会学与生物学相类比，认为社会有着与生物类似的结构。一个生物体可以被分解为成分、组织和器官，社会也是如此，存在着成分（家庭）、组织（政权形式）、器官（城市）的整体与部分结构的关系。斯宾塞也看到了这样的结构关系，但孔德更多地看到的是社会性的整体概念，而斯宾塞看到的是个人的概念。涂尔干在此基础上虽然也赞成社会有机体的假设，但涂尔干已经有意识地在对实证主义进行反思，"孔德的实证主义社会学是以支配人类社会的社会进化规律和自然科学在社会制度研究中的直接应用为基础的。迪尔凯姆把社会描述为社会事实，同时也是精神实在"②，在后期，涂尔干试图从社会学家的角度来修补实证主义，将整个"社会"因素从"事实"或"条件"的范畴转到规范性方面，但这种尝试并未能与他之前的理论相衔接，"结果反而置他的实证主义于死地"。③到了20世纪50年代，在功能主义的基础上发展出了结构功能主义，这种理论反对客观的社会事实和作为一种客观的，已定的外在事实材料的社会概念，主张如果社会事实要具有某种意义，它就不得不在理论论述方面被重新确立。这也就是说客观观察到的社会事实并不具有决定性的意义，在社会事实的背后具有的是潜

---

① 社会学实证主义的基本观点是：认为只有经验科学才是唯一可靠的形式，反对思辨，强调经验现象与客观存在的关系，并以此预测和控制自然社会过程。假设必须经由事实检验，理论只有经过事实证明才是科学的。社会实证主义将社会科学同自然科学一样看待，试图寻找纯客观的必然因果规律。参见仇立平：《社会研究方法》，重庆大学出版社2015年版，第27页。

② ［英］辛格·伍德著：《社会学思想简史》，李鞍阳等译，辽宁人民出版社1989年版，第135页。

③ ［英］帕森斯著：《社会行动的结构》，张明德、夏遇南、彭刚译，译林出版社2012年版，第517页。

在的结构和秩序，而这种结构和秩序才是关键的。

早期的功能主义基于其实证主义的立场，热衷于用生物学进化论的理论分析社会，主张社会(类似于生物体)要维持下去必须具备特定的环境，同时社会本身也具备一些需要，以保持它的健康运行，社会内部的各个部分都在相互配合地发挥着功能，从而维持社会这个有机体的运转。找到社会健康运行的环境，了解社会的需求，掌握社会内部各组织结构对社会的贡献便是社会学家的主要任务，简单来说，就是了解社会秩序和稳定的原因以及维持的方法。从帕森斯开始的结构功能主义超越了实证主义，帕森斯的结构功能主义从个人行动的角度出发，思考如何将人的地位、角色和规范组织起来，从而形成了他的社会系统理论。默顿将帕森斯的理论从庞大而又宏观层面拉回到中观层面，并在批判早期功能主义的基础上发展出了自己的结构制约性功能分析范式，提出了"功能分析项目和功能分析机制、显功能和潜功能、正功能和反功能、功能接受者和功能替代物、结构制约性"①等新概念。而后的亚历山大、卢曼等人提出了新的功能主义理论，使得功能主义更加纯粹化、非实证主义化。

2. 社会学功能主义对法学研究视角的更新

社会学与法学在研究对象、研究目的上有着一定范围的重合(因为法律系统本身就是社会系统的组成部分)，因而自社会学产生以来，其对法学的影响就一直存在。社会学功能主义作为 20 世纪曾经占据着主导地位的理论，必然会在法学领域留下印记，其对法学研究视角的更新，至今仍有着重要的意义和价值。

早期的功能主义忠实地体现了当时盛行的实证主义，因而在孔德用社会学理论探讨法律时，同样也大力主张采用实证主义的方法。孔德可以说是法社会学的"助产士"，他从社会学的角度推动了实证主义向法学研究的渗透，因而早期的法社会学研究主要是从实证的角度对现实的法律现象以及法律的实际运行展开研究，这种实证主义的角度拉近了法律与社会之间的距离。同时，由于孔德、斯宾塞借鉴生物学提出了社会有机体，并强调社会有机体内部结构对社会秩序的功能，这种功能主义的思想进入到法学中，对传统的法学研究方法产生了突破性的

① 参见[英]贝尔特：《二十世纪以来的社会理论》，翟铁鹏译，商务印书馆 2014 年版，第 89~94 页。

影响。传统的法学研究方法是从内部进行的封闭式的逻辑推演，需要考虑的问题只是如何准确地从逻辑上解释法律，如何正确地适用法律，法律的运用越发成为法律精英的一种技术性活动。19 世纪的分析法学家奥斯丁所致力于构建的正是"更科学、更完备、也更形式化"①的封闭的法律体系。功能主义的方法必然要求突破法律内部的自我考察，而从法律的外部（更宽阔的整个社会领域）进行考察，重要的不是法律如何规定，而是法律如何发挥作用，法律不仅仅是要做到内部自洽，还应当适应和满足社会的需要，发挥出其作为社会内部系统的功能，"降低对孤立规范的关注，强调法律制度的社会功能"②。法社会学家庞德认为"只重视法律规则内部的逻辑演进的法理学不可能很好地关注它所能取得的实际效果……分析法学中僵死的法律规则使之很难适应现代城市多变的文化环境，由此，法律丧失了处理现代日常生活中的现实问题的功利性功能。"③功能主义关注社会作为一个系统的整体性属性，法律在这个过程当中也应当与其他社会系统一起协调发挥作用，这就同时要求法律系统向社会开放，打通法律与社会其他系统沟通的管道。

除此以外，功能主义对法学的影响还有很多方面，如默顿的"显功能和潜功能，正功能和反功能"等概念被用于多方面地分析法律的社会功能；又如在比较法学领域所产生的功能主义比较法，主张比较法律必须强调各法律发挥功能的社会、制度背景等因素，等等。在刑法学领域，功能主义的理论则促发了机能主义刑法的产生，尤其是雅科布斯的机能主义刑法，被认为借鉴了社会学家卢曼的系统理论。可见功能主义拓宽了法学研究的方法论视野，使得法学研究更为开放，更为实质，注重价值性、目的性、功能性的判断。

（二）基于功能主义的身份犯共犯理论重构的正当性考察

身份犯共犯理论的规范论式重构可以进行，在方法论上是靠近了功能主义的

---

① 奥斯丁著：《法律学的范围》，刘星译，中国法制出版社 2002 年版，第 60 页。

② Jaakko Husa. Metamorphosis of Functionalism ~ Or Back to Basics, Maastricht Journal of european and Com~parative Law，18（2011），p. 505.

③ 马姝：《论功能主义思想之于西方法社会学发展的影响》，载《北方法学》2008 年第 8 期。

方法论。为此，身份犯共犯理论的规范论式重构是否具有正当性，直接取决于功能主义以及采取了功能主义的法学方法论(对本文而言特别是机能主义的刑法方法)是否具有正当性。虽然功能主义对法学产生了较大的影响是不争的事实，但这种影响是正面的还是负面的，仍是需要单独进行探讨的一个问题，尤其是当功能主义在20世纪60年中期代以后的社会学领域受到相当多批评的情况下。

功能主义受到的批评主要包括两个方面：一是功能主义没能真正地描绘出社会的图景。其前提假设是社会为一个有机体，各组成部分互相间都是为了有机体而存在，但这种假设是片面的，因为社会的有序状态并不是常态，社会各系统之间也并非如同有机体各组织之间那样的协调合作，有时一个社会内部系统的发展是以牺牲另一个系统为代价的，社会均衡并不是社会惯性第一定律。"在批评者们看来，帕森斯过分强调了社会化如何保证了价值的内化和行动者间紧张的缓和，也过分强调了社会控制的机制如何消除和减少解体和越轨的潜在因素。"[1]二是功能主义在逻辑上难以自洽，最突出的就是循环论证的问题。帕森斯认为系统的生存需要具备一些必要的条件(适应、目标获取、整合和维护)，但帕森斯没有能够提出明确的证据证明如果条件不存在，系统便不存在。对此，特纳认为这种概念假设实际上是在循环论证，"如果帕森斯的理论框架不能顺利地转换成可检验的非同义反复的命题，那么，他的理论研究法也就成了问题。"[2]这样的问题跟随着功能主义带到了功能主义法学当中，一方面是功能主义法学的概念模糊不清，因为功能主义所提出的理论假设非常注重系统的"功能"性，但这种功能性并未能完全对应社会现实，仅只是一种理论假设。参照"功能"提出的法律的概念也被诟病是难以捉摸的，"(内部封闭的)德国的教义法学可能是学究式的、复杂的、脱离实际生活的，但它至少具有清晰明确的观念。而功能主义倾向则会使法律概念模糊不清"。[3] 另一方面，循环论证也是采用功能主义的法学理论所经常

① [美]特纳著：《社会学理论的结构》，吴曲辉等译，浙江人民出版社1987年版，第95页。

② [美]特纳著：《社会学理论的结构》，吴曲辉等译，浙江人民出版社1987年版，第102页。

③ [美]萨科著：《比较法导论》，费安玲、刘家安、贾婉婷译，商务印书馆2014年版，第316页。

遭受抨击的地方，如刑法学理论中引入卢曼系统理论的雅各布斯教授，被批判最多的地方就在于其理论的"循环论证"性。

对于这样一些批评，本书认为并不能影响功能主义对法学研究方法的拓展。首先，社会学与法学虽然密切相关，但并不代表二者完全吻合，社会学中的功能主义也并没有被完全照搬进入法学当中，而更多的是方法论上的一种借鉴。为此，社会学功能主义的没落，并不表示其对法学的影响就都是负面的。实际上功能主义在美国的没落主要还是因为 20 世纪 60 年代美国的社会环境动荡不安，社会更需要研究的是冲突，功能主义并不契合这样的社会背景。其次，就功能主义法学，以及借鉴了功能主义的刑法学理论(机能主义刑法等)来看，模糊不清以及循环论证确实是需要解决的问题，但并不是不能解决的问题。从模糊不清的问题上来看，功能主义在为法学注入了灵活性与效用性的同时，也可能会破坏法的确定性，这就需要使用一定的机制对此进行控制，有学者在刑法学领域内提出的二元性规制框架①就是一种有益的尝试。对于循环论证的问题，有学者指出从卢曼的角度来看，法律系统的循环论证本身就是其成为独立系统的动力，通过"异我指涉"可以使法律系统构建有意义的社会自我描述②。循环论证意味着概念之间的同语反复，而在法律系统相对开放的实践过程中，并非没有产生新的东西。

总的来看，功能主义带给法学的是有益的视野拓展，虽然在具体运用上仍需要采取种种控制措施防范法律体系的"过度开放"以及在抽象的概念里自我循环，但法律为了实现其效用需要与"功能"捆绑在一起，进而与社会对接，讲求开放、价值和实质，这符合社会秩序的实际需要，也具有正当性。

第三节　身份犯共犯理论重构的刑法教义学基础

前述第一节、第二节可以认为是身份犯共犯理论规范论式重构的间接基础，主要是在认识论、方法论上为一定程度上脱离物本逻辑，打通刑法与其他社会系

---

① 参见劳东燕：《刑事政策与功能主义的刑法体系》，载《中国法学》2020 年第 1 期。

② 参见宾凯：《法律悖论及其生产性》，载《上海交通大学学报(哲学社会科学版)》2012年第 1 期。

统之间管道奠定基础。但规范论式的理论重构能否在刑法教义学当中获得基础，必须考察在刑法教义学当中是否可以容纳下规范论式的理论进路。在刑法教义学中，"规范论"并不是一个完全陌生的话题，正如前文所述，随着古典存在论在哲学领域的逐步衰落，用规范的、价值的眼光看待事物成为哲学的新视角，这种视角扩散到了其他人文科学领域，包括法学。在刑法学当中，规范论式的理论也已经有迹可循，从整体性的刑法体系理论，再到局部性的行为论、违法性论、责任论、因果关系理论、正犯理论等方面，都有规范论式的内容。这就表明身份犯共犯理论的规范论式重构在刑法理论当中并不完全是一个异类，有着刑法教义学基础。但刑法理论的规范论视角涉及的范围十分宽泛，本书仅从与本论题密切相关的刑法体系、刑法解释、因果关系的角度进行阐述。

一、刑法体系的价值化

刑法体系的价值化意味着刑法体系的功能主义和目的主义的引入，使得刑法体系成为一个开放化的体系，而不仅仅在刑法教义学内部进行封闭性的概念式逻辑推演。刑法体系的价值化反映了功能主义视野中的刑法应当具有的品质，这种价值化是对刑法教义学的形式理性与封闭性的僵化进行的弥补，在具体表现上，主要是通过刑事政策在刑法教义学中的融入，打开刑法教义学的封闭场域，对接刑法的目的以及刑法的功能。

对于刑事政策与刑法体系的关系，总体上可以分为两种模式：一是刑事政策与刑法体系各为体系，刑事政策对刑法体系的影响主要通过刑事立法表现出来，而当立法活动完成之后；刑法体系对刑事政策封闭起来，李斯特的论断——"刑法是刑事政策不可逾越的鸿沟"正是体现出了将刑法体系与刑事政策隔离的态度。二是刑事政策与刑法体系贯通的模式，在这种体系下，刑事政策不论在刑法的立法还是刑法的适用当中，都起着目的性的指引作用。刑事政策与刑法体系的分离是古典刑法理论所主张的模式，主要是为了贯彻罪刑法定原则，保障法的稳定性、确定性，以及构成要件的定型性，从而可以使得人们可以合理地预测自己的行为，杜绝罪刑擅断，保护公民的权益不被强大的刑罚权所侵害。这种分离的模式有着特定的理论前提，即刑法体系本身通过自身的逻辑推导就可以完成刑法的功能，不需要、也不允许刑事政策的掺入。在确定性思维主导下的刑法体系中，这样的前提确实是存在的，因为行为是价值无涉的客观存在，刑法在立法活动完成后，就也是客观存在的，而构成要件中的概念都是确定的，具有真理性的，是通过对事物进行抽象和归纳而得来的，为此只需要再次将概念具体化演绎，然后径直比对事实与概念，即可做出符合构成要件或不符合构成要件的结论。但正如前文在分析确定性思维时所提到的，这种思维方式本身存在着疑问，它在带来确定性的同时也带来了封闭性，使得刑法体系无法对社会的发展做出反应，"自身封闭，完备，无漏洞，明确的制定法（如果这种制定法可能的话）将使得法律的发展陷入停滞状态"①。新古典刑法体系对此进行了改良，加入了一定的价值和规范的内容，如主张行为不是纯粹客观的，不仅行为人的主观对行为性质的认定有影响，而且需要考虑价值的内容。到了威尔策尔的目的主义刑法体系中，刑法体系与社会之间的距离被进一步拉近，威尔策尔主张刑法的任务在于"保证法律信念的行为价值的现实有效性"，并以"社会相当性"理论将构成要件与社会生活对接，但目的主义刑法体系仍是以存在论为基础的，强调刑法体系的物本逻辑基础——行为的目的性构成②，没有给刑事政策融入刑法体系留下太多的空间。

古典主义刑法理论的对立面——刑事近代学派，站在社会防卫的立场上将刑事政策的地位提升到了前所未有的高度，为了解决社会当中的犯罪问题，主张刑法应当充分实现犯罪预防的目的，对行为人的研究远重于对行为的研究，认为应受到处罚的也不再仅只是客观的行为，更多的是行为人的社会危害性，犯罪是人的行为，解决了"人"的问题，才能有针对性地解决犯罪的问题。刑法的制定、执行都在这一目的下展开，刑法体系的封闭性和僵化性被彻底打破。但经过科学的发展，证实了刑事近代学派对犯罪现象理解并不科学，同时刑事政策的灵活性完全替代了刑法体系应有的确定性与可预测性，变得难以控制，两相权衡之下，以保障公民自由，维护公民个人权益的新古典学派最终取得了主流地位。虽然刑事政策向刑法体系的融合在刑事近代学派这里没有成功，但保护社会秩序的观念在人们心中也留下了烙印，加之现实社会发展的需要，刑法的功能已经出现了多元

---

① ［德］考夫曼著：《法律哲学》，刘幸义译，法律出版社 2003 年版，第 142 页。（三个版本）

② 参见许迺曼：《不移不惑献身法与正义——许迺曼教授刑事法论文选辑》//许玉秀、陈志辉编，台湾新学林出版股份有限公司 2006 年版，第 45 页。

化，既包括保护公民的个人自由，也包括保护社会秩序，在经历了完全隔离与完全融合的两种极端之后，现代刑事政策与刑法体系的关系开始走上整合、贯通的道路。

罗克辛教授构建起的目的理性犯罪论体系，强调刑法体系的功能性（目的性），主张刑事政策与刑法体系的整合，在他看来"法治国和社会福利国之间其实也并不存在不可调和的对立性，反而应当辩证地统一起来"①，从目的的、功能的角度出发，罗克辛教授分别对构成要件符合性、违法性、有责性进行了重新考察与体系化。雅各布斯教授也是功能主义刑法的倡导者，他对刑法功能的考察比罗克辛教授更为彻底，主张以刑法的任务整体性地调整刑法，彻底脱离法律之前的内容。功能性刑法体系的提出将刑事政策再一次拉入了刑法体系视野当中，赋予了刑法体系灵活性与开放性，也使得刑法体系可以与其他社会体系进行沟通。对于身份犯共同犯罪理论而言，在目的理性的刑法体系当中可以找到规范论的构架性依据。罗克辛教授与雅各布斯教授都在刑法整体框架中对行为犯和义务犯进行了区分，且指出了各自对应的不同生活领域。"在义务犯中，构成要件索要保护的是那些生活领域的功效，而这些生活领域是人们在法律上精心构建的……而行为犯，是行为人通过破坏和平的方式，从外部入侵了为法律所保护的不容侵犯的领域"②。这表明，一方面，对行为犯与对义务犯的理论构建应当在刑法功能性的层面对接到社会生活领域当中去；另一方面，行为犯与义务犯对应的社会领域是不相同的，各自应反映和体现的刑法功能也不相同，对于目前义务犯适用行为犯的理论模式有理由进行重构。

二、构成要件解释的实质化

刑法的解释是刑法适用中的关键环节，特别是在我国法制建设已经日趋完备，各法律部门的构架也已经稳定，刑法理论从立法论为主体转变为了教义学为主体的背景下。刑法教义学的功能化在刑法理论体系中的影响是多方面的，刑法

---

① 罗克辛著：《刑事政策与刑法体系》，蔡桂生译，中国人民大学出版社2011年版，第15页。

② 焦阳：《刑法分析与适用》，中国法制出版社2018年版，第45页。

解释的实质化便是其一，"承认刑法规范是一定刑事政策的载体，要求人们在刑法解释中考虑刑法规范所体现的刑事政策的立场及其价值取向"。① 构成要件的解释是刑法解释的核心内容，构成要件解释的实质化契合了刑法解释的功能化，但实际上，构成要件解释的实质化远早于功能主义刑法体系的提出，当罗克辛教授等学者运用目的理性审视构成要件时，又将其实质化更往前推了一步。构成要件解释的实质化，意味着价值判断在构成要件符合性阶层的渗入，使得构成要件的解释不再是一个纯粹的逻辑演化，在共同犯罪当中，构成要件解释的实质化就意味着对实行行为判定标准的实质化，虽然已有的构成要件实质化不能完全满足身份犯共同理论规范论式重构的需要，但这给身份犯共犯理论的重构奠定了基础。

　　早期刑法理论中对构成要件的解释采用的是价值中立的态度，主张构成要件是纯粹形式论述的，价值中立的犯罪类型。这与前文提到的自然科学的研究方法被盲目崇拜，并被运用到人文科学的研究当中密切相关，自然科学对客观确定性真理的追求让人文科学也在自己的领域内划定出纯粹客观，且可以重复检验的概念，"古典犯罪概念首先是受到自然主义理论的影响，这一理论试图以自然科学追求精确的理想来要求人文科学，因而刑法体系也应当与此相应，植根于可量度的、经验上可控制的成分"。② 当 M. E. 迈耶发现构成要件并非全部都是记述性纯客观的内容，还有规范性的构成要件要素时，这不是单纯的通过感官就可以进行判断的客观性内容，必须要经过价值上的判断，对其进行解释，才能使用。此时，构成要件解释中的价值性判断被发现了，构成要件符合性的判断就具有了规范性，它同时也是在对违法性进行判断。但这还只是构成要件解释实质化的较低层面的发展，即仅只是对于如"贿赂""虐待""危险"等不能单纯根据对事实的认识进行解释的内容，进行规范性的解释，当法律或其他社会文化对这些概念进行了公认性的解释之后，就又相对地具有了客观性，目的理性可以发挥的余地并不大。

---

　　① 劳东燕：《功能主义刑法解释论的方法和立场》，载《政法论坛》2018 年第 2 期。
　　② 转引自［德］托马斯·李旭特著：《德国犯罪理论体系概述》，赵阳译，载《政法论坛（中国政法大学学报）》2004 年第 4 期。

在共同犯罪当中，构成要件解释的实质化更为明显。共同犯罪的构成要件符合性问题相对复杂，是否符合构成要件是判断实行犯（正犯）的标准，在共同犯罪的情形下，狭义的共犯并不要求直接实施构成要件行为，通过从属性依然可以解决其可罚性，对正犯来说，按照古典刑法的理论行为人必须亲自实施构成要件行为，但有时行为人未必亲自实施了构成要件所规定的行为，但如果只是将其评价为狭义的共犯，又会严重违背社会中人们一般性的法感情，此时刑法理论大多数会在规范上将其认定为行为是符合了构成要件的（具体路径主要是从行为对法益的危险性、行为在整个共同犯罪中的重要作用或支配作用等实质的方面将无法对应上构成要件行为的行为实质化地认定为符合了构成要件，如 2 人共同杀人，1 人抱住被害人，另 1 人实施暴力，"抱人"的行为就不是典型意义上的故意杀人的实行行为，但由于其对法益的侵害性或其行为的重要作用，实质化地认定为符合了构成要件），这实际上体现了刑法的目的与功能在构成要件解释中的实现，也是构成要件解释更深层次的实质化。回归到身份犯共同犯罪的问题中，构成要件应当如何解释同样是一个关键的问题。现有的构成要件的实质化理论基本上都还是沿着物本逻辑的方向进行，在身份犯问题当中，这种物本逻辑式的实质化无法解决身份犯共犯问题的困境，对此前文已有论述，但已有的构成要件的实质化依然给身份犯共犯理论的规范论式重构奠定了基础。

身份犯共犯理论的规范论式重构意味着需要运用规范论的叙事方式重新审视与身份犯有关的共同犯罪现象。在身份犯共同犯罪的场合，身份者是否亲自以身体动静实施了构成要件所要求的实行行为并不是判断的重点，在规范上如何评判这种行为才是重点，这在实质的客观说当中并不陌生。但实质的客观说中对正犯的规范性判断仍然需要依靠存在论的基础，即行为人虽然没有亲自实施构成要件的行为，但行为人的行为在因果贡献力上分量不比亲自实施构成要件行为的人少，无论是"重要作用"还是"支配"等表述都是在这个层面上展开的。这实际上就为另一种可能性埋下了伏笔，既然对构成要件符合性的判断可以一定程度上脱离存在论，对没有实施构成要件行为的行为人，因为其他的原因（如以优越的意思支配了整个犯罪行为）而可以将他人实施的行为视为行为人自己实施的行为，那么沿着这个方向继续前进，将这种规范论的叙事推到一定的程度，则可以更进一步地脱离开存在论的羁绊，不是去看行为人在存在论上作了具体地做了什么，或在物本逻辑的因果关系上贡献了多少，而是以其他的规范性的理由来评价行为人在共同犯罪整体中的行为。为什么要对身份犯采用其他的规范性理由，这主要是因为身份犯所对应的社会结构以及所反映出的刑法的功能是具有特殊性的①，但从基本性的理论脉络来看，这与现有的构成要件实质化理论是可以承接上的，正如罗克辛教授所言："在控制犯罪与义务犯罪之间区分实行人与参加人时呈现出来的重大区别，当其实行人概念'在符合行为构成事件的核心人物'这个最高基点上同时发生时，也没有任何改变。它们仅仅是这个基本原则的不同表述"②。

三、因果关系认定的实质化

纵观因果关系的发展理论历程，可以很明显地看到一个实质化的轨道。最初的因果关系判断是一个纯粹的客观性问题，在近代因果关系论的开创者格拉泽（Julius Glaser）和布黎（V. Buri）那里，主张条件关系是因果关系判断的依据，所谓的条件关系即"没有 A 则没有 B"的关系，A 是 B 的条件，A 与 B 之间存在着因果关系。此时只需要运用排除法，从客观上考察事件发生的全过程即可。条件关系的因果性判断实际上是自然科学以及哲学上因果性判断规则的体现，这种判断简单、直观，但却不能很好地解决刑法中对因果关系判断的需要。一方面，从存在论的角度进行纯粹客观的条件关系判断，因为世界中的事物具有普遍联系性，会使得具有因果性的条件范围太宽，从而使本不需要被纳入到追责范畴内的行为人被牵扯到刑事程序当中来。另一方面，刑法的适用并不是一个单纯的事实判断问题，刑法理论对因果关系的判断最终是为了进行刑事追责，即明确已经发生的危害结果应当归属给谁，这从纯粹客观的角度无法找到答案，"为了解决归责问题，因果关系的自然科学的范畴，只能提供外部的框架，而不能提供结论性答案"。③ 因为虽然存在着条件关系，但对行为人的追责并不符合法感情，以及虽然不存在明确的条件关系（要确立条件关系存在的前提是已经明确了事件发生的

---

① 本章第二节有详细论述。

② ［德］罗克辛著：《德国刑法学总论（第 2 卷）：犯罪行为的特别表现形式》，王世洲译，法律出版社 2005 年版，第 82 页。(2013 年版还是 2005 年版)

③ ［德］耶塞克、魏根特著：《德国刑法教科书（上）》，徐久生译，中国法制出版社 2017 年版，第 376 页。

明确原因力，当原因力在已有的科学技术条件下并不明确时，条件关系就很难明确），仍然有对行为人追责的必要的情况。为此，学者们在条件说的基础上发展出了因果关系中断论、主观限制的理论、合法则的条件说、合义务的择一举动等理论，以弥补条件说的不足，但这些学说仍然是在自然性因果基础上进行的，未能体现出刑法中因果判断的核心任务——归责。

当基于存在论的因果判断捉襟见肘时，因果关系的判断开始了实质化的历程，相当因果关系理论主张从具有条件关系的原因中筛选出刑法意义上的原因，筛选的标准为"相当性"，即具有相当性的原因才是刑法意义上的原因，而相当性的判断要根据一般人的社会生活经验进行，在这个判断过程中规范性的内容被加入。虽然相当因果关系理论已经具有了一定程度的规范性，也凸显了刑法中对因果关系认定的归责目的，但仍然未能摆脱存在论的羁绊，关注的重点依然是行为与结果在因果律上的关联性。同时，由于相当因果关系理论对于介入事实的判断不明确，也遭受到了批评，并在此基础上进行了修正，发展出了综合判断说、危险的现实化说、结果的抽象化说①等理论，但这种修正已经逐步偏离了相当因果关系理论原本的含义，出现了向另一种规范性更强的理论靠拢的趋势，即客观归属理论。客观归属理论不单单是因果关系的理论，它不仅判断行为和结果之间的客观联系，在本质上更要进行合目的性的归属评价，而归属评价是无法从事实中推演出来的，"结果归责的判断应当着眼于法秩序所追求的目的，并合乎于此种目的"②，因而客观归属理论的规范性更强。

在客观归属理论中，归责的判断一方面可以解决限制条件说将因果关系范围散布得太宽的问题，这种功能在相当因果关系当中，通过对"相当性"的实质化判断也可以一定程度地实现；另一方面则可以补足自然性因果不明确或难以证明时的因果性，这种补足的功能在以存在论为基础的因果关系理论中是难以实现的，在客观归属的机能下则成为可能③，不作为犯的归责中可以体现这一点，"立足

---

①　参见陈家林：《外国刑法理论的思潮与流变》，中国人民公安大学出版社年版 2017，第 173~175 页。

②　劳东燕：《风险社会与变动中的刑法理论》，载《中外法学》2014 第 1 期。

③　一般认为行为与结果之间因果关系不明时，可以用来补足的理论主要是疫学因果关系理论，实际上客观归属理论也可以有这样的效果。

于法的方法的考察方法，在作为犯和不作为犯两类事例中，重要的是义务的违反与结果的结合……因此，并非存在论的因果关系，而是行为的价值的性质（义务违反）和无价值（法益侵害）被视为与结果的关系"。① 对于不作为犯的因果性，威尔策尔、考夫曼、耶塞克、魏根特等学者认为是无法被证明的，因为"不作为作为一个行为的不实施，是完全不会造成什么的"，"这种因果性一点都不是真的，而仅仅是存在于思维中的"②，但这种对因果关系的理解停留在存在论的视角，将原因视为一种积极的"力"。但没有学者认为不作为犯中的行为人因为不具备因果性而不需要承担刑事责任，要确立起不作为犯里的因果关系，只能从实质化的视角进行，如恩吉施、普珀等学者主张的"合法的关系"。不作为犯当中确实不存在行为与结果的客观的、直接的因果联系，"合法的关系"表明结果不仅可以通过积极性的势力而产生，也可以通过缺乏阻止结果发生的因素而发生，在客观归属理论那里，这种"合法的关系"被表达得更清楚，即具有作为义务的行为人什么也没有做，增加了法益侵害的结果发生的危险。

因果关系问题从仅关涉自然主义的因果律判断，到与实质化的归责判断挂钩，表明自然因果力在刑法理论中的地位已经衰落。在身份犯共同犯罪问题上，行为人的行为与结果之间的因果关系同样不应当从自然因果力当中去找寻结论，而应当进行合目的性的判断。为此，身份犯共同犯罪中的身份者并不需要亲自实施构成要件所规定的行为，只要可以找到"合法的关系"，就可以确立结果的归属，甚至可以为其正犯性赋予内容。

四、规范论式刑法理论的合理性与必要的限制

种种迹象表明，规范论视野下的刑法理论已经受到了越来越多的重视，但对这种现象引发了不少学者的担忧，尤其在我国刑法学界，持反对意见的学者认为刑法理论的实质化会违背自由主义刑法的立场，有出现刑法扩张，侵犯公民权利的危险。"在功利主义刑法解释观这里，过度刑法解释不会成为历史，反而因为

---

① 转引自童德华：《刑法中客观归属论的合理性研究》，法律出版社 2012 年版，第 256 页。

② ［德］罗克辛著：《德国刑法学总论（第 2 卷）：犯罪行为的特别表现形式》，王世洲译，法律出版社 2005 年版，第 482 页。

符合功能主义刑法解释的内在属性而得以持续发展，但是，这对法治建设，权利保障及规范稳定具有消极意义。"①这种担心当然并非毫无道理，对此有必要进行回应的问题是：刑法理论的实质化的消极意义是否大到应当阻止这一进程，这种消极意义可否通过限制手段进行消除？对于功能主义刑法体系可能造成的危险，提倡这种体系的学者并非没有认识到，但并不因此就将封闭的刑法体系向外部打开的这扇门关上。刑法体系必须对外开放，以实现其目的和功能的导向，这无论是从刑法哲学的角度，还是刑法的实用性角度考虑都是必要的，整体的法学理论的发展趋势已经从追求唯一确定性的概念法学转向了实质性的利益法学，僵化的刑法适用会带来的让人们不能接受的结果②也一次次地宣示了刑法目的性考量的重要性。真正的问题毋宁说是在于，如何对功能主义刑法理论进行合理的限制。劳东燕教授对此提出了刑法教义学的内部控制与合宪性的外部控制来实现对功能主义刑法体系的正当性控制，刑法教义学的内部控制，可以发挥作用的主要是目的控制以及事物本质或存在结构的控制，合宪性的外部控制主要是指引入实体性的宪法审查③。刑法功能主义涉及整个刑法体系，因而对功能主义的正当控制也必然会体现在各个方面，对此进行深入探讨并非本部分行文要完成的任务，但基于这种立场，可以看到对身份犯共犯理论的规范论式重构也应当受到一定的限制，而不是毫无规则的"规范"化。以功能主义刑法体系的正当性控制为依据，具体到身份犯共犯理论的规范论式重构，其应当遵守的边界包括以下内容：

一是坚守存在论上事物本质的基础性地位。虽然规范论必然是要在一定程度上脱离存在论的，不以物本逻辑的行为形态决定事物的最终评价，但这并不意味着可以完全脱离存在论上的事物本质，或事物结构，事物依然是规范论的对象。如果完全脱离了存在论，会使得刑法理论倒向完全的主观主义。对于身份犯问题来说，规范论要求不以行为人客观上的行为决定对行为人的评价，但并不表示完全不需要存在论上的依据，仅仅依据行为人的心理态度无法确立起

---

① 赵运锋：《功能主义刑法解释论的评析与反思——与劳东燕教授商榷》，载《江西社会科学》2018年第2期。
② 如2014年发生的陆勇销售假药案；2016年发生的王力军非法经营案；2017年发生的赵春华非法持有枪支案等。
③ 参见劳东燕：《刑事政策与功能主义的刑法体系》，载《中国法学》2020年第1期。

对行为人进行归责的合理依据。正如许迺曼教授所指出的那样，"规范主义式考量与存在论式考量，彼此之间并不是立于排斥的关系，毋宁是一种补充的关系，就像齿轮一样彼此互相探求，因为规范性起点固然对何种事实结构是法律上重要的有所决定，但在规范性原则进一步地开展与具体化时，也必须回顾事实层面的精密的结构"①。

二是坚守罪刑法定的基本原则。罪刑法定原则是刑法的基本原则之一，任何违背了罪刑法定原则的理论都会受到最为严厉的批判，被冠上"违反罪刑法定原则"，也会使得刑法理论丧失合理的根基。而规范论理论最大的危险就在于与罪刑法定原则相违背，尤其是当行为人实施的行为并非构成要件所规定的典型行为时，处罚的根据就需要极为谨慎和小心地论证。本书认为，即使身份犯共犯理论要进行规范论式重构，仍不得突破罪刑法定的基本原则，这就意味着，仍然要以刑法明文规定的构成要件为基础，在对构成要件进行规范论式解释的时候，不能以目的性为唯一标准而脱离社会大众对此的一般预见性。例如，对于受贿行为，近期以来无论是在主体身份上，还是在犯罪行为上，都因为反腐败目的性的考量而出现了扩张性的解释，但这种扩张依然没有超出人们的预测范围。此外，在什么样的行为是符合身份犯构成要件行为的判定上，会出现不同的观点，但即使观点不同，仍旧应当是围绕着基本的构成要件展开的，掏空构成要件的观点则是不可接受的。

三是坚持规范论理论的目的合理性。相比较而言，建立在存在论基础上的刑法理论更符合人们的直观认识，也更符合法治国家的需要，规范论式的刑法理论加入了价值判断，而又因为价值判断的多元化，以及社会防卫价值的导向，使得规范论理论始终存在着扩张的危机。因而不少刑法学者对规范论的理论抱有警惕的心理，不反对的学者也会主张规范论的刑法理论必须有着充分的合理性，正如拉伦茨所述："法律应该以追求适合事理的规整为目标……假使立法者为追求他认为更优越的目的而有意地背离此等结构（'规范范围'的既存结构）时，只要解

---

① 许迺曼著：《不移不惑献身法与正义—许迺曼教授刑事法论文选辑》//许玉秀，陈志辉编，台湾新学林出版股份有限公司2006年版，第148~149页。

释的结果不致因此完全悖理的话，解释时可不将此等结构列入考量。"①而什么是具有合理性的，可以从多个方面进行考察，包括其目的本身是否合理，过程是否合理，结果是否合理(是否达到了目的，且没有造成更大的损害)等，其中是否符合宪法的规定是非常重要的考察角度，如果规范论式的理论损害了公民的宪法性权力，或者违反了比例性原则，都会被认为是不合理的。

本 章 小 结

考察身份犯共犯理论规范论式重构的理论基础，即是对理论构建的前提性考察，同时也是对理论具体展开方向的规定性阐述。

从法哲学的角度来看，规范论的产生与发展为身份犯共犯理论的规范论式重构奠定了基本方向。规范论的对立面是存在论，在哲学领域中，存在论是哲学的根源之一，早期的哲学家所探讨的问题都是围绕着存在论展开的。但当近代认识发生转向以后，主体与存在分离，存在论也出现了危机，当代存在论进入了人本主义的发展阶段，古典的存在论已经停留在了过去。但在法哲学领域中，存在论的发展历程似乎晚于哲学领域，法哲学中的存在论依然有着强大的生命力，相比较而言，规范论则是处于"非主流"的地位，但从哲学领域内的发展趋势可以推断出来，存在论不会也不应当一直占据主流地位，重视价值判断的规范论会日益体现出重要性。在刑法学领域中，纯粹的、机械的存在论刑法学者已经寥寥无几，大多数学者的理论中都体现出了规范性的内容，但明确提出对规范论支持的学者并不多，主要是出于对"二元论"完全割裂事实与价值的反对。但纯粹的二分法虽然不合理，并不表示一元论就是唯一正确的，相反，总是存在着事实之外的价值判断，这表明规范论有其基础。人们之所以对存在论有着直觉性的青睐，在认识论上来看是确定性思维的惯性，但确定性思维本身就存在疑问，尤其是自然科学思维方式在人文科学领域内的展开，自然科学中的确定性思维已经无法被证成，在人文科学领域中同样也站不住脚。随着现代哲学解释学的发展，存在论的前提已经被消解，任何理解都有"前见"的渗入，对客观事物的判断不可能直接从存在

---

① ［德］拉伦茨著：《法学方法论》，陈爱娥译，商务印书馆 2003 年版，第 211~212 页。

中得出，理解的最终目的在于共识。身份犯共犯理论的规范论式重构与此种法哲学的发展脉络相契合，在探寻共识的基础上，从价值判断的角度构建可以达成共识的理论。

从社会学的基础来看，身份犯所对应社会结构并不完全统一，其对应的义务类型也各有差异，在身份犯领域内按照普通犯罪的统一原理构建理论，会混淆不同类型社会结构的身份犯，理论的合理性、科学性也就存在疑问。为此，区分身份犯的不同社会结构，并相应地进行理论构建才能更好地解决问题。从社会关系的角度，社会结构大体可以分为"个人原子主义"式与"共同体"式，前者主要反映的是自由主义的理念，后者则反映出了社会发展到达一定阶段以后，对紧密型社会关系的需要。不同的社会结构又分别对应着不同的义务结构，在"个人原子主义"式的社会结构中，"不得侵犯他人"是主要的义务类型，而在"共同体"式的社会结构中，"共同构建"是重要的义务类型。在不同的社会结构中，两种义务类型都存在，但所占的比重存在着差异。对于身份犯而言，其所对应的义务类型既包括了"不得侵犯他人"的消极义务，也包括了"共同构建"的积极义务，对于前者尚可以适用存在论为基础的刑法理论，对于后者，则必须加入价值性的考量，进行规范论式的判断。除此之外，从方法论的角度来看，社会学功能主义方法论强调社会内部体系的功能性，法律体系作为社会体系之一，则必须向社会开放，注重法律在社会系统中的协调作用，讲求实质上的效果，这为身份犯共犯理论的规范论式重构提供了方法论支撑。

对于刑法教义学来说，身份犯共犯理论的规范论式重构已经具备了一定基础。首先是刑法体系的价值化，这主要表现在刑事政策在刑法中的贯通。刑事政策与刑法体系的关系包括隔离与贯通两种模式，在后一种模式下，刑法体系是开放的、灵活的，体现了刑法教义学的当代思潮——目的理性。在刑法体系的价值化框架下，刑法理论应当与社会生活领域相对应，罗克辛教授与雅各布斯教授据此区分出了行为犯和义务犯，这两种类型分别体现了不同的刑法功能（目的），因而理论模式也会有所差异，对于目前义务犯适用行为犯的理论现状就有重构的必要。其次是构成要件解释的实质化，即在对构成要件进行解释的过程中，渗透价值判断，而不仅只是事实判断。构成要件解释的实质化在共同犯罪理论中更为明显，但现有的实质化基本上还是沿着物本逻辑的方向进行，在身份犯共同犯罪当中，这种物本逻辑的方向走不通，还需要另觅新的路径，但从理论脉络来看，身份犯共犯理论的规范论式重构能够从已有的构成要件解释的实质化中获得基础。最后是因果关系认定的实质化，相当因果关系理论取代条件说成为理论通说，正是因果关系认定实质化的体现，但这种实质化没有突出刑法中因果关系认定的归责任务，客观归属理论则明确了因果关系认定中应当进行的合目的性的归属评价，规范性更强。对于身份犯而言，因果关系的判断不是一个纯粹的存在论问题，因果关系理论的实质化为身份犯共犯理论的规范化提供了必要的前提。规范化虽然在刑法理论中受到了越来越多的重视，但同时随之而来的担忧也不少。对刑法理论的规范化应当进行一定的限制，一是应坚守存在论上事物本质的约束地位，二是坚守罪刑法定的基本原则；三是坚持规范化理论的合理性，通过这些限制，可以很大程度上控制目的理性的消极影响。

第三章　身份犯共犯理论重构的理论起点

第一节　身份犯内涵与属性的再思

重构身份犯共犯理论，首先需要在研究的逻辑起点上进行重构，即到底什么是身份犯？虽然身份犯是一个刑法学范畴内的概念，但对身份犯的理解和把握，不能脱离对"身份"的认识。而身份本质上是一个社会学的概念，同时也是政治学与法学的研究对象，其中政治学主要是对公民身份进行的研究，这一路径与本书的研究对象——身份犯并不是十分契合，社会学视角上的身份则对本书的研究有着重要的启示意义，并很大程度上决定了法学以及刑法学视角内身份的本质及内涵。同时，通过对身份犯特征与功能的描述，可以构建起对身份犯共犯问题研究的概念性前提。

一、身份内涵的再界定

(一)社会学视角中身份的本质

社会学中对身份问题的关注，主要是基于对社会中个人与个人以及个人与社会之间的关系进行的探讨。从社会学的角度看来，社会中不存在孤立的、抽象的自然个人，人必然是处于与他人的关系中，以及与社会的关系中，由此，每个人都有自己的社会地位和社会角色，而身份是角色和地位的表征，也是人与社会发生联结的符号。"身份是自我的组成部分；具体来说，是个体在不同社会背景中，与所占据位置相联称呼的内在化。这样身份就成了连接个体和社会结构的关键纽带。"①

其中，可以将地位理解为是身份的静态内涵，而角色是身份的动态内涵。地位指的是人们在社会中所占据的位置或序列，这种位置与序列的占据并不是纯粹的单个个体可以获得，而必须是在于与他人的对比或关系中获得。例如教师是一种地位，但如果不存在学生这一与之相对的关系体，教师的地位无从获得；又如母亲是一种地位，但也只有在与孩子的关系中可以存在。这种静态的地位是权利与义务的集合体，"地位并不能与地位的占有者直接等同，地位只是权利与义务的综合"②，从人类学家林顿（Ralph Linton）的这一表述中可以清楚地看到地位的本质就是权利与义务的聚合。而角色与地位不同，角色是对地位所聚合的权利、义务的动态行使过程，即"扮演角色"。"角色意味着为了满足社会对角色的期待，与其他的社会角色进行沟通、合作，同时承担角色所意味着的责任。"③简而言之，身份从静态来说关注的重点在于一个人"是什么"的问题，从动态来看关注的重点则是一个人"做什么"。

对身份问题的关注，主要是在社会学的"互动理论"流派中，从相对微观的角度通过观察与分析人在社会中的嵌入过程，对社会现象进行自己的解读。同时这一理论也可以扩展到研究社会的宏观层次，其所重视的内容包括了"公共规范和个人角色的协调"④，还包括了对"自我概念"的研究，以及对"角色扮演"具体过程的研究，如身份确认的成功与失败等，当然其具体的理论内容十分丰富，并非只言片语可以完全覆盖，但从社会学对身份问题研究的概览中，仍可以捕捉到对本文的研究的几个关键的提示性信息：一是身份并不应当被孤立看待，抛开了其所属的社会关系，身份无法存在；二是身份有静态与动态两个面向，仅关注任何一个面向都不完整；三是身份背后代表了社会或小规模团体的期待，聚合了权利和义务。这些信息有助于更为深刻地把握身份的本质。

---

① ［美］特纳著：《社会学理论的结构》，邱泽奇、张茂元等译，华夏出版社 2006 年版，第 348 页。

② R. Linton. The study of man, NewYork：Appleton Century Crofts, 1936, p. 28.

③ See Burke S P J. Identity Theory and Social Identity Theory, Social Psychology Quarterly, 63（03），2000, p. 226.

④ ［美］D. P. 约翰逊著：《社会学理论》，南开大学社会学系译，国际文化出版公司 1988 年版，第 371 页。

（二）法学领域内身份的定义

从历史的角度来看，身份的法律概念经历了从古代的特权身份到现代的平等身份的演变过程。在古代社会的法律中，身份是特权的象征，并有着法律上的强制力予以保障，每个个人的身份和地位并不经由自己的选择，更大程度上取决于个人的出身，每个身份背后都有着明确、森严的等级制度以及相对应的待遇，这种固化的身份难以撼动，也难以改变。随着社会的进步和发展，这种特权化的身份制度逐步被打破，取而代之的是个人出身在法律上的平等，以及个人自主权的获取，在这种新的社会秩序中，权利义务关系来自个人的合意。英国法律史学家梅因认为："所有进步社会的运动，到此处为止，是一个'从身份到契约'的运动。"①

从身份到契约的转变，无疑是一种进步，但身份在法律中的含义并不因此止步于"契约"的内容。一方面，梅因所设想的自由意志与自由契约，在现代社会中的实现并不是那么理所当然，例如，社会发展过程中，逐步出现了越来越多的大型企业，也带来了越来越多的格式化契约，这些契约的订立中个人所谓的契约自由实质上已经被不断扭曲，政府和法律制度不得不从外部介入，给予个人更多讨价还价的力量，以保障个人的利益。另一方面，从特权身份中释放出来的契约身份，过于强调"个体性"，反而成为导致社会问题的原因。"梅因的契约解放过程的方程式今天并不是被绝对接受的。许多社会学家把 20 世纪社会的一部分弊病归咎于个人过度的流动性，即个人不受团体约束的影响。"②当代法律上的身份，抛开了特权与等级社会制度中对个人的压制，但并不是，也不应当走向完全的个人化，必要的集体化、团体化虽然会使得个人受到一定的束缚，但这种束缚并非无益。这表明法律上的身份内涵不能从个体的角度进行理解，而必须与社会学领域中的身份一样，是对社会开放的，而社会对身份的期待也会不断形塑身份的法律形象。

---

① ［英］梅因著：《古代法》，沈景一译，商务印书馆 1959 年版，第 97 页。
② ［澳］维拉曼特著：《法律导引》，张智仁、周伟文译，上海人民出版社 2003 年版，第252 页。

但需要注意的是，从社会学视角转入法学视角，意味着研究方法以及关注重点的转变。正如20世纪初德国法学家耶林所提出的"法学是权利和义务之学"的经典表述①，从法学视角来看，更加关注的是身份与权利、义务之间的联系。法学领域内的身份关系，是经过了法律调整的权利、义务关系，并非所有的身份关系都能进入法学领域中来。例如从社会学角度上来看，教师这一身份意味着有为学生讲解习题与课程难点的义务，但这种义务并不会进入法学领域中来，而是属于职业道德规范的调整范畴。法学领域中的身份，关系到的是人们必需的、基本的，与重大利益相关的权利与义务。

法学领域内的身份同样应当从静态与动态两个面向进行理解。从静态的角度来看，身份是一种法律上的资格与地位；从动态的角度来看，身份则是一种法律上的状态与关系。邵敏博士借用结构功能主义的"系统"概念，将身份视为一个系统，其中"地位"是基本构成要素，构成了身份的实质内容，即权利、义务、责任等；"资格"是身份系统的进入和区别机制；关系则有主体间的关系、要素间的关系以及身份系统对外关系三重含义；此外，身份系统还包括了动态化的其他要素。② 将法律中的身份以系统的研究方法进行解释，对身份的理解既看到了静态的部分，也看到了动态的身份作用的发生机制，本书赞同此解析，并据此给法律上的身份作出如下定义：法律上的身份是指以法律上的权利、义务、责任等为内容的，以某种地位、资格、状态及特定的法律关系为表现形式的、开放的、动态化的，法律主体的要素。

(三)刑法中的身份概念

刑法中的身份概念是法学领域内身份在刑法学领域中的进一步具象化，其既有法学定义中身份的一般特征，又有刑法范畴内的特殊性。刑法作为规定犯罪、刑事责任与刑罚的法律部门，身份在其中主要表现为对定罪与量刑有影响的与个人有关的要素。在对刑法中的身份给出定义时，我国学界尚未形成一致意见，可将这些不同的观点概括为广义的身份概念、中义的身份概念以及狭义

---

① 张文显：《法哲学范畴研究(修订版)》，中国政法大学出版社2001年版，第324页。
② 邵敏：《法律与身份——基于对平等的阐释与反思》，武汉大学2016年博士论文。

的身份概念。

刑法中广义的身份概念指的是与人身有关的个人要素以及与犯罪行为有关的状态都是身份的内容，与人身有关的个人要素包括行为人的资格、地位、状态等，如性别、国籍、特定职业、证人、投保人、家庭成员关系、脱逃罪的主体（依法被关押的罪犯）等。除了与人身有关的个人要素外，广义的身份概念将与犯罪有关的特定状态也视为身份，例如事后抢劫罪中行为人先行实施了盗窃、诈骗、抢夺的状态，以及目的犯中行为人持有的特定目的的状态，也是身份①。中义的身份概念将与犯罪有关的特定状态排除出身份的范畴，仅关注与行为人的人身有关的个人要素，包括资格、地位与状态。例如："刑法中的身份，是指行为人所具有的影响定罪量刑的特定资格或人身状况"②又如"特殊身份是指行为人在身份上的特殊资格，以及其他与一定的犯罪行为有关的，行为主体在社会关系上的特殊地位或者状态。"③此种概念在学界占大多数，可以说是位于通说地位。而狭义的身份概念将其进一步限缩，主张身份仅只是指行为人的特定资格，"所谓'身份'，乃是指行为人所具有之特定资格而言"④。

对于上述身份概念的不同解读，本书认同中义的身份概念，广义的身份概念与狭义的身份概念都有较为明显的缺陷而不足取。广义的身份概念将与犯罪有关的特定状态也视为身份，不当地扩大了身份的内涵，使得身份问题的特殊性被模糊，也无端地增添了身份犯理论的复杂程度。刑法上的身份概念，首先应当是"身份"概念，即秉承着从社会学到法学再到刑法学的身份概念演化，而不应在刑法学的领域中脱离对身份的一般理解，而将目的以及与犯罪行为有关的与人身因素联系并不紧密的某种状态视为身份，显然已经超出了人们对身份这一概念惯常的涵摄范围。我国学界对身份做此种广义的理解，主要是受德、日刑法的理论与实践的影响，但德、日刑法理论中之所以会出现将主观违法要素以及先在行为的

---

① 参见周啸天：《共犯与身份论的重构和应用》，法律出版社 2017 年版，第 92~93 页。

② 马克昌：《犯罪通论》，武汉大学出版社 1999 年版，第 579 页。

③ 张明楷：《刑法学》，法律出版社 2016 年版，第 131 页。需要注意的是，周啸天博士将张明楷教授对身份的定义纳入了"广义的角度定义身份"，但张明楷教授在具体论述时明确将主观目的等要素分别表述，而并未列入身份要素当中。

④ 林山田：《刑法通论》，台湾三民书局 1986 年版，第 239 页。

某种状态视为身份，是因为其立法中明确规定了对欠缺"特别的一身要素"，或者因身份而构成犯罪及因身份而特别加重减轻刑罚时，不具备此种身份的定罪量刑规则。而主观违法要素与先在行为的状态在定罪量刑规则上有着与身份相似的影响，故而有学者直接将其归入身份之列。但德、日刑法的立法规定并不能直接证成广义的身份概念，德国刑法中所述的"特别的一身要素"并不直接等同于身份，而应当将其理解为包含了身份的更广的概念，"'特定的个人特征'虽然仍包括'身份'，但比身份含义更广"①。日本刑法中更未列明主观违法要素与先在行为的状态属于身份。换句话说，主观违法要素与先在行为的状态应当是与身份平行的概念，而不是身份的内容。事实上，对身份进行此种扩充性的理解，主要还是为了解决共同犯罪中不具备某种主观违法要素或者先在行为状态的行为人的刑事责任问题，要解决这一问题，运用共同犯罪的基本理论也可以推导出来，既没有必要绕进身份问题中，也容易使得相关的理论构建显得牵强而不具有说服力②。为此，主观违法要素以及先在行为的某种状态不宜被视为身份。

① 马克昌：《比较刑法原理：外国刑法学总论》，武汉大学出版社 2002 年版，第 661 页。

② 例如，对于事后转化型抢劫的情形，周啸天博士运用违法·责任身份原理解决，主张在事后转化型抢劫情形下，前行为（盗窃、诈骗、抢夺）既遂的状态是违法身份，而前行为未遂的状态是责任身份，根据违法身份连带、责任身份个别的原则，对未参加前行为仅参与事后暴力行为的行为人，如果前行为既遂则有连带效果，事后参与人共同构成抢劫罪，如果前行为未遂则不具有连带效果，事后参与人不构成抢劫罪。（参见周啸天：《共犯与身份论的重构和应用》，法律出版社 2017 年版，第 374 页。）此种解读存在的问题是，其一，"违法身份连带、责任身份个别"原则是从"违法连带、责任个别"原理中推导出来的，上述情形可以直接运用违法连带、身份个别的原理进行解释，而没有必要先套上身份，再运用二次推演的原则。其二，根据违法身份连带、责任身份个别的原理，无身份者参与有身份者的违法身份犯，无身份者自身是不能独立成立违法身份犯的，其违法性是从身份者处连带而来。但周啸天博士同时又认为前行为既遂后，行为人为窝藏赃物、抗拒抓捕、毁灭罪证对他人实施暴力、胁迫的，侵犯了新的财产法益（财产返还请求权），所以是违法身份。但此时仅参与事后暴力的行为人同样直接侵犯了被害人的财产返还请求权，无需借助前行为人的"既遂身份"。正如陈洪兵教授所述"在盗窃行为既遂的情况下，中途参与进来……使用暴力的，侵害了被害人的财产返还请求权法益，单独成立抢劫（财产性利益）罪，不成立事后抢劫"（见陈洪兵：《"共同正犯部分实行全部责任"的法理及适用》，载《北方法学》2015 年第 3 期。由此可见，将与犯罪有关的某种状态解读为身份，无助于简洁清晰地解决相关理论难题，反而增加了身份犯共犯理论的复杂性。

狭义的身份概念在我国鲜有支持者，其不足之处也十分明显，其所能涵盖的范围过于狭窄，也与我国理论上通常讨论的刑法中的身份范围不相符合。值得注意的是，德国学者威尔策尔、罗克辛、施特拉腾韦特等直接以义务来定义身份犯中的身份①，即将身份犯直接等同于义务犯，本书认为此种划等号也并不妥当，一方面身份犯中既包含义务犯，也包含非义务犯（如强奸罪就看不出行为人有什么特殊的义务），另一方面直接以义务来定义身份犯中的身份容易使得身份犯在立法形式（构成要件）上的特征被湮灭，难以将其与其他义务犯的类型区分开来。虽然将身份与义务直接关联来界定刑法中的身份并不十分妥当，但却提供了认识身份的重要视角，即在现有的身份定义内部本身还有进一步探求其实质内涵的必要与可行方向，即刑法中的身份有一部分是与义务相关联的，一部分是与义务没有关联的，这对更为准确地把握身份问题，进行细化研究提供了线索。

综上，刑法中的身份应当指的是与行为人人身相关联的，对定罪、量刑有影响的特定行为人地位、资格或状态。

二、身份犯概念及刑法定位的明确

（一）身份犯的定义

在基本界定了刑法中"身份"的含义后，身份犯的概念逐渐明晰。

身份犯，首先是一种犯罪类型，或者说是一种犯罪形态。所谓犯罪形态，指的是："与定罪量刑有关的犯罪构成特定特征的类型化，它既不是刑法规定的个罪，也不是类罪，而是根据一定的标准对具有特定共性的犯罪进行相应分类形成的形态"②身份犯的特定共性在于犯罪主体的特殊性，并且这种犯罪主体的特殊性应当体现在犯罪构成中的特定特征上，这就必须与刑法中的其他身份区别开来。正如前文所述，刑法中的身份应当是指与行为人人身相关联的，对定罪、量刑有影响的特定行为人地位、资格或状态。但对定罪、量刑有影响的特定行为人

---

① 参见［德］施特拉腾韦特、库伦著：《刑法总论Ⅰ——犯罪论》，杨萌译，法律出版社2006年版，第89页。

② 吴振兴、邓斌、范德繁：《犯罪形态研究纲要》，载《法制与社会发展》2002年第4期。

地位、资格或状态，并不必然都与犯罪构成特定特征相关联。例如未成年人、老年人、怀孕的妇女、聋哑人行为主体的身份，也对量刑影响，但它们与特定的犯罪构成并不相关联，其功能与作为犯罪构成中主体要素的身份并不相同。

特定犯罪构成主体特征的身份中，身份与特定的犯罪构成密切关联，例如职务犯罪当中国家工作人员的身份，是因为利用了国家工作人员这一身份(职务)所实施的行为，决定了其行为的性质或行为社会危害性的大小，进而直接影响了在特定犯罪中的评价。而刑法中犯罪构成主体特征之外的身份，身份与特定犯罪构成之间的联系较为松散，这些身份与任何一个构成要件都可以结合在一起发挥作用。例如未成年人、老年人(75岁以上)、聋哑人等，根据我国现行刑法的规定，在量刑时会一定程度上进行轻缓处理，但这并不是基于其犯罪行为的性质或社会危害性的大小，而主要是从刑事政策的角度给予的人道化考虑。俄罗斯有学者将这两种不同性质的身份进行了区分①，将前者称之为"专门主体"，是法律规定的犯罪主体的补充特征；后者称之为"犯罪人的个性"，考虑的是刑罚个别化的属性。

对此，从身份犯中对"身份"的认识出发，本书给身份犯作出如下定义：身份犯是指身份作为构成要件中犯罪主体补充规定的犯罪类型形态。

（二）身份犯的刑法定位

对身份犯进行定义，还仅只是从粗线条的概念上对身份犯及其中的"身份"涵义进行初步认识。对其具体刑法表现予以展示，才能更为直观地体会到身份犯作为具有共性的一类犯罪的形态。

首先需要明确的是，身份犯在刑法中的定位应当是刑法分则中的若干罪名。虽然德国、日本、法国、意大利等大陆法系国家的刑法典中，对身份犯还进行了总则性的规定，但这些规定是对身份犯这一犯罪形态的整体进行的规定，其具体的表现形式还是刑法分则中的罪名。有学者主张刑法总则中的身份对刑罚有一定影响的规定也应当是身份犯的内容，即包括加重刑罚的身份，如累犯，也包括减

---

① 参见[俄]Н. Ф. 库兹涅佐娃，И. М. 佳日科娃著：《俄罗斯刑法教程总论》，黄道秀译，中国法制出版社2002年版，第286页。

轻刑罚的身份，如"未成年人、无刑事责任能力的人、精神病、75 周岁以上的老人、审判时怀孕的妇女、中止犯"①等。这样的划定实质上将前文所述的刑法中的"身份"与身份犯中的"身份"混同了，身份犯中的"身份"应当是构成要件中对行为主体的特殊规定，而刑法总则中对身份的规定可以结合刑法分则中的任何一个罪名发挥其功能，这不可避免地会将刑法中的所有犯罪都变成身份犯，这显然是不合理的。此外，这些身份在共同犯罪中的作用也并不存在疑难问题，因为这些身份自始至终都是独立起作用的，对不具身份的其他共犯人而言，此种身份不对其产生影响。并且，如果未成年人、无刑事责任能力的人、精神病、75 周岁以上的老人、审判时怀孕的妇女、中止犯是身份犯的表现形式，为何"具有自首、坦白、立功情节的人"②又不能被视为身份？如果理由是这些身份是基于刑事政策的考虑而做出量刑优惠，所以自始具备独立作用，事实上与前述的未成年人等没有本质区别。

其次，身份犯既包括刑法分则中"定罪的身份犯"，也包括"量刑的身份犯"。有学者认为"对身份犯的界定……应当根据身份犯与常人犯的划分原理，将犯罪成立是否要求具备特定身份作为逻辑起点，将单纯影响量刑而与定罪无关的身份排除在身份犯范畴之外"③，该学者所举应当被排除在身份犯范畴之外的典型例证为诬告陷害罪。此种理解将身份犯的范围限缩至刑法分则中身份有特定罪名予以对应的犯罪类型，而没有特定罪名予以对应的，则排除出了身份犯的范畴。这种理解方式实际上是从刑法的罪名设置这一形式化的视角出发来理解身份犯，其主张"大陆法系刑法理论中作为刑罚加减根据的身份同样也是一种定罪身份"④，因为很多大陆法系国家对有身份者实施一般犯罪但处罚更重或更轻的情况，设定了专门的罪名，如日本刑法中曾经规定的杀害尊亲属罪、德国刑法中规定的"职务中的身体侵害罪"等。而我国刑法的立法并不像许多大陆法系国家那样缜密，

① 参见周啸天：《身份犯共犯教义学原理的重构与应用》，载《中外法学》2016 年第 2 期。

② 参见周啸天：《共犯与身份论的重构和应用》，法律出版社 2017 年版，第 99 页。

③ 林铤：《混合身份共犯研究》，载武汉大学 2012 年博士论文。类似的观点在我国身份犯理论刚起步的阶段也存在过，当时就受到了对于身份犯界定过于狭窄的质疑，参见康均心：《刑法中身份散论》，载《现代法学》1995 年第 4 期。

④ 林铤：《混合身份共犯研究》，载武汉大学 2012 年博士论文。

我国刑法分则中对于因为身份的差异而导致刑罚有所区别的规定，往往设置在无身份者实施该种犯罪的同一个罪名下，而未另行单独设置罪名，既然身份对定罪没有影响(身份者实施与无身份者实施都是适用同一个罪名)，就不能认定为是身份犯，而是常人犯。

但这种形式上的差异并不应当成为将此种犯罪排除出身份犯领域的理由，刑法理论研究关注的不仅仅是立法的形式，更重要的还在于立法规定背后的实质社会生活内容。对于"量刑的身份犯"，同样会存在无身份者与有身份者共同犯罪时的定罪量刑难题，刑法分则中的"量刑身份"与刑法总则中的"量刑身份"显然是有差异的，其并不理所当然地独立起作用，身份与特定构成要件的关联性十分紧密。根据该学者的立场，非法拘禁罪是一般主体可以构成的犯罪，国家工作人员利用职权实施非法拘禁的也没有另行单独设置罪名，就应当排除出身份犯的范畴，但非国家工作人员与国家工作人员一起利用职权实施非法拘禁的场合，是否应当从重处罚？问题的答案并非不言自明，还是需要运用身份犯的原理进行分析，从理论研究与实践需要的角度，也并不应当将分则中的"量刑的身份犯"排除出身份犯的范畴。

综上，身份犯的刑法定位包括两个方面的要点，一是身份犯应当定位于刑法分则部分，二是刑法分则中的"量刑身份犯"与"定罪身份犯"都是身份犯的内容。

三、身份犯基本特征与功能的阐述

(一)身份犯的基本特征

在对身份犯的定义进行了基本厘定之后，对身份犯这一研究对象的特征可以做如下归纳：

一是形式上的法定性。身份犯一般表现为刑法分则明文予以规定了的罪名，包括国家工作人员、国家机关工作人员、邮政工作人员等立法予以明示的情形，也包括"对未成年人、老年人、患病的人、残疾人等负有监护、看护职责的人""对于年老、年幼、患病或者其他没有独立生活能力的人，负有扶养义务"的人等以身份的义务内容描述进行规定的情形。此外，还包括了"虐待家庭成员"等将犯罪主体省略、将犯罪主体的身份予以暗示的情形(虐待家庭成员行为只有自己本身是家庭成员时才有发生的可能）。除了上述情形外，还有部分身份犯中的身份是根据立法无法直接推导，需要结合社会中的人们对相关犯罪的一般认知才能确定，并需要在司法实践得到肯认，如强奸罪中犯罪主体的男性身份。这类身份犯来自社会中的一致认识，当这种认识发生改变时，相关主体的身份要素也会发生变化，基于立法对明确性与稳定性的要求，这类身份犯数量很少。由于身份犯需要具备形式上的法定性，可以进一步说明为什么义务犯与身份犯并不能完全划等号。身份犯对应的概念是常人犯，而义务犯对应的概念是支配犯，具体对义务犯理论的介绍在后文会有详述，但可以明确的是，身份犯应当是刑法分则对行为主体有明确特殊性规定的犯罪，这是其在形式上最为明显的特征，那些包含了义务违反内容，却没有明确的主体特殊性立法规定的罪名①，不属于应当在身份犯理论中探讨的问题。

二是身份对定罪量刑的决定性。之所以身份犯与常人犯要区别开来，主要的原因就在于不具备某种特殊的身份时，行为人无法构成相应的身份犯，或者无法适用针对该身份的刑罚增加或减轻的规则，这也是导致身份犯共同犯罪问题成为疑难问题的关键所在。至于身份究竟是如何对定罪量刑起作用，以及起到了何种范围的作用，这是需要从身份犯的本质特征中引申出来的问题，也是后文需要着重讨论的问题，即讨论为什么身份可以影响定罪和量刑，以何种路径影响定罪量刑的问题；身份对定罪量刑起到何种范围的作用，即讨论这种作用是局限于身份者自身，还是可以通过共同犯罪的扩张性作用延伸至其他不具备身份的共同犯罪人等。

三是身份在存续时间上的特殊性。身份犯中的身份应当是行为人在实施犯罪行为时必须具备的，可以将之称为"身份与行为同在"原则。如果在行为人单独犯罪的情况下，其实施犯罪行为时不具备相应的身份，则身份犯的相应规定对行为人不能适用。这与刑法总则中的身份不同，刑法总则中的部分身份即使是犯罪行为实施完毕以后取得的，也同样起作用，如审判时怀孕的妇女与审判时已满75周岁的人，不适用死刑，这当中身份的判断时间点就是"审判时"而不是"行为

---

① 例如，故意杀人罪是普通罪名，但当父母违背义务虐待自己的孩子致死时，根据义务犯的观点，此时的故意杀人罪也是义务犯。

时)。例外的是，在日本刑法中存在着以身份为客观处罚条件的事前受贿罪①，行为人在受贿时并不具备公务员或仲裁员的身份，但其收受金钱的行为同样具有危害性，即"侵害公务的公正(以及社会对其信赖)的潜在危险"②，行为人成为公务员后，该危险就成为现实。但这仅仅只是身份作为客观处罚条件的一种例外。除此以外，身份还应有一定的存续时间，目的等主观因素只是一时的心理状态，不应被视为身份犯中的身份。

四是身份与犯罪行为间的关联性。身份虽然是"人"的要素，但正如前文分析身份内涵时所提到的，身份有静态与动态两个面向，静态的身份关注的是一个人"是什么"的问题，动态的身份关注的则是一个人"做什么"。身份犯对身份的关注重点就在于动态面向，而不是静态面向。在英美刑法中，对身份犯的一般定义是："根据是什么而不是根据做什么来确定的犯罪"③，其典型例证是流浪罪，但这种处罚模式受到了英美刑法学者的强烈反对，甚至有学者认为仅仅因为一个人具备令人厌恶的身份而进行处罚是违反宪法的④。大陆法系国家对身份犯的认识与英美国家不同，大陆法系中所指的身份犯并不是因为行为人具备某种身份而进行的处罚，而是行为人实施某种行为，必须具备某种身份才构成犯罪，或者在刑罚上才予以加重或减轻，其关注的不再仅仅是身份本身，而是身份与行为的结合。即使是在日本学者及我国部分学者所提倡的违法身份与责任身份区分中的责任身份，也并不应当是仅仅因为身份本身而导致的责任有无或责任高低，而是身份者实施特定行为反映出了非难可能性与必要性的有无或者高低。而类似于常习赌博罪之类的构成责任身份犯，也并不能将常习赌博单纯地解释为一种客观身份，其身份的内容实质上还是行为。

---

① 日本刑法第 197 条规定：将要成为公务员或者仲裁人的人，在其将要担任的职务上，接受请托，收受、索要或者约定贿赂的时候，在成为公务员或者仲裁人之后，处 5 年以下徒刑。

② ［日］曾根威彦著：《刑法学基础》，黎宏译，法律出版社 2005 年版，第 111 页。

③ 参见［美］胡萨克著：《刑法哲学》，谢望原、王良顺等译，中国人民公安大学出版社 1994 年版，第 89 页。

④ See Neil C. Chamelin and Kenneth R. Evans. Criminal Law for Police Officers, 6 Edition. New Jersey：Prentice Hall PTR, 1995, p. 34.

(二) 身份犯的功能

为什么刑法要针对具有特定身份的人规定身份犯，这是否违反了"法律面前人人平等"的基本法律原则？对这一问题后半部分的回答学界早已有定论，虽然对具有特定身份的人给予了特别的定罪量刑处遇，但凡是具有此种身份者，都会受到同样的待遇，这就并不违反法律面前人人平等的原则。此外，法律面前人人平等，并不意味着绝对的、形式上的平等，对不同主体做"一刀切"式的规定反而是违背平等原则的。需要讨论的问题是为什么要设置身份犯，这可以从身份犯的功能上进行说明。身份犯的设置承载了一定的功能，这些功能决定了设置身份犯的必要性。

首先，身份犯的设置承载了社会对不同身份者的不同规范期待。从社会学的角度来看，身份背后代表了社会或小规模团体的期待，聚合了权利和义务。这种期待在法律制度范围内的确认，则形成了法律上的身份。社会关系的千差万别，决定了社会中身份与角色上的差异，对于不同的社会身份与角色，当然会有不同的期待，部分身份犯的设立就是这种期待差异在刑法领域内的具体体现，换句话说，一部分身份犯所反映的正是刑法对特定行为人为或者不为某些特定行为的期待，"刑法有时会对行为人之身份或关系作特别之规定，目的是在将构成要件行为妥当地适用于特定生活领域或社会情境"[1]。例如遗弃罪的主体只能是对于年老、年幼、患病或者其他没有独立生活能力的人负有扶养义务的人，虽说从道义上看，凡是社会成员均应当互相扶持以维护社会的持续存在和发展，但从社会期待角度来说，不可能期待所有人都对其他任一社会成员进行扶养，而只能在特定范围内抱有这种期待，为此只将扶养义务限定在主体范围内（根据刑法学界通说的观点，扶养义务一般存在于家庭成员之间），而对于扶养义务之外的其他社会成员，即使其不为生活无依者提供餐宿造成了严重的后果，也并不触犯刑律，因为其并没有必须予以扶养的社会期待。

其次，身份犯的设置限缩了刑罚权的动用。一方面，由于前述的社会对不同

---

[1]　高金桂：《不纯正身份犯之"身份"在"刑法"体系上之定位问题》// 甘添贵：《共犯与身份》，台湾学林文化事业有限公司 2001 年版，第 140 页。

身份者具有不同的规范期待，刑罚权的动用也因此而受到了限缩，即只对受到规范期待者设定违反期待的法律后果，这种限缩既包括对犯罪成立的限缩，也包括对"从重处罚"的刑罚范围限缩①。对犯罪成立的限缩指的是当刑法明确规定了身份犯之后，该犯罪只能由具备特定身份的主体构成，通过对犯罪主体的限缩，而限缩了犯罪成立的范围；对"从重处罚"刑罚范围的限缩则是指，刑法对于具备某些身份而"从重处罚"予以规定时，这些身份必须是有重大影响的身份（往往是具有国家管理职责的公务人员），才有充分的理由，通过对这些身份在立法上的明示，以划定"从重处罚"的范围。此外，身份犯还包括因为身份而使刑罚有所减轻的形式，这种减轻刑罚的身份犯更为直接地限缩了刑罚权的动用。另一方面，从法益侵害的角度，结合刑法的谦抑性对必须具备身份才能构成特定犯罪的情形，也可以对设置身份犯的限缩刑罚权的功能进行解释。日本学者西田典之教授将身份犯设置的这一功能分为两种情形，一是"行为人主体的限定由来于法益侵害的可能性这一事实上的限制"；二是"处罚全部侵害法益的行为是没有必要的，处罚的范围应当限定于现实生活中高频率且保护必要性高的场合"②前者如贪污罪、受贿罪、重婚罪等；后者如泄露秘密型犯罪。虽然将身份犯的实质理解为义务（期待）违反还是理解为法益侵害，尚有争议，但无论是做哪种理解，都可以推导出身份犯的设定对刑罚权的限缩功能。

第二节　身份犯的划分及其标准选择

基于对身份犯的不同划分标准，国内外学者对身份犯作出了多种分类形式，对这些分类进行归纳和分析，可发现其背后大致包含了两种分类思路，一是以身份犯的立法形式为标准的分类，另一是以身份犯的实质内容为标准的分类。对身份犯进行分类，一方面是为了更加清晰且有体系性地对身份犯这一犯罪形态予以解析，另一方面则是为了在此基础上构建起身份犯共同犯罪理论体系。

---

① 参见陈山：《共犯与身份》，科学出版社 2012 年版，第 29 页。

② ［日］西田典之著：《共犯理论的展开》，江溯、李世阳译，中国法制出版社 2017 年版，第 407~409 页。

一、身份犯的形式化分类

身份犯的形式化分类，主要包括真正身份犯与不真正身份犯、自然身份犯与法定身份犯，明示型身份犯与暗示型身份犯三种划分。

(一)真正身份犯与不真正身份犯

真正身份犯与不真正身份犯也被称之为纯正身份犯与不纯正身份犯或构成的身份犯与加减的身份犯，我国学界对身份做此种划分方式，主要是受启发于(或者说借鉴于)德国与日本的刑法立法、司法判例及刑法理论。《德国刑法典》第28条第1项和第2项分别对"创设正犯可罚性的特别个人要素"以及"法定之特别个人要素系属加重、减轻或排除刑罚事由者"①在共同犯罪中的定罪量刑规则进行了规定。《日本刑法典》第65条第1项和第2项分别对"因犯罪人的身份而构成的犯罪"以及"因身份而特别加重或者减轻刑罚时"②在共同犯罪中的定罪量刑规则进行了规定。德、日刑法学者根据这样的立法规定，将身份犯进行了相对应地区分，虽然之后德、日刑法理论对身份犯的区分有所发展和变化，但主流的观点基本是将身份犯区分为真正身份犯与不真正身份犯，前者指的是行为人必须具备某种身份才能构成的犯罪，后者指的是因为身份而导致刑罚加重或者减轻的犯罪。

我国较早研究共同犯罪与身份问题的学者在引入德日相关理论的同时，也采用了真正身份犯与不真正身份犯的划分方式，"某种犯罪必须是行为人具有一定的身份才能成立，不具备法律要求的特定身份，这种犯罪就不能成立。这种犯罪在刑法理论上叫真正身份犯……刑法上没有规定必须具有一定的身份才能构成的犯罪，具有一定的身份犯这种罪时法律规定予以从重、加重或从轻、减轻处罚。这种犯罪在刑法理论上叫不真正身份犯"。③ 此后，虽然有学者以纯正身份与不

---

① 李圣杰、潘怡洪编译，《2017年最新版·德国刑法典》，元照出版有限公司2017年版，第22页。

② 《日本刑法典》，张明楷译，法律出版社2006年版，第28页。

③ 李光灿、马克昌、罗平：《论共同犯罪》，中国政法大学出版社1987年版，第146页。

纯正身份为名予以划分，但实质上与真正身份犯、不真正身份犯的划分是同一的。"在刑法理论上，以身份作为犯罪构成要件的犯罪，称为纯正身份犯……以身份作为刑罚轻重要素的犯罪，称为不纯正身份犯"①，虽然对于真正身份犯与不真正身份犯的具体范围学界尚有争议，但这样的划分基本上成为了当前学界研究身份犯问题的通说性理论前提。

之所以将真正身份犯与不真正身份犯的划分认定为是形式化的分类，是因为这种分类的方式主要是根据刑法分则的罪名设定而进行的分类。换句话说，并不需要考虑"身份"这一要素具体起作用的机制和理论依据是什么，仅根据罪名设置上罪名与罪名之间的关系进行分析。即在主客观构成要件均一致的情况下，是否存在着与"基本犯"相对应的特殊主体犯罪，存在的便是不真正身份犯，不存在的便是真正身份犯。比较典型的如贪污、受贿、滥用职权等职务犯罪，并不存在无身份者实施该类行为的"基本犯"（不存在的理由一般认为无身份者不可能实施此类行为，但也有虐待被监管人罪等无身份者可以实施相同行为但并不构成此罪的），就此毫无疑问是真正身份犯。而盗窃、抢夺武器装备、军用物资罪等由于存在盗窃、抢夺这一基本犯，因而是不真正身份犯。这种形式性在近些年来的部分学者们的研究中表现得更为明显。如有学者就认为，被学界通常认为是不真正身份犯的（国家机关工作人员实施）非法拘禁罪，即使在非法拘禁罪中单列了一款对国家机关工作人员利用职权实施非法拘禁从重处罚的专门规定，但由于在形式上没有设立单独的、专门的罪名，而是与常人犯的非法拘禁罪共用了一个罪名，就应当被剔除出身份犯的范畴。② 根据立法的形式性对身份犯予以分类，相对来说在进行分类判断时较为容易，有争议的罪名往往也并不多，因而成为了我国目前学界主要采用的分类方式。

（二）自然身份犯与法定身份犯

自然身份犯与法定身份犯是根据身份犯立法规定中身份的来源进行的划分。自然身份犯中的身份一般是自然形成的，体现在事实层面的身份，如性别、国

---

① 陈兴良：《共同犯罪论》，中国社会科学出版社 1992 年版，第 367 页。

② 林铤：《混合身份共犯研究》，载武汉大学 2012 年博士论文。

籍、亲属关系等，相对应的身份犯为强奸罪、遗弃罪、背叛国家罪等。而法定身份犯中的身份则是由法律制度调整后形成的、规范层面的身份，如国家工作人员、证人、军人等，相对应的身份犯包括贪污罪、受贿罪、伪证罪、军人违反职责罪类罪下的各罪名等。有学者质疑将身份犯划分为自然身份与法定身份的意义，因为二者都是由法律规定的；自然犯、法定犯属于不同范畴，不能借此引证；身份可以分为自然身份和法定身份，但再进一步引申至法定身份犯与自然身份犯的划分是无任何实际意义的。① 此种观点将身份与身份犯割裂开来，并未充分意识到身份与身份犯之间的密切联系。

自然身份犯与法定身份犯虽然也只是一种形式上的划分，并未明显展示出身份与定罪量刑之间的关系，但并不代表这样的划分就没有意义。正如前文所述，身份本质上是一种权利义务的静态集合体，以及这些权利义务得以实现的动态行使过程，身份的来源即表明了其权利义务的来源，也表明了相对应的身份犯所承载的社会期待内容。换句话说，行为人实施自然身份犯，违反的义务或侵犯的法益，来源于其自然形成的事实层面的身份；实施法定身份犯，所违反的义务或侵犯的法益，来源于法律制度的规范性调整。其背后违反的义务内容或侵犯的法益内涵是有区别的。林维教授主张以义务犯的理论来解决亲手犯问题，提出"对于法定身份而言，由于其具有法律赋予性，因而都是义务犯"②。这一表述可以简化为"法定身份犯……都是义务犯"，这正是基于法定身份犯中身份的法律赋予性而做出的判断，自然身份犯由于并不具备这样的法律赋予性，就还有进一步探析其本质的空间，林维教授据此主张进一步将其细分为义务犯和能力犯。这便是在法定身份犯与自然身份犯划分基础上进行的深入研究，从理论实践的角度展示了这种分类方式的价值和作用。

在身份犯问题的研究中，始终绕不开身份背后的权利、义务问题，自然身份犯与法定身份犯的区分揭示了不同类型的身份犯中不同的与义务的连接点，自然身份犯与义务的连接点在于事实层面的自然身份，也因此自然身份犯的特点主要

---

① 参见杜国强：《身份犯研究》，武汉大学出版社 2005 年版，第 89 页。
② 林维：《真正身份犯之共犯问题展开——实行行为决定论的贯彻》，载《法学家》2013年第 6 期。

表现在事实层面。而法定身份犯与义务的连接点在于法律规范上的法定身份，为此法定身份犯的规范属性更为突出。

(三)明示型身份犯与暗示型身份犯

明示型身份犯与暗示型身份犯是根据刑法分则条文是否将身份犯的身份明确表示出来进行的区分。明示型身份犯指的就是，刑法分则条文明确规定了由何种身份对该犯罪的定罪量刑产生影响的身份犯类型，如贪污罪、受贿罪等，我国刑法立法明确规定了该犯罪的主体为国家工作人员。而暗示型身份犯是指，刑法分则条文并未明确规定由何种身份对该犯罪的定罪量刑产生影响，需要进行一定的(但并不困难的)推理才能得知该犯罪的主体在哪些范围予以限定了的身份犯类型，典型的如我国刑法分则中的强奸罪。

对明示型身份犯与暗示型身份犯进行区分，一方面是从形式上展现不同类别的身份犯表现形式，以更准确地了解身份犯这一研究的对象，另一方面是强调并不是所有身份犯在形式上都有明确的立法规定，正如意大利学者帕多瓦尼所述："有时法律规定的主体形式上是'任何人'，但根据罪状中包含的前提，该犯罪只可能由具有特定身份的人实施。"[1]而这些在形式上没有明确立法规定的身份犯，也就是暗示型身份犯，需要注意的是如何推导出立法中的"暗示"。根据罪刑法定的刑法基本原则，暗示型身份犯的身份必须严格根据刑法分则条文的规定进行推导，比如根据犯罪对象的限定性、犯罪手段的特殊性、犯罪客体的规定性等，从构成要件的基本文义中根据立法的目的做合理地推导。如遗弃罪在我国 1979 年刑法中被规定在"妨害婚姻家庭罪"一章，根据这一体例安排，应当认为遗弃罪的主体是负有扶养义务的家庭成员。而当 1997 年刑法将该罪调整至"侵犯公民人身、民主权利罪"一章后，该罪的主体还是否应当与婚姻法中的扶养义务人做统一解释，仅限定为家庭成员，学界不少学者提出了质疑。更多的学者主张，应当根据现有的立法安排，将扶养理解为"辅助、养活"，而扶养义务人也不仅限于家

---

① 　[意]帕多瓦尼著：《意大利刑法学原理》，陈忠林译，法律出版社 1998 年版，第 50 页。

庭成员，也包括其他有作为义务的主体①。

此外，还需要考虑社会一般观念对犯罪主体范围的影响，例如根据我国刑法的规定，强奸罪的客观方面是以暴力、胁迫或者其他手段强奸妇女，侵犯的是妇女的性自主权，但对何种主体可以侵犯妇女的性自主权，刑法在条文中没有明确规定"男子强奸妇女"，而在刑法适用过程中，司法人员根据社会对强奸行为的一般认知，会认定只有男子可以实施强奸行为。但如果随着社会生活的发展变化，人们对强奸行为有了认知上的扩展，即将妇女实施的某些特定行为也看做强奸行为，此时妇女就也可能会成为强奸罪的主体。

二、身份犯的实质化分类

身份犯的实质化分类，是指将身份犯的分类依据和标准放在身份犯中身份的实质内容上的分类方式，即根据身份是决定了犯罪的违法性还是决定了犯罪人的责任程度，身份是与义务违反联系更紧密，还是与法益侵害联系更紧密，身份是积极性地决定了犯罪成立与否还是消极性地决定犯罪成立与否，这样依照实质的身份的内容和功能来进行分类，而不再拘泥于身份犯的形式化表现以及身份犯法条之间的关系上。身份犯的实质化分类主要应当包括违法身份犯与责任身份犯、支配身份犯与义务身份犯、积极身份犯与消极身份犯三种分类。

（一）违法身份犯与责任身份犯

违法身份犯与责任身份犯是根据身份在身份犯中所起的实质作用进行的划分，根据日本提倡该说的代表性学者西原春夫教授的观点②，可以对违法身份犯与责任身份犯作出如下定义：身份犯中的身份对"行为的法益侵害性"意义上的违法性提供根据，或加重减轻这一意义上的违法性的，是违法身份犯；身份犯中的

---

① 参见于志刚：《案例刑法学各论》，中国法制出版社 2016 年版，第 306~307 页；王志祥：《刑法问题探索》，中国法制出版社 2016 年版，第 450~456 页。

② 西原春夫教授并未直接给出违法身份犯与责任身份犯的概念，而是对违法身份与责任身份进行了分析。本书借助违法身份与责任身份的划分给出违法身份犯与责任身份犯的划分。关于西原春夫教授的相关论述，见[日]西原春夫著：《日本刑法总则》，王昭武、刘明祥译，法律出版社 2013 年版，第 365 页。

身份对"针对行为人的非难可能性"这一意义上的责任提供根据，或者加重、减轻这一意义上的责任的，是责任身份犯。

此种对身份犯的分类方式产生于对真正身份犯与不真正身份犯的分类的批判与反思。正如前文所述，真正身份犯与不真正身份犯的分类是一种形式化的分类，在德国和日本，其基本的分类逻辑是以刑法总则中对身份犯的共同犯罪的规定为起点，将刑法总则的规定直接进行提炼，得出真正身份犯与不真正身份犯的基本分类，此种分类方式虽然很好地契合了刑法总则的规定，却无法调和真正身份犯在共同犯罪中的处理规则与不真正身份犯在共同犯罪中的处理规则之间的矛盾。根据日本对身份犯的总则性立法规定①，对于真正身份犯（构成身份犯），不具有身份的也是共犯，体现的是共犯的从属性，而在不真正身份犯（加减身份犯）中，不具有身份的，仅判处通常的刑罚，体现的又是共犯的独立性，德国刑法理论中将身份划分为构成身份和加减身份的也存在这样的问题。同样都是身份犯，真正身份犯与不真正身份犯却分别表现出了共犯从属性和共犯独立性，这显然是存在矛盾的。为了消除这样的矛盾，德、日一些刑法学者试图对身份犯从实质上进行解释，从"违法连带、责任个别"的刑法原理出发，将身份分为了违法身份与责任身份，主张"不具有身份的也是共犯"，指的是违法身份的情形，而"不具有身份的，仅判处通常的刑罚"，则是指的责任身份的情形，因为违法与责任并不在同一层面，也就消解了真正身份犯与不真正身份犯分类中共犯独立性与共犯从属性之间的矛盾。

（二）支配身份犯与义务身份犯

支配犯与义务犯的划分来自德国学者罗克辛教授，他以刑法分则规定的具体构成要件的不同结构为基础，将正犯划分为三种类型，分别是支配犯、义务犯与亲手犯。其中支配犯是指这样一种犯罪类型，即正犯支配了犯罪行为因果流程的人，共犯只是以从属的方式对行为予以加工之人；义务犯则是指一些特别的犯

---

① 日本刑法第 65 条第 1 项规定为："对于因犯罪人身份而构成的犯罪行为进行加工的人，虽不具有这种身份的，也是共犯"；第 2 项规定为："因身份而特别加重或者减轻刑罚时，对于没有这种身份的人，判处通常的刑罚。"

罪，对于这些犯罪而言，决定正犯性的意义标准存在于一个义务违反；亲手犯指的是正犯既不是被犯罪支配原则所决定，也不是被义务要素所决定，而是必须由行为人透过身体举动亲自实施构成要件行为才能成为正犯的犯罪类型。① 其中亲手犯的类型被罗克辛教授认为并无存在之实益②，为此本文仅取其支配犯与义务犯的分类。

支配犯指的是以犯罪支配为正犯准则的犯罪类型，谁支配了犯罪行为的因果流程，谁才是正犯，共犯则是对支配犯罪行为予以加功的人。义务犯则指的是以义务违反作为正犯准则的犯罪类型，违反了自身的义务就决定了行为人的正犯性，行为的具体形式及因果流程的支配对正犯性的判断并不具有标准意义，即使义务犯的行为人并没有支配犯罪的因果流程，只要其表现出了义务违反性，其就是正犯。支配犯与义务犯的划分虽然是在整个刑法的领域内进行的，但将范围缩小至身份犯的领域，此种分类同样可以进行。我国部分学者在研究身份犯的时候，常常直接将身份犯与义务犯的概念等同，根据身份犯的本质是侵犯特别义务的理论，作出"从某种意义上可以说身份犯是义务犯"③的结论，这实际上是对身份犯及义务犯理论的一种误解④。

虽然罗克辛教授确实将身份犯等同于义务犯，但雅各布斯教授、许迺曼教

---

① 参见何庆仁：《德国刑法学中的义务犯理论》，载《刑事法评论》2009 年第 24 期。

② 罗克辛教授将亲手犯进一步区分为真正亲手犯与不真正亲手犯，前者包括德国刑法典第 181a 规定的剥削卖淫所得及媒介卖淫罪，以及德国刑法典第 173 条规定的血亲相奸罪，这些犯罪要么是行为人刑法的犯罪，要么是针对伤风败俗的犯罪，这类犯罪因为与犯罪的实质在于法益侵犯的刑法立场相违背，因此罗克辛教授认为应当从刑法典中删除。而不真正亲手犯实际上可以划入义务犯的范畴。对于亲手犯的部分论述参见廖北海：《德国刑法学中的犯罪事实支配理论研究》，中国人民公安大学出版社 2011 年版，第 146 页。

③ 参见徐留成：《刑事法疑难问题研究》，新华出版社 2008 年版，第 162 页；参见杜国强：《身份犯研究》，武汉大学出版社 2005 年版，第 28 页。此外，吴飞飞明确表示"德国学者则将身份犯等同于义务犯"，见吴飞飞：《身份犯论——基于犯罪形态视野的考察》，中国检察出版社 2014 年版，第 20 页。

④ 需要说明的是，罗克辛教授也认为身份犯都是义务犯，但他将身份犯区分为两种，一种是体现了正犯特别不法的义务的身份犯，一种是并不体现特别不法，仅是立法者眼中典型的行为人的身份犯。雅各布斯教授则认为后者并非义务犯，而是支配犯。如果采取罗克辛教授的观点，第二种身份犯与常人犯并无明显区别，如果将其也视为身份犯则会导致刑法中所有的犯罪都是身份犯。为此本书虽取其支配犯与义务犯的概念，却并不认同其对身份犯与义务犯之间关系的判断。

授等在身份中看到了并不属于义务犯的身份犯。暂且抛开德国学者的不同观点，从犯罪形态的角度来分析，也可以得出身份犯与义务犯的不同点，即二者得出的路径并不相同。刑法理论中对犯罪形态的区分有"内部性"与"外部性"两种路径，根据行为的不法程度，可以对刑法分则中所有犯罪进行'内部性剖析'，区分出具体犯罪中的犯罪预备、既遂、未遂的犯罪形态，以及正犯与共犯的犯罪形态等。这种剖析实际上是一种刑法基础理论层面上的剖析，可以结合刑法立法中的任一具体罪名展开。而"外部性剖析"是根据构成要件的特征，对刑法分则进行的剖析，剖析后的犯罪形态可以被称为构成要件类群，分类的标准是构成要件特征之间的相似性，根据这种相似性聚合的多个罪名组合成的具体类型。根据不同的构成要件类群特征，可以区分出多种多样的类型。义务犯与支配犯的划分是根据正犯准则的不同而进行的，属于"内部性剖析"型的犯罪形态，而身份犯与非身份犯的划分是根据构成要件特征而进行的"外部性剖析"型的犯罪形态，义务犯与身份犯并不是处于同一层次。在区分了身份犯与非身份犯后，在身份犯的内部，同样可以根据正犯的不同准则，进行支配身份犯与义务身份犯的划分。即先在外部将身份犯这一构成要件类群层面的犯罪形态区分出来，再从内部根据普适性的理论判断标准进行内部细分，分为支配身份犯与义务身份犯。前者是指以犯罪支配为正犯准则的身份犯，后者是以义务违反为正犯准则的身份犯。

(三)积极身份犯与消极身份犯

积极身份犯与消极身份犯是根据身份对于犯罪成立所起作用的方式进行划分。积极身份犯指的是身份犯的成立要求行为人必须具备某一身份，而消极身份犯是指身份犯的成立前提是行为人不具备某一身份。绝大多数的身份犯都是积极身份犯，如贪污罪、受贿罪等，行为主体都必须具备国家工作人员的身份才可以构成该种犯罪。消极身份犯相对较少，比较典型的如非法行医罪，其行为主体是未取得医生执业资格的人，即不具备医生资格这一消极身份的人。

对于积极身份犯与消极身份犯的划分，学界有不少学者认为此种分类不能成立，主要理由在于对消极身份犯的否认。杜国强博士认为："消极身份实际上是一种阻却刑事责任的事由……具有消极身份者不构成犯罪，更谈不上构成身份犯。"①阎二鹏教授则从阻却刑罚的身份、阻却责任的身份以及阻却违法的身份三个层次否定了消极身份犯。即阻却刑罚的身份(如亲属间犯罪的特例)只是量刑规则，对构成犯罪不产生影响，因此不是身份犯；阻却责任的身份(如未成年人)对刑法分则的所有罪名均产生影响，如果将其认定为消极身份会导致刑法分则中的所有罪名都是身份犯；阻却违法的身份，以非法行医罪最为典型，其消极身份为"取得医生执业资格的人"，但这一身份并不是构成非法行医罪的身份，该犯罪的主体实际上是一般犯罪主体，因而也不能成立消极身份犯。② 对此，吴飞飞博士认为，消极身份犯研究的重点在于"不具有消极身份"的情形，而不是在于具有消极身份不构成犯罪上，且不具有消极身份与刑法中的一般犯罪主体并不能划等号，因为前者已经排除了具有消极身份的这部分人员，其范围比刑法中的一般犯罪主体要小。③

　　本书承认消极身份犯的概念，且认为积极身份犯与消极身份犯的划分是有意义的。一方面，消极身份犯与一般行为主体的犯罪存在着较为明显的结构上的差异。一般行为主体的犯罪即只要是具备刑事责任能力的主体都可以构成，但消极身份犯中排除了具备消极身份的这部分人员，虽然排除了"少数"，划定了犯罪主体的是"多数范围"，但仍与一般犯罪主体有区别。事实上，阎二鹏教授与杜国强博士所指的身份必须发挥构成犯罪作用的结构，也是排除了一部分主体(不具备身份者)，划定了犯罪主体的范围(具备身份者)，这种"排除"与"划定"的结构与消极身份犯的结构并不相斥。另一方面，消极身份犯与积极身份犯显然也存在着十分明显的区别，其身份起作用的方式是完全相反的，这也使得二者之间的界限十分清晰，有划分的可能性。此外，身份犯的理论研究很大程度上都是为了解决身份犯共同犯罪的问题，而这一问题不仅存在于积极身份犯中，也存在于消极身份犯中。例如，不具备医生资格的行为人与具备医生资格的行为人，共同非法行医(或者一方对另一方的行为进行加功)，此时的定罪量刑问题应当如何解决？这

---

①　杜国强：《身份犯研究》，武汉大学出版社 2005 年版，第 89 页。

②　参见阎二鹏：《消极身份犯概念之考量》，载《华侨大学学报(哲学社会科学版)》2007年第 3 期。

③　参见吴飞飞：《身份犯论——基于犯罪形态视野的考察》，中国检察出版社 2014 年版，第 66~68 页。

同样需要运用身份犯的原理，而不是依据一般共同犯罪的理论可以解决的。但需要明确的是，由于本书将身份犯限定在刑法分则规定的犯罪形态上，部分刑法总则中规定的"消极身份"不应当被认定为身份犯中的身份要素，如前文所提到的阻却责任的身份(未成年人)等。

三、身份犯划分标准的应然选择

在前述身份犯分类中，无论是形式化分类还是实质化分类，在加深对身份犯的认识的层面都是十分有意义的。但从构建身份犯共犯理论体系的角度来看，可以作为理论前提的是形式化的真正身份犯与不真正身份犯的划分，以及实质化的违法身份犯与责任身份犯的划分；支配身份犯与义务身份犯的划分。

其中，真正身份犯与不真正身份犯的划分，虽然划分标准清晰，易于操作，但仅考虑了身份犯的形式化特征，不免忽视了身份犯的实质性的原理。这种忽视存在的隐患是：看起来清晰明了的身份犯问题处理公式，却经不起进一步的推敲，在看似清晰的身份犯类型划分之下，可能存在身份犯实质特征的交错，基于这样的划分建立起来的相关理论甚至可能会导致共同犯罪理论基本立场之间的冲突。①

而违法身份犯与责任身份犯的划分，是根据身份犯中身份实质属性的不同(违法或责任)进行的划分，因其可以较好地消解身份犯共同犯罪中共犯独立性与共犯从属性的矛盾，受到了一些学者的推崇。近年来，我国也有刑法学者力推此种分类方式，如陈洪兵教授、周啸天博士等。此种分类方法的困难之处在于如何准确区分违法身份犯与责任身份犯，一国刑法分则中规定的身份犯的罪名，哪些属于违法身份犯，哪些属于责任身份犯，必须逐一予以分析，此工程量不可谓不浩大。在我国，由于违法身份犯与责任身份犯的身份犯研究范式尚未成为学界的主流，相关的身份犯刑法分则解释工作还未予以展开，但这并不影响该种分类的价值和意义，从形式到实质，是对身份犯认识的深化。此种划分方式的真正的问题在于违法身份犯与责任身份犯的区分只是基本刑法学原理的重复，对于德国、日本来说，采用这种分类方法必然使得刑法总则中关于身份犯的立法规定成为注

---

① 具体可见本书第一章。

意性规定，台湾学者黄荣坚指出："这样的规定是法理所必然。所以，规定也只是强调性质的规定而已"①，这就充分说明该种划分方式并没有在已经达成共识的刑法学理论之外提供更多的东西。

身份犯共同犯罪的问题并不仅仅是在于厘清身份如何在实质上发生作用的原理问题，还会涉及共同犯罪的基本判断，尤其是正犯性的判断，这一前提性的问题并不是违法身份犯与责任身份犯的划分可以解决的。例如，在共同犯罪中，存在 A(有身份)、B(无身份)两个犯罪人，如果已经确定了 A 是身份犯的正犯，则根据此身份犯是违法身份犯还是责任身份犯，确定 B 是连带性的构成身份犯，还是独立构成其他犯罪(或者无罪)，是顺理成章的。但"违法连带"指的是从正犯向共犯的连带，反之则不可行，为此谁是正犯这一前提性问题的答案，决定了违法连带、责任个别原理适用的基本逻辑方向，但这一问题不可能从违法连带、责任个别原理中推导出答案，其位于这一原理适用之前。

德国学者罗克辛、雅各布斯教授等进行的支配身份犯与义务身份犯的划分，是从身份犯的正犯性准则入手进行的身份犯分类，这种分类可以解决违法身份犯·责任身份犯划分没有解决的问题，即在正犯判断的层面就已经将身份犯的特殊性体现了出来。同时，该理论契合于对社会结构的不同类型把握，更能体现身份犯的社会性实质②，因而是更值得重视的划分类型。为此，本书认为支配身份犯与义务身份犯的划分有助于在更为深层次的意义上解决身份犯共犯理论的难题，以此为基础构建的身份犯共犯理论体系能更好地凸显身份犯的实质特征，是本书主要借鉴采用的身份犯划分标准。

第三节 身份犯本质的重塑

身份犯的本质，又有学者称之为身份犯的规范本质或身份犯的处罚依据，虽然在措辞上略有不同，但其指向的问题是同一个：为何刑法立法对特定身份

---

① 黄荣坚：《基础刑法学(下)》，中国人民大学出版社 2009 年版，第 510 页。

② 对于相关社会结构的论述在第四章第二节有详细的展开论述，为行文精简，在此暂只摆出立场。

者的罪与罚进行了特别规定？换句话说，为何只有具有特定身份的人实施某种行为才构成犯罪，以及为何实施同样的行为有身份者的处罚更轻或更重。对这一问题的回答，不仅揭示了身份犯存在的理由与目的，同时也是解决行为人的行为是否符合了身份犯的犯罪构成，以及身份犯共同犯罪情形下应当如何处理的前提。

一、身份犯本质现有学说概述

对于身份犯的本质问题，无论是在我国还是在德、日等大陆法系国家都有较为深入的探讨，形成了多种理论学说，综合梳理来看可将其概括为法益论、义务论、综合论与新综合论，各种学说均有各自的支持者与批评者，且理论纷争仍在继续。

（一）特别法益侵害论

特别法益侵害论是指从法益侵害的角度探寻身份犯的本质，即刑法之所以会特别设立身份犯，是因为其在法益侵害上的特殊性。具体可以包括"法益侵害说""法益侵害区别说"以及"三重法益侵害说"的不同观点。

持"法益侵害说"的学者认为，身份犯作为一种特殊的犯罪形态，其本质问题与犯罪的本质密切相关，一旦在犯罪的本质问题上选择了法益侵害说的立场，则在身份犯的本质上也持相同的立场，即认为"同样，在身份犯之场合，法益侵害说亦应当得到提倡"[1]。但早期持"法益侵害说"的学者所讨论的对象实质上都仅只是真正身份犯，最常见的分析对象是贪污罪、受贿罪等公务人员犯罪的情形，主张在身份犯中，只有有身份者才有侵害法益的可能性，不具备身份的行为人没有侵犯法益的可能，例如德国学者奥本海姆的"特别保护对象理论"等[2]。

有学者认识到此种分析方式只看到了身份犯的一部分（真正身份犯），为此发展出了在身份犯本质内部进行细分的学说，本书将其概括为"法益侵害区别说"。

---

[1]　王军明：《身份犯的本质及其类型化问题研究》，载《东北大学学报（社会科学版）》2014年第5期。

[2]　马克昌：《比较刑法原理：外国刑法学总论》，武汉大学出版社2002年版，第149页。

这种区分在主张将身份犯划分为真正身份犯与不真正身份犯的学者那里，表现为认为无论是真正身份犯还是不真正身份犯，其本质都在于法益侵害，但区别之处在于真正身份犯的本质体现为身份决定了法益侵害能否发生，而不真正身份犯的本质体现为身份影响了法益侵害的程度，继而造成行为人因身份的不同而处罚不同①。主张将身份犯划分为违法身份犯与责任身份犯的学者则认为，违法身份犯与责任身份犯的本质都在于法益侵害，行为人都是因为侵害了法益而受到处罚，但不同之处是违法身份犯中的身份决定了犯罪是否成立，即决定了法益侵害的结果能否发生，责任身份犯中的身份则只与法律规范对人的期待有关，日本学者平野龙一、西田典之②等以及我国学者陈洪兵、周啸天等持此种观点。

　　"三重法益侵害说"则主张"身份犯的实质在于特定的犯罪主体违背了自己特定的义务，侵害了法律所保护的特定的法益，同时也侵害了法律所普遍保护的普通法益"。③该说的提出主要是为了解决混合身份犯共犯的定性问题，为不具有身份者的处罚提供理论依据。虽然该说同时强调了主体对义务的违反以及对法益的侵害，似乎最为全面，但并没有真正认识到身份犯的特殊性，实际上仍是以法益侵害说为核心，只不过在此基础上拓展出义务违反的辅助前提，并将身份犯罪中被侵害的法益区分为特别法益和普通法益，通过这种区分主张无身份者可以侵犯身份犯中的普通法益，从而可成立共犯。论者在提及主体对义务的违反时，指出所有犯罪都以行为人负有一定的义务为前提，且认为身份犯主体的义务与普通犯罪主体的义务有时无法区分，界限极其狭窄（如强奸罪），这是对身份犯主体所负有的特殊义务的一种误读。虽然并不是所有的身份犯都有着对应的特殊义务，论者所列举的强奸罪主体就没有这样的特殊义务，但据此将义务违反边缘化为对身份犯本质认定的辅助要素，忽视了部分身份犯是以义务违反为核心内容的。此外，在身份犯罪所侵害的特殊法益中分离出普通法益既无必要，也不现实。要论

　　① 参见吴飞飞：《身份犯的处罚根据论》，载《现代法学》2009 年第 4 期；阎二鹏：《身份犯本质刍议》，载《当代法学》2007 年第 5 期。

　　② ［日］西田典之著：《共犯理论的展开》，江溯、李世阳译，中国法制出版社 2017 年版，第 415~456 页。

　　③ 杨辉忠：《身份犯实质之探讨——以混合身份共犯的定性为视角》，载《南京大学法律评论》2004 年第 1 期。

证非身份者作为身份犯共犯的可处罚性，只需基于共犯的可罚性即可，而共犯的可罚性从来都不来自其亲自侵害了法益。同时，要将所有的身份犯都分离出一个普通法益实际上也是困难的，如渎职罪，就难以从中分离出一般性的法益。

(二)特殊义务违反论

特殊义务违反论是指从规范违反的角度解释身份犯本质的理论类型，即身份犯的本质在于行为人违反了与其身份相对应的特殊义务。而特殊义务本质上就是一种特定的行为规范，为此身份犯本质中的特殊义务违反论与犯罪本质理论中的规范违反说密切关联。但持此论的学者观点并不完全一致，内部仍存有一些争议，根据学者们对身份犯本质与犯罪本质的规范违反说之间联系程度的不同观点，可以将学者们的主张分为"例外义务违反说"和"彻底义务违反说"。

"例外义务违反说"意味着在整个犯罪本质问题的大致立场上，仍主张法益侵害是犯罪的实质，但在身份犯领域内例外性地认可规范违反、义务违反是身份犯的实质，即身份犯的处罚依据不在于有身份者侵害了特定的法益，而是在于有身份者违反了其特定的义务(行为规范)。在日本，川端博等学者持此种见解，"的确，作为一般理论，将犯罪作为义务违反来把握并强调'义务思想'并不妥当，犯罪应首先把握为法益侵害。但是，即便肯定真正身份犯的'义务犯'性，这是有关身份犯的'特殊的'犯罪问题，绝不是在一般意义上将犯罪理解为'义务犯'。因此，将身份犯作为例外的义务犯的理解与其说是直接强调'义务思想'，毋宁说是合乎其真正身份犯特质的解释"。[1] 我国陈兴良教授[2]、林维教授[3]的观点也十分接近"例外义务违反说"，虽然在论述时，皆只提及了真正身份犯的实质，而未详细论述不真正身份犯的实质，但其意在于不真正身份犯的本质与普通犯罪并无差异，身份只是刑法加重、减轻的责任要素，而不再是身份犯本质这一层面上的问

---

① 川端博著：《刑法总论讲义》，转引自周啸天：《共犯与身份论的重构和应用》，法律出版社 2017 年版，第 112 页。

② 参见陈兴良、周光权：《刑法学的现代展开》，中国人民大学出版社 2006 年版，第 342 页。

③ 参见林维：《真正身份犯之共犯问题展开——实行行为决定论的贯彻》，载《法学家》2013 年第 6 期。

题。但也有学者认为不仅真正身份犯的本质在于义务违反，不真正身份犯的本质也在于义务违反。如日本学者野村稔教授提出单纯遗弃罪与保护责任者遗弃罪一样，违法要素都是对被遗弃者的生命、身体的抽象的危险，但后者的违法要素中加上了保护责任者违反了应负担的保护义务，因此刑罚较重①。

"彻底义务违反说"则指的是不仅主张身份犯的本质是义务违反，在整个犯罪本质的问题上也主张规范违反说。在德国，雅各布斯教授主张的义务犯理论将特别义务违反作为了义务犯的可罚性基础，同时，从雅各布斯对刑法的理解来看，整个刑法的归责基础都在于规范的违反，可见雅各布斯教授将义务违反（规范违反）贯彻到了整个犯罪本质的领域，义务犯的特殊之处仅在于其义务的特殊性②。我国学者除何庆仁教授明确支持义务犯理论之外，周光权教授在不法问题上提倡行为无价值二元论，在身份犯的问题上也偏向义务犯的理论③，但由于行为无价值二元论中同时糅合了法益侵害的违法性判断要素，周光权教授的主张与雅各布斯教授的主张差异仍是较为明显的，尤其是近期周光权教授的观点中对行为规范违反的体系地位和分量进一步进行了调整，规范违反成为只是表征法益侵害的形式④，为此周光权教授仅采用了义务犯理论中对正犯的判断标准，而没有进一步明确身份犯的可罚性基础也在于义务违反。

义务犯这一理论是德国学者罗克辛教授最先在其正犯体系理论中提出来的，但罗克辛教授提出的义务犯理论主要并不是在探讨身份犯的本质（处罚依据），而强调的是义务犯的正犯准则与一般犯罪的差异。即义务违反在罗克辛教授这里仅只是确定正犯性的准则，而不是刑法设定义务犯的理由。在犯罪本质的问题上，罗克辛教授仍是一以贯之的支持法益侵害说。但出于该理论在表述与内容上的特殊性，本书仍将其归在义务论中提及，从本质上看，罗克辛教授的理论在身份犯本质的问题上应属于法益论，而非义务论。

---

① 参见野村稔著：《刑法总论》，全理其、何力译，法律出版社2001年版，第94页。
② 具体展开参见何庆仁：《义务犯研究》，中国人民法学出版社2010年版，第23~30页。
③ 参见周光权：《论身份犯的竞合》，载《政法论坛》2012年第5期。
④ 参见周光权：《新行为无价值论的中国展开》，载《中外法学》2011年第5期。

(三)综合论

前述法益论和义务论在身份犯本质的领域内,贯彻的都是同一种理论立场,即使主张真正身份犯与不真正身份犯的本质有具体形态上的差异,也只是在该理论立场内部的细致化和精细化。而综合论则指的是在身份犯本质的范畴中同时并存两种不同的理论立场,即在真正身份犯的本质上主张法益侵害说,而在不真正身份犯的本质上主张义务违反说。日本学者大塚仁认为:"犯罪,首先可以解释为把法益的侵害作为各个核心而构成。可是……被侵害的法益尽管是同一的,在不真正身份犯中,身份者的行为比非身份者的行为处罚要重……离开身份者的义务违反这一点,是认为就难以彻底理解;所以犯罪的本质,一方面基本上是对各类法益的侵害,同时,在一定范围内,一定义务的违反可以作为本源。"①

除此以外,对于将不真正身份犯的本质理解为对"较强期待"的违反的见解,有学者认为这与义务违反是内在一致的。如阎二鹏教授认为,日本学者山中敬一所述的"在不真正身份犯中,对身份者比一般人较强的期待着避免犯罪。如业务者中的'业务者'的身份,对身份者是特别强烈的期待着不侵害占有他人职务的"②,是将身份犯的本质解释为了法益侵害说与期待说的综合,其中期待说就是义务违反说,因为"只能是因为有身份者基于特殊身份所负担的特定义务才存在'较强的期待'"③。但这样的理解应当说是一种误读,身份犯的本质是违法性层面的问题,而较强的期待,或者说期待可能性程度是责任层面的问题,与身份犯的本质并不在一个层面。为此,将不真正身份犯与期待可能性结合在一起,并没有回答不真正身份犯的本质问题,这也是为什么马克昌教授指出,"用对身份者的较强的期待,解释为不真正身份犯的根据,似乎还值得研究"④,值得研究之处并不在于将不真正身份犯与较强的期待相关联,而是在于较强的期待原本就不是犯

---

① [日]大塚仁著:《注释刑法:第一编总则》,日本青林书院 1978 年版,第 122 页。转引自吴飞飞:《身份犯的处罚根据论》,载《现代法学》2009 年第 4 期。

② 马克昌:《比较刑法原理:外国刑法总论》,武汉大学出版社 2002 年版,第 150~151 页

③ 阎二鹏:《共犯与身份》,中国检察出版社 2007 年版,第 90 页。

④ 马克昌:《比较刑法原理:外国刑法总论》,武汉大学出版社 2002 年版,第 151 页。

罪本质层面的问题。

对于综合论，有学者认为此种理论将真正身份犯与不真正身份犯的本质差异过度渲染，将两种毫无关系的有关犯罪本质的理论机械地统合到了身份犯的本质这个问题下，研究的价值成疑①。对此，本书认为此种质疑是有道理的，但并不认为身份犯本质内部不能容纳多种理论，因为身份犯原本就只是根据外部特征而组合在一起的特殊犯罪形态，其中的内在组成部分完全有可能存在较大的差异，即使是理论路径不同的解释方法，统合到身份犯本质问题项下，也只为更为精确和清晰地展现身份犯的内部构造，只要能够找到可以合并的"同类项"，就并不会产生疑问。除了理论体系上的质疑，还成为问题的是，综合论的研究前提为真正身份犯与不真正身份犯的区分，这种区分方式只是根据立法形式进行的分类，而身份犯的本质问题是在实质层面进行的探讨，这就难免会出现对身份犯本质的细分，与身份犯种类的划分无法一一对应的问题，如不真正身份犯中就存有以法益侵害更重（更轻）为本质的类型②，这种交叉与重叠使得综合论内部体系化不够严密和合理。

（四）新综合论

除了大陆法系学者从法益侵害或义务违反的角度探究身份犯本质的路径，我国还有部分学者绕开了此种纠缠，从其他视角对身份犯的本质进行了研究，本文将其概括为新综合论。其中包括从犯罪构成的角度展开的"身份四要件论"，以及从犯罪论不同层面展开的"三重身份本质论"③。

"身份四要件论"指的是从身份本身去寻找身份犯的本质，即从身份犯的四个要件——犯罪主体、犯罪客体、犯罪主观方面、犯罪客观方面分别论述身份的作

① 参见吴飞飞：《身份犯的处罚根据论》，载《现代法学》2009 年第 4 期。

② 持综合论的学者主张不真正身份犯中有身份者与无身份者侵害的法益是同一的，是因为违反了义务、违法性加重，为此才处罚得更重。但在我国刑法中，国家机关工作人员利用职权非法拘禁，从形式上看属于不真正身份犯，但很难说国家机关工作人员利用职权非法拘禁，与无身份者非法拘禁侵害的法益是同一的，前者至少还侵犯了国家机关工作人员职权的公正性这一重法益。

③ 需要说明的是，"身份四要件论"以及"三重身份本质论"均并非学界约定俗成的学理概念，仅是本书为提炼论者理论所进行的表述。

用。明确提出此种立场的是杜国强博士，但最初将身份放在构成要件当中考察的是康均心教授。康均心教授认为，身份对行为的社会危害性及程度产生影响，是因为身份影响着构成要件中的每一个要件，换句话说，在将犯罪的本质从社会危害性的角度进行理解时，身份犯的本质便在于身份与社会危害性之间的特殊关联性，而这种关联是通过身份对构成要件中的每一个要件产生影响而实现的。具体来说，"在犯罪客体方面，身份决定了行为侵犯的客体性质及侵害程度；从犯罪客观方面来看，身份决定了犯罪行为的性质；从犯罪主体方面来看，身份是犯罪主体的构成要素之一；从犯罪主观方面来看，身份决定着罪过的有无及其程度"。① 杜国强博士也采用了这种思路，其具体的论述内容基本与康均心教授无异②。"身份四要件论"虽然角度新颖，但从根本上说讨论的是刑法规定了身份犯以后，如何进行理解和解释的问题。而讨论身份犯的本质所要解决的问题是刑法为什么要规定身份犯，处罚身份犯的根据是什么？这一问题是在刑法规定身份犯之前需要解决的问题，而"身份四要件论"未能上升到这一层次。

　　"三重本质论"则是从行为的实质违法性、罪责性和人身危险性的角度分析身份犯本质的理论，其基本主张为："身份犯的实质就在于不同的身份基于与犯罪构成要素的联系，直接或间接地决定或影响了行为的法益侵害性、罪责性和人身危险性，从而决定或影响了行为的社会危害性。"③此种理论看似综合性最强，集合了国外的法益侵害说、义务违反说，以及我国学者提出的身份四要件论等等学说，并将犯罪论各个阶层的问题都融入身份犯的本质当中来，同时又还有我国学者所主张的"犯罪本质二元论"的影子④。然而正是这种超强的"综合性"，使得其缺陷更为明显。该理论将罪责性和人身危险性要素也看作身份犯的本质，理由是"在各国的刑事立法中，往往坚持以法益侵害为原则、例外地采取伦理规范违反说的二元论，因此也存在把仅仅违反伦理规范而很难说有法益侵害性的行为规

---

① 参见康均心：《刑法中身份散论》，载《现代法学》1995 年第 4 期。

② 参见杜国强：《试论身份犯的本质》，载《中南大学学报（社会科学版）》2004 年第 2期。

③ 邱陵、甘盛宁：《身份犯的法律本质及功能》，载《中国刑事法杂志》2013 年第 6 期。

④ 我国传统刑法理论主张犯罪的本质在于行为的社会危害性，犯罪本质二元论则主张行为的社会危害性以及行为人的人身危险性并列为犯罪的本质。参见陈兴良：《刑法哲学》，中国政法大学出版社 2000 年版，第 189~190 页。

定为犯罪"，而"影响规范违反性的要素是罪责要素"①，因此罪责性和人身危险性也是身份犯本质的要素。在这一论述中，将讨论违法性的规范违反理论，通过"规范违反性"与罪责要素联系在一起，显然犯了偷换概念与逻辑不清的错误。此外，在客观主义刑法的框架下，行为人个体的个性——人身危险性，也难以在犯罪本质问题中被涵盖。对身份犯本质问题的探讨说到底是为了讨论为什么设立身份犯、身份犯的处罚根据的核心，而不是在现有立法框架下讨论身份如何影响定罪量刑的问题，将罪责要素以及人身危险性等要素同时拉入其中，只会使得相关理论更加混乱。

二、身份犯本质学说的根本对立点与立场选择

（一）身份犯本质学说的根本对立点："法益侵害"与"规范违反"的对立

通过前文对身份犯本质现有理论的大致梳理，可以发现身份犯本质问题中，"法益论"与"义务论"的对立是根本对立点，前者从法益侵害的角度探寻身份犯本质，后者从义务违反的角度探寻身份犯的本质，各种综合论的观点不过是这两种立场的组合。将这一对立点推至犯罪本质问题的层面，即为法益侵害说和规范违反说的对立。

身份犯的本质与犯罪的本质是"一脉相承"的命题，脱离了犯罪本质的框架讨论身份犯的本质（例如新综合说中"三重本质论"），对厘清问题的实质并无益处，因为身份犯的本质问题的探讨并不仅只是为了解释现有的身份犯现象，更重要的是对身份犯与普通犯罪差异的根本点进行明晰，为身份犯诸多基本问题提供切入点，从而为立法、司法活动提供理论上的分析基础。关于犯罪的本质，西方大陆法系国家刑法学界主要存在着权利侵害说、法益侵害说、义务违反说、规范违反说以及折中说的争论②，在我国则主要有传统的社会危害性说，以及新近形成的

---

① 邱陵、甘盛宁：《身份犯的法律本质及功能》，载《中国刑事法杂志》2013 年第 6 期。
② 参见马克昌：《比较刑法原理：外国刑法学总论》，武汉大学出版社 2012 年版，第 84 页。

刑事违法性说、犯罪本质二元论说等①，西方大陆法系国家的前述理论在我国也有支持者，共同参与了我国学界有关犯罪本质问题的探讨争鸣中。从总体上看，法益侵害说、规范违反说以及社会危害性说的阐述在学界占据的分量最重，其中法益侵害说与规范违反说的对立十分明显，探讨也十分深入，而社会危害性说的定位尚不十分明晰，虽然其强调主观与客观统一进行考察的思路是值得肯定的，但在如何统一进行考察方面，还需要进一步在规范性和可操作性上的提炼，而这种提炼可以借由法益侵害理论或规范违反理论完成。② 为此，基本可以认为法益侵害说与规范违反说是犯罪本质问题上的基本对立点，而身份犯本质问题基本上也在这一维度内展开，即使发展出了形形色色新的学说，实际上争论的根本点还是可以还原到法益侵害或规范违反的基本立场上去。

　　法益侵害说与规范违反说的对立主要表现在几个方面：首先，在基本主张上，法益侵害说主张犯罪的本质在于行为造成了法益侵害的结果或者危险，也只有事实上侵害了法益的行为才是需要动用刑罚来处罚的。而规范违反说主张犯罪的本质在于行为对规范的违反，根据规范违反说内部观点的不同，行为所违反的规范可以分别指代德国学者主张的法规范违反（宾丁）、国家一般规范（贝林格）、文化规范（迈耶）、行为规范（盖拉斯）等，以及日本学者所主张的社会伦理规范。其次，在基本立场背后，存在着法益侵害说与规范违反说对刑法目的和任务的不同理解，在法益侵害说的角度来看，刑法所要保护的是人的利益，而在规范违反说的角度来看，刑法保护的是规范的秩序和有效性。这也是为什么法益侵害说的学者往往认为自己的学说更有利于保障人权，且指责规范违反说有"通过裁判将国家的道义标准，强加给国民个人的危险"。③ 最后，在不法理论层面，法益侵害说往往导向结果无价值论，规范违反说则导向行为无价值论，但这种对应关系并不是绝对的，例如主张犯罪本质是对法益的侵害，但在不法的认定标准上，也

① 参见陆诗忠：《对我国犯罪本质理论的思考》，载《华东政法大学学报》2010 年第 6 期。

② 有不少学者认为应当用法益侵害说替代社会危害性说，还有学者认为法益侵害说与社会危害性说实质上具有同质性。参见徐岱、李佳欣：《犯罪本质下的三大关系论》，载《吉林大学社会科学学报》2011 年第 5 期。

③ 曾根威彦著：《刑法学基础》，黎宏译，法律出版社 2005 年版，第 95 页。

可能主张只要行为产生了法益侵害的危险且不具备社会相当性时就产生了不法性，而这是行为无价值论的主张。

具体到身份犯本质的问题上来看，法益侵害说从有身份者行为造成的法益侵害具有的特殊性上对身份犯的本质进行规定，即身份犯设定的出发点在于对身份犯所侵犯的"法益"的特殊保护。而规范违反说将身份与特定的行为规范（义务）相连接，从身份者行为的特殊性上（义务违反性）上解释身份犯的本质，根据这种思路，身份犯设立的出发点在于对身份者特定行为规范的维护。

（二）身份犯本质学说的基本立场选择：犯罪本质的二元论

在明确了身份犯本质相关理论的基本对立点之后，面临着选择何种立场的问题。立场的不同，在身份犯各领域内所构建起来的理论形态也是不同的。对此，首先需要回答的问题是：身份犯本质的基本立场是否必须与整体的对犯罪本质问题的基本立场一致？即可否在犯罪本质的基本立场上选择一说，在身份犯本质的问题上选择另一说，正如前文所述的"例外义务违反说"的主张一样。本书认为，犯罪的本质与身份犯的本质都是一个本质性的问题，本质性的问题就必须有相当的概括性，即身份犯的本质应当能够反映出所有身份犯的核心，而犯罪作为包括了身份犯的上位概念，对其本质的概括应当能够反映出身份犯的本质，为此，身份犯的本质与犯罪的本质应当是一致的。"任何概念，只要不能科学地概括法律规定的所有犯罪，就不是犯罪的实质概念。因此，对每一个犯罪的实质概念来说，只要有一个相反的例子就足以说明它不具有'最小公分母'的性质。"①这就表明，在选择身份犯本质立场的同时，对犯罪的本质也需同步进行选择，并且这二者应当是同一的。

犯罪的本质是什么？对这一问题学界的讨论十分热烈，本书主张犯罪的本质并不应当在法益侵害说和规范违反说中做单一的选择，融合二者的二元论是更为合理的选择。虽然前文所述法益侵害说与规范违反说是犯罪本质问题上最主要的对立立场，但仔细分析来看，二者并非南辕北辙，完全没有融合的空间。

---

① ［意］帕多瓦尼著：《意大利刑法学原理》，陈忠林译，法律出版社 1998 年版，第 73 页。

首先，犯罪的本质问题与刑法的目的和任务是同一个问题的不同侧面①，虽然二者息息相关，且在多数情况下立场互相对应，但这并不是绝对的，这主要是因为刑法的目的和任务可以是多元的，这就使得犯罪的本质也并非一定是单一立场的。在现代国家，没有谁会否认法益保护的重要性，刑法具有保护法益的目的和任务这一命题已经获得了普遍的认可，但何为法益，法益如何得到保护，这离不开对规范的作用和价值的维护，进而维护规范的效力同样可以成为刑法的目的之一。为此，法益侵害与规范违反的对立或许只是理论立场上的一种表现，但二者在终极目的（保护人在社会中的体面而有尊严的生活）上分歧并没有想象中那么大，德国刑法学家耶塞克就将犯罪的本质视为法益侵害与规范违反的统一体②。

其次，虽然犯罪的本质可以是法益侵害与规范违反的综合，但二者之间的关系并不是机械组合的关系，而应当是有内在联系的有机组合。周光权教授近期以来主张规范违反的判断从属于法益侵害的判断，一定程度上弱化了规范违反判断的独立价值③。但从规则功利主义与行为功利主义的哲学角度来考量，规范维护与法益保护不仅能够互相融合，且比行为功利主义（主张一元化的法益保护）更具合理性④。在规则功利主义角度来看，虽然也计算法益的保护，但这种计算与行为功利主义并不相同，前者进行的是行为长期累积性效果的衡量，后者进行的是当时、具体的效果衡量。这就表明，在绝大多数情况下，法益侵害与规范违反是同一的，犯罪行为既侵害了法益，又违反了规范。但当二者不同一时，就需要选择是采取当时、具体的思考模式，还是长期累积性效果的思考模式。本书认为后一种立场是更为合理的，即规范本身所代表的整体性的功利计算法更具有说服力。

最后，需要明确的问题是，犯罪本质的二元论中的规范违反必须与一元的义

---

①　例如重视法益价值的理论在刑法的目的和任务上表述为法益保护论，而在犯罪的本质问题上表述为法益侵害论（即侵害法益的行为是犯罪）。

②　参见赵秉志：《外国刑法原理（大陆法系）》，中国人民大学出版社 2000 年版，第 63 页。

③　参见劳东燕：《结果无价值论与行为无价值论之争的中国展开》，载《清华法学》2015 年第 3 期。

④　详细论述见周祥：《规则功利主义违法观之提倡——刑法学派之争视角的展开》，载《清华法学》2013 年第 1 期。

务论划清界限。义务论崇尚的是规范的绝对有效性，不考虑法益侵害的结果无价值，甚至不考虑具体的境遇。而犯罪本质二元论中的规范违反判断内含了规范的效果判断，并不坚守规范的绝对性，还需同时考虑法益侵害的结果无价值。

三、身份犯本质学说二元论的提出与阐述

（一）身份犯本质学说二元论的提出

从犯罪本质的二元论立场出发，对身份犯本质问题的解析，首先需要厘清与前述"综合论"之间的区别。前述综合论是在身份犯本质的领域内将法益侵害与义务违反分别作为真正身份犯的本质与不真正身份犯的本质，这种综合正如批评者所说的那样是一种机械的组合。而从犯罪本质二元论出发对身份犯问题进行的考察，必须同时考虑规范违反与法益侵害的两个侧面。但由于身份犯内部本身的类别差异，不同的身份犯类型所考虑的侧重点是有所区别的。其次需要明确的前提是，身份犯的本质与犯罪的本质是既相互联系，又有区别的一组概念。探讨犯罪的本质是为了明确区分出犯罪行为与非犯罪行为之间的实质差异，即违反了规范且侵了法益的行为就是具有违法性的，而没有达到这个实质性标准的就不应当是刑事违法行为。身份犯的本质探讨一方面是区分出身份犯罪与无罪行为之间的差异，这个问题在犯罪的本质项下已经基本解决了，而接下来的问题在于身份犯与普通主体犯罪之间的区别，以及身份犯内部不同类别中本质属性的差异，这就需要在身份犯本质的特定性内进行进一步分析。

身份犯与普通犯罪之间的区别，到底是体现在了所侵害法益的特殊性上，还是体现在有身份者行为规则（义务）的特殊性上？这是引发前述身份犯本质理论中的特定法益侵害说与特定义务违反说不同观点的核心所在，本书从犯罪本质二元论的角度出发，主张身份犯的本质同时体现为侵害法益的特殊性与身份者（行为规则）义务的特殊性，但在不同类型的身份犯中，法益侵害与义务违反的组合形态有所不同。由于本书在规范论的视角下对身份犯主张采用实质性的分类方法，而不是通说一般采用的真正身份犯与不真正身份犯这一形式化的分类（这种形式化的分类始终难以把握住身份犯内部的实质差异），在借鉴支配身份犯与义务身份犯的理论划分的基础上，结合身份犯的二元化本质，本书作出法益依附型身

犯与义务依附型身份犯的区分，并以此分别探究其本质。

（二）身份犯本质学说二元论的阐述

法益依附型身份犯，指的是刑法中对此类身份犯的设定，更多地考虑的是对法益的保护，行为与法益是相对独立的两个部分，身份和被保护的法益之间不具备同一性，在犯罪行为实施时身份与法益之间的关联才被表现出来，且立法规定只有身份者的行为可以导向法益的侵害。① 换句话说，法益依附型身份犯与普通犯罪的特殊之处在于，该种法益从物本逻辑的角度来看，只有行为人的行为可以侵犯，不具备身份者，一般不可能支配法益侵害过程，身份要么展现出来的是行为人对特殊法益侵害的支配性方向的能力，要么体现的是立法者通过对典型犯罪人的确立，从而限缩或提示处罚的范围。此类身份犯的违法性判定更多是事实意义上的，而非价值意义上的判断。比较典型的如需具备男性身份的强奸罪，需具备被依法关押的罪犯身份的破坏监管秩序罪、脱逃罪，需具备投保人、被保险人身份的保险诈骗罪等。但同时这类身份犯的主体在实施犯罪行为时同样违反了其行为规则，但其行为规则与普通犯罪的行为规则并没有本质上的区别，实质意义上仍以法益侵害为违法性判断的依据。

义务依附型身份犯则是指刑法中对此类身份犯的设定，虽然也与法益保护相关联，但更多的是体现了对规范（义务）违反的惩治。正如周光权教授所述："刑法中一些条文的设计与法益侵害有关，但是，其可能更多地考虑了惩治规范违反行为的要求。"②在这类身份犯中，身份者必须遵循的行为规范与法益侵害是一体的，身份者并不是必须直接地、亲自地实施行为才能表征对法益的侵害，即身份本身表征的是身份者的特别义务，而不在物本逻辑上法益侵害的能力和可能性，比较典型的如贪污罪、受贿罪等职务犯罪。一般认为，贪污罪的法益是国家公共财产权以及国家工作人员的廉洁性，受贿罪的法益是职务行为的公正性，除了国家公共财产权以外，国家工作人员的廉洁性以及职务行为的公正性都有相当的抽

---

① 参见何庆仁：《义务犯研究》，中国人民大学出版社 2010 年版，第 290 页。
② 周光权：《新行为无价值论的中国展开》，载《中国法学》2012 年第 1 期，第 175～191 页。

象性，其是否受到损害必然是一个规范上的评价，而不是一个实在性的事实评价，在这种规范性的评价中，必须有身份对相对应的行为规范的违反才能充足对此类法益的侵犯的判断。虽然在事实上非国家工作人员也可能有能力侵犯国家公共财产权以及国家工作人员的廉洁性、职务行为的公正性（如行贿罪中，行贿者也可以侵犯职务行为的公正性这一法益，但行贿罪并不是身份犯），这就表明这类身份犯从事实上侵害法益的特殊性无法表现出其本质，必须考虑身份者的义务违反性，且后者是规范性评价的重点。事实上，表述为廉洁性、公正性的法益，可以看做就是规范（义务）的同类表述。张明楷教授认为受贿罪的保护法益是职务行为的不可收买性①，这就已经将该法益的义务性展现了出来，即"不可买卖职务行为"的义务。

但需要注意的是，义务依附型身份犯并不意味着已经完全抛开了法益保护，走向一元的规范论，法益保护始终起着对象性的限制功能，只是此时的法益与规范更具同一性，脱离了侵害法益危险的判断，义务违反只可能发生在头脑中，根据现代刑法的基本立场，这种主观性的规范违反不应当受到刑罚处罚。

本 章 小 结

身份犯中的"身份"可以从社会学、法学、刑法学三个层面进行认识。身份从本质上看就是一个社会学的概念，从社会学的视角下看身份可以把握住身份的本源。社会学中，身份的本质是社会关系，有静态和动态的不同面向。静态的身份是权利和义务的集合体，动态的身份则是对权利、义务动态的行使过程。这就揭示了身份的关系属性、权利义务属性以及动态属性。法学领域内的身份概念，经历了从身份到契约的转变，但契约中的身份并不是身份的终止形态，契约身份过度强调"个体性"，逐步显现出不符合社会实际，身份的法律内涵仍需考虑社会的型塑作用。刑法中的身份包括广义、中义、狭义的不同范畴，可接受的刑法中的身份概念应该是与行为人人身相关联的，对定罪、量刑有影响的特定行为人的地位、资格或状态。从身份的概念推及到身份犯的定义，身份犯应当是指身份作为

---

① 参见张明楷：《受贿犯罪的保护法益》，载《法学研究》2018 年第 1 期。

构成要件中犯罪主体补充规定的犯罪类型形态，且身份犯的定位应当在刑法分则部分。身份犯的特征包括了形式上的法定性、对定罪量刑的决定性、在存续时间上的特殊性以及身份与犯罪行为间的关联性。设置身份犯的功能包括了承载社会对不同身份者的不同规范期待以及限缩刑罚权的动用。

身份犯学理分类以存在论与规范论分化的思路进行考察，可分为形式化的身份犯类型划分(真正身份犯与不真正身份犯、自然身份犯与法定身份犯、明示型身份犯与暗示型身份犯)与实质化的身份犯类型划分(违法身份犯与责任身份犯、支配身份犯与义务身份犯、积极身份犯与消极身份犯)，形式化的身份犯类型划分与实质化的身份犯类型划分都对深入认识身份犯，构建身份犯学理有一定的价值和意义。当前真正身份犯与不真正身份犯的形式划分是学界大部分学者研究身份犯的前提，但真正身份犯与不真正身份犯的划分仅仅考虑了身份犯的立法形式特征，难免对身份犯的实质性内涵有所忽视，容易导致身份犯理论体系构建的混乱。为此，从应然层面来说，考虑实质性的身份犯划分思路应当得到重视，并以此为基础展开身份犯问题的研究。

身份犯的本质是身份犯理论中一个较核心的部分，目前学界有特别法益侵害论、特殊义务违反论、综合论、新综合论的不同观点，其中特别法益侵害论与特殊义务违反论是身份犯本质问题上的主要理论对立点。对身份犯的本质的认识与对犯罪的本质的认识息息相关，犯罪的本质中法益侵害说与规范违反说的对立是身份犯本质问题上出现特别法益侵害论与特殊义务违反论对立的主要原因之一。在犯罪的本质问题上，本书提倡犯罪本质的二元论，即法益侵害与规范违反的融合才能充分体现犯罪的本质。在这一立场下，身份犯的本质一方面应当与犯罪的本质的基本立场相一致，另一方面身份犯的本质应当体现出身份犯内部的特殊性。本书将身份犯从更为精细地角度划分为法益依附型身份犯与义务依附型身份犯，二者的本质在侧重点上分别更偏向于法益侵害或义务违反。

第四章　身份犯共犯理论重构的具体展开

第一节　身份犯共犯理论的重构路径及其评价

长期以来，学界解决身份犯共同犯罪问题都是基于将身份犯划分为真正身份犯与不真正身份犯而展开的，但正如本书在第一章、第三章中所指出的，这种划分方式实际上是一种形式的划分方式，即主要是以身份犯的罪名设立情况区分真正身份犯与不真正身份犯，前文提到的以共同犯罪涉及的罪名个数说或是否有法条竞合的关系等标准更是十分明显地表现出了这种形式性。这种形式化的划分导致了身份犯共同犯罪理论的混乱，因为身份犯的本质与内涵显然不是其形式可以代表的。无论是德国、日本刑法学界还是我国刑法学界都有学者认识到了这一问题，并提出了改变形式化的路径，采用实质化的方式对身份犯作出划分，并在此基础上重构了身份犯共同犯罪的理论，这些已有的身份犯共犯理论的新研究为本书的展开提供了一定的基础。

一、重构路径之一：违法身份与责任身份说

身份犯共犯理论规范论式重构的路径之一是将身份犯中的身份与犯罪论体系对接起来，区分为违法身份与责任身份，并根据违法是连带的，责任是独立的原则处理身份犯共犯问题。

日本学者佐伯千仞、泷川幸辰、西田典之等是此种观点的提倡者，在他们看来，真正身份与不真正身份这种形式化的分类方法是不合理的，主要理由①是：

---

① 参见［日］西田典之著：《共犯理论的展开》，江溯、李世阳译，中国法制出版社2017年版，第391~395页。

其一，身份犯中的身份究竟是影响定罪还是影响量刑并不是绝对的，存在具有双重机能的同一身份，如公务员身份在受贿罪当中是影响定罪的身份，而在特别公务员逮捕·监禁罪中又是影响量刑的身份，同一身份具有双重机能是矛盾与不均衡的；其二，即使在日本1968年修订新设的第50条第2款中增加了非身份者可以减轻处罚的规定，但这种规定也只是为了缓解一种身份会产生不同作用的矛盾，没有在根本上解决问题，只有同一种身份起一种作用的纯粹理论才是合理的。而从日本的立法规定出发，明确地存在着身份起连带性作用和身份起个别化作用的两种规则，这种规则只能从违法是连带的，责任是个别的角度去理解，从形式化的真正身份与不真正身份的区分中找不到理论根据。正如佐伯千仞所述："不从一般的身份是什么，并且它在刑法上有怎样的意义，特别是与违法性、有责性有着怎样的关联这一点出发进行考察，此问题的解决真是寸步难行。"①为此，这些学者主张应当从身份的实质内涵出发，将身份区分为违法身份与责任身份，无论其是否与其他罪名存在着法条竞合关系，或身份犯与基本犯的关系，这些都不再重要，而只需要单独考察身份犯的立法规定，分析该身份的性质，进而分别对身份犯共同犯罪适用连带性或个别性的原则进行处理。

在这一理论中，需要解决的问题有两个：一是"违法连带，责任个别"的原理是如何推导而来的，如果这一前提不能被证成，就无法对接到日本刑法立法的规定。二是如何区分违法身份与责任身份。

对于第一个问题，涉及的是如何认识共犯与正犯的关系。在共犯与正犯的关系上，有共犯从属性说和共犯独立性说之争，共犯独立性说在共犯的处罚根据上持纯粹惹起说的因果共犯论，但这种观点受到了学界的广泛质疑，德国学者赫茨贝克认为："根据共犯规则的结构，帮助犯无论如何不能被理解为'抽象的危险犯'"②，除此之外的质疑还包括认为共犯独立性说承认无共犯的正犯，从而扩大

---

① 转引自周啸天：《身份犯共犯教义学原理的重构与应用》，载《中外法学》2016年第2期。

② ［德］耶塞克、魏根特著：《德国刑法教科书（上）》，徐久生译，中国法制出版社2017年版，第930页。

了共犯的刑事责任范围；忽视了脱离正犯犯罪行为不可能发生的共同犯罪结构等①。共犯从属性说成为当前绝大多数学者的选择，但根据共犯对正犯从属程度的不同，又可分为最小从属性说、限制从属性说、极端从属性说与夸张从属性说，可以推导出违法连带、责任个别原则的是限制从属性说，即共犯的成立前提是正犯的行为符合构成要件并且具有违法性，只要具备了这样的前提条件，共犯就是可罚的，但共犯的可罚性并不是从自身行为那里得来的，而是相对于正犯的"二次责任"，为此共犯相对正犯在违法性上就处于被连带的位置。同时，限制从属理论中共犯仅仅旨在构成要件符合性与违法性阶层从属于正犯，责任阶层并不从属于正犯，而是各自根据责任要素进行独立评价，为此责任就是个别的。根据这样的基本原理，无身份者帮助、教唆有身份者实施身份犯罪，只需考察此种身份属于责任的要素还是属于违法的要素，如果属于违法要素，则无身份者与有身份犯构成相应身份犯的共同犯罪；如果属于责任要素，则身份者的身份对无身份者不起作用，无身份者不构成身份犯，仅根据自己触犯的罪名处罚(图 4-1)。

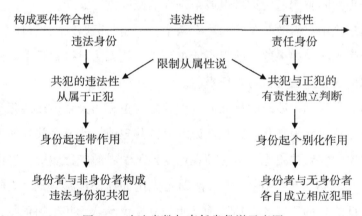

图 4-1　违法身份与责任身份说示意图

对于第二个问题如何区分违法身份犯与责任身份犯则是这一学说的关键之

① 参见马克昌：《比较刑法原理——外国刑法学总论》，武汉大学出版社 2002 年版，第605 页。

处。德国学者齐默尔在 1934 年的论文中就区分了违法身份和责任身份，这一理论被瑞士、奥地利刑法所采纳，以立法的形式确定了违法身份与责任身份的区分与不同作用，根据奥地利联邦刑法典的规定①，违法身份就是"法律规定行为的可罚性或刑度取决于行为人的特定的个人特征或关系"，责任身份则是"特定的个人特征或关系仅涉及罪责"。日本刑法学界所进行的界定也是类似的，根据西田典之教授的观点，如果身份对"行为的法益侵害性"（违法性）提供了依据，或者增加、减少这种违法性，身份就是违法身份，应当连带性地作用于无身份者；如果身份只是对"针对行为人的非难可能性"②（责任）提供依据，或者增加、减少这种责任，身份就是责任身份，应个别性地起作用。但这种界定相对较为抽象、模糊，为此引起了学界的质疑，日本学者前田雅英认为"区分到底是违法身份还是责任身份颇为困难"③。对此，西田典之教授认为这种批评是没有道理的，虽然身份的实质化区分难度相对形式化区分来说大一些，但只有进行实质化的区分才能解决问题。此外，违法身份与责任身份的区分本身就应当是一种具体、个别的判断，"应当在具体个别的问题上来讨论身份的区别，不能在文字上比较检讨这种区别"④。

可能存在的疑问是，违法身份与责任身份是否可以直接同真正身份与不真正身份对接，将真正身份直接以违法身份来解释，将不真正身份以责任身份来解释，实现形式化的身份与实质化身份的结合，从而消解形式化身份犯共犯理论的

---

① 《奥地利联邦共和国刑法典》第 14 条规定了正犯的特征和关系：（1）法律规定行为的可罚性或刑度取决于行为人的特定的个人特征或关系的，即使参与人中仅一人具有此等特征或关系，所有参与人均适用该法律规定。行为不法取决于具有特定的个人特征或关系的行为人直接实施应受刑罚处罚的行为，或者以特定方式参与应受刑罚处罚的行为的，必须满足该条件时，始可适用前句之规定。（2）特定的个人特征或关系仅涉及罪责的，前款规定只适用于具备此等特征或关系的参与人。《奥地利联邦共和国刑法典（2002 年修订）》，徐久生译，中国方正出版社 2004 年版，第 5 页。

② ［日］西田典之著，《刑法总论》，日本弘文堂出版社 2010 年版，第 402 页。转引自陈洪兵：《共犯与身份的中国问题》，载《法律科学（西北政法大学学报）》2014 年第 6 期，第 66 页。

③ ［日］西田典之著：《共犯理论的展开》，江溯、李世阳译，中国法制出版社 2017 年版，第 424 页。

④ ［日］西田典之著：《共犯理论的展开》，江溯、李世阳译，中国法制出版社 2017 年版，第 425 页。

问题呢？事实上，确实有学者对不真正身份犯中身份的作用以责任的个别性予以说明①，但这种说明仍然是在以身份犯的立法形式将身份犯区分为了真正身份犯与不真正身份犯的前提下进行的，是对不真正身份犯共同犯罪中身份者与无身份者分别定罪量刑规则的解释。但违法身份与责任身份的区分并不拘泥于身份犯在立法上的形式，即使立法并未针对身份犯设立"基本犯"，其身份也可以是责任的要素，即所谓的"构成的责任身份"。由此可见，违法身份·责任身份说并不能直接对接到真正身份-不真正身份犯，前者是实质地看待身份犯中的身份，后者则是形式化的，即使在后者中可以部分地运用身份实质作用的原理，但其前提性的形式性已经决定了其理论的整体属性。

二、重构路径之二：义务犯说

将身份从实质上区分为违法身份与责任身份的路径主要在日本刑法学界展开，而在德国刑法学界，则有另一条规范论式的路径，即义务犯理论，这是由德国学者罗克辛教授对正犯体系作出了目的理性的改造而最先提出的。罗克辛教授积极倡导将刑事政策融合进刑法体系，认为刑法体系应当面向实际生活情况，并据此在刑法体系中进行目的理性的型塑。在共同犯罪（按照罗克辛教授的表述为实行人与参与人）理论中，正犯（实行人）是整个犯罪行为的核心，也是对整个犯罪行为进行评价的关键，对于正犯这样一个重要的概念，罗克辛教授的功能主义刑法观同样发挥了作用，主张对正犯（实行人）的判断也应当对接到生活事实当中去，而不能仅仅运用概念的逻辑推演进行判断，"核心人物的标准当然不是一种能够从中推演出具体区分界限的概念。准确地说，这与一种价值评价的区别标准有关，只有依据犯罪行为人的真实情况才能一步一步地详细说明与具体化……这个核心人物不是在所有行为构成中都会以同样的方式被确定为核心人物的"。②罗克辛将正犯类型区分为三种：控制犯罪、义务犯罪、亲手犯罪，不同的类型中决定性的内容各不相同。控制犯罪中决定性的角度是行为控制，控制犯罪导

---

① 参见黎宏：《刑法学》，法律出版社 2012 年版，第 304~305 页。

② ［德］罗克辛著：《德国刑法学总论（第 2 卷）：犯罪行为的特别表现形式》，王世洲译，法律出版社 2005 年版，第 11 页。

致犯罪实现的人就是犯罪的核心人物；义务犯罪中的核心人物是违反特定的不是每个人都要履行义务的人；亲手犯罪中的核心人物是那些亲手实现了行为构成的人。

对于身份犯共犯问题，罗克辛特别解读了德国刑法典第26条、28条第1款、第2款以及第29条①之间的关系，在此基础上结合他构建的正犯体系，形成了身份犯共犯理论的新解读。德国刑法典第28条、第29条都规定了身份犯共犯问题，并且也都意味着对共犯(完全)从属于正犯原则的放宽，第28条规定了对不具备特定个人特征的共犯予以减轻处罚的规则，第29条则规定了罪责要素起独立评价作用的规则。从这两个条款中，可以发现第29条对从属性原则的放宽位于罪责领域，即在罪责领域内共犯不再从属于正犯(限制从属性原则)；而第28条第1款则能够体现出不法领域中的从属性原则放宽，但放宽的内容仅仅限于刑罚方面(相对于德国刑法第26条来说，这种放宽就能体现出来)，不法的内容依然是从属性的(连带的)。第28条第1款体现出的实际上还是从属性的原则，但第2款则体现出的是独立性的原则，这与第29条体现出的独立性原则是一致的。在这里涉及的问题就包括了：第28条第1款和第2款是什么关系，以及第28条第2款和第29条是什么关系。首先在第28条内部的关系上，存在着共犯从属性与共犯独立性之间的矛盾，在日本也存在着类似的矛盾，违法身份与责任身份说以违法连带，责任个别的原理化解这种矛盾，但在德国刑法学界的主流观点看来，第28条第2款并不是指针对责任要素②，还涉及特别的个人不法要素，如德国联邦法院认为的"构成要件上的挪动"，普通人教唆警察利用职务实施身体伤害，普通人按照第26条(教唆犯)与第223条第1款(伤害罪)进行处罚，警察则

---

① 德国刑法典第26条(教唆犯)：故意教唆他人故意实施违法行为的是教唆犯。对教唆犯的处罚与正犯相同。第28条(特定的个人特征)：一、正犯的刑罚取决于特定的个人特征(第14条第1款)的，如共犯(教唆犯或帮助犯)缺少此等特征，依第49条第1款减轻处罚。二、法定刑因行为人的特定的个人特征而加重、减轻或免除的，其规定只适用于具有此等特征的行为人(正犯或共犯)。第29条(对共犯处罚的独立性)：数人共同犯罪的，各依自己的罪责受处罚，而对他人的处罚如何，对其无影响。参见《德国刑法典》，徐久生、庄敬华译，中国方正出版社2004年版，第12页。

② 责任要素要进行个别化的处理是完全可以接受的。

完完整整的适用第 340 条(职务上的伤害)进行处罚①。对此，罗克辛教授认为第28 条第 2 款不是一个适用行为构成的规则，而仅仅是一个"量刑的规则"②，在前述这个案例中，普通人也应当按第 28 条第 1 款，第 26 条，第 340 条处罚，但在减轻处罚时保持在第 223 条第 1 款的范围之内。

论及此处似乎罗克辛教授对德国刑法典第 28 条第 1 款、第 2 款的解读对应了违法身份与责任身份的区分理论，但随着对第 28 条第 2 款与第 29 条之间关系的展开，可以发现二者并不相同。违法身份与责任身份的理论严格按照"违法连带、责任个别"的原理展开，无论是构成的违法身份还是加减的违法身份，都是起着连带作用，从前述罗克辛教授对第 28 条第 2 款的解读来看，他的观点与之相一致。但违法身份与责任身份理论认为无论是构成的责任身份，还是加减的责任身份都是起着个别化判断的作用，对此，罗克辛教授的观点并不一致。罗克辛将罪责要素区分为了为刑罚提供依据的罪责要素与调整刑罚的罪责要素(加减的罪责要素)，其中调整刑罚的罪责要素无论是适用第 28 条第2 款，还是适用第 29 条，结论都是一样的，但为刑法提供依据的罪责要素，划归到不同的条款项下就会得出不同的结论③，并认为将此种罪责要素划归到第28 条项下是更合理的。换句话来说，罗克辛认为构成的责任身份不应当个别化判断，而应当跟违法身份一样，起连带作用，因为不具有构成责任身份的行为人间接地以满足行为构成的形式对受保护的法益进行了攻击，必须受到惩罚，虽然根据罪责原则每个人都只根据自己的罪责受惩罚，但并不意味着前述情形下必须有着与身份者一样的罪责才能受到惩罚，无身份者的特别的罪责缺失会在量刑时体现出来。

---

① 参见金德霍伊泽尔著：《刑法总论教科书》，蔡桂生译，北京大学出版社 2015 年版，第 396 页。

② 罗克辛著：《德国刑法学总论(第 2 卷)：犯罪行为的特别表现形式》，王世洲译，法律出版社 2005 年版，第 183 页。

③ 例如德国刑法第 90a 条规定的恶意蔑视对国家或宪法秩序中的"恶意蔑视"就是一个为刑罚提供依据的罪责要素，在自己没有这种恶意但却帮助他恶意污蔑的情况下，按照第 29条，这个帮助者不受刑罚处罚，但按照第 28 条第 2 款，帮助者就具有了刑事可罚性。罗克辛著：《德国刑法学总论(第 2 卷)：犯罪行为的特别表现形式》，王世洲译，法律出版社 2005 年版，第 178 页。

对特别的个人特征区分出不法要素与罪责要素作为义务犯理论的前奏，引出了什么是"特别的个人要素"，为什么在这个领域内要对从属性原则放宽，给予不具备特征的人以减轻处罚或从严处罚的特殊对待的问题。罗克辛基于功能主义刑法观作出的回答是："实行人的一个符合资格的义务地位，让教唆人和帮助人显示出比习惯性（理解为一般性更为妥当，本书注）参加人更少的值得刑罚性。"①但罗克辛同时也指出，并不是所有的义务地位都是这种类型，作为立法者眼中的典型实行人轮廓就不是第 28 条中的特别的个人要素，其所负有的义务属于一般义务，不应当适用第 28 条。更为重要的是，罗克辛指出了关涉特殊义务地位的这类犯罪（义务犯）的决定性内容是对于特定义务的违反，此时对于犯罪核心人物的判断就不是依据物本逻辑的自然行为与因果贡献，而是有义务者对义务的违反，这表明无论身份者与非身份者共同进行相关犯罪时，身份者实施的具体行为是什么，身份者都始终是犯罪的核心人物（即正犯），这就将身份犯共犯理论的规范论内容推到了正犯准则的层面。而另一位著名的功能主义刑法的倡导者雅各布斯教授则将这种路径进一步推到了归属基础的层面，将义务犯对应到了犯罪的本质上去，并对义务犯的范围作了重新的界定和划分，即使是在立法规定上没有凸显出特别义务的犯罪，但如果其归责基础对应的是制度管辖，就也可以成为义务犯，而传统理解上的义务犯（身份犯），如果规则基础并不对应制度管辖，那它就不是义务犯，不应当以义务违反作为正犯准则。

雅各布斯教授与罗克辛教授的对义务犯正犯准则的观点是一致的，差异之处主要在于对归责基础理解的不同，从而导致他们对义务犯的范畴理解不同。罗克辛教授并没有将义务犯理论深入到归责基础上去，因而主张所有的身份犯都是义务犯，但基于典型实行人轮廓不应适用德国刑法第 28 条，且作为加减的罪责要素的特别个人特征，与其他普通犯罪中的加减罪责要素处理并无不同。而雅各布斯教授则认为仅有部分身份犯（基于制度管辖的）属于义务犯，一些非身份犯也可以是义务犯（图 4-2）。

---

①　罗克辛著：《德国刑法学总论（第 2 卷）：犯罪行为的特别表现形式》，王世洲译，法律出版社 2005 年版，第 191 页。

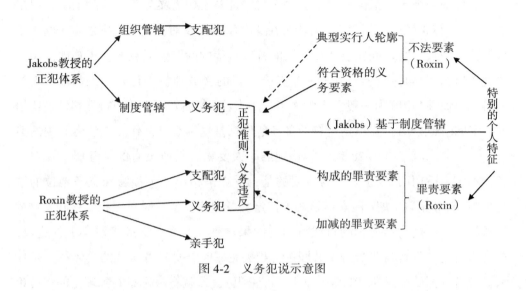

图 4-2 义务犯说示意图

三、义务犯理论路径的选择及理由

规范论式的身份犯共犯理论相比较于真正身份-不真正身份的形式化身份犯共犯理论而言，具有理论路径上的优势。作为传统理论路径的真正身份犯与不真正身份犯区分说，总体呈现出了较为混乱的局面，对真正身份与不真正身份的区分标准差异，加上对共同犯罪的不同认识，使得对这个问题的讨论缺乏形成统一理论的基础。究其原因，主要是因为建立在形式化区分基础上的真正身份犯与不真正身份犯概念没有揭示出身份犯的实质内涵，因而每个学者都可以根据自己的理解对这种形式划分作出标准，但究竟哪种标准是更加合理的，没有评判的标准。在具体问题的解决上，基本也呈现出的是概念式的演绎思维的导向，首先确定下真正身份犯与不真正身份犯的各自概念与区分标准，进而通过套用概念进行逻辑推演，分析刑法分则中的身份犯的形式是属于哪一种类，然后基本根据真正身份犯中有身份者与无身份者连带承担罪刑，不真正身份犯中各自处罚的规则进行处理。看似流畅的推理逻辑却形成了各自封闭的理论路径。在具体问题的处理上，当不同的学者在认识上出现分歧后，只能继续根据这样的逻辑推演进行下去，从而得出各不相同的结论，在一些复杂的问题上（如身份者教唆、帮助非身份者实施身份犯罪，或不同身份者共同实施身份犯罪），大多也只是做出立场选择后在封闭的逻辑场域内进行论证，虽然观点林立，却难以在彼此之间形成真正的交流与沟通。此外，真正身份犯与不真正身份犯的区分在德、日等大陆法系国家主要是基于刑法总则中的明确立法规定而构建的，这种构建本身就因为存在着独立性与连带性的矛盾而饱受争议，不少德、日学者在为如何弥合这两种分裂的规则作出努力，在引入这种理论构建的同时，其矛盾之处也同时进入，成为了不得不投入学术资源予以解决的理论障碍。

规范论式的解决路径则走出了真正身份犯与不真正身份犯区分的理论漩涡，从实质内容上对身份犯进行分析。违法身份与责任身份区分说将犯罪论的实体违法与责任对接到身份犯的内容当中来，以限制从属性理论的违法连带、责任个别原则来说明身份犯中分别存在着的连带性规则与独立性规则。这种实质化的路径是值得肯定的，说明了为什么在一些身份犯中对于非身份者应当以身份者构成的身份犯罪进行定罪和处罚，在另一些身份犯中对于非身份者又是以自己构成的罪名，独立性的进行定罪和处罚，相比较形式化的真正身份犯与不真正身份犯区分来说，更为合理。为此，我国也有学者在积极地倡导这种路径①，新近以来也有司法实务界的研究人员对此撰文表示提倡②。然而，以这样的方式进行理解，对于德、日刑法来说意味着将日本刑法第 65 条、德国刑法第 28 条作为了提示性规则，即原本根据理论通说的限制从属性就应当是这样处理，立法规定只不过是进行了提示，实际上没有存在的必要，西田典之教授就明确地表示了这样的观点："第 65 条第 1 款是当然的规定，并没有明确适用的必要。"③为此，在日本、韩国等国该理论遭到了批评，因为其架空了日本刑法中的总则性规定，转入了对各个具体罪名中身份性质是违法身份还是责任身份进行区分的研究。韩国刑法第 33 条也有着与德国刑法第 28 条、日本刑法第 65 条相类似的规定，对于违法身份与

①　参见陈洪兵：《共犯与身份的中国问题》，载《法律科学（西北政法大学学报）》2014 年第 6 期；周啸天：《身份犯共犯教义学原理的重构与应用》，载《中外法学》2016 年第 2 期。

②　参见白森：《共犯与身份问题研究》//陈兴良、车浩：《刑事法判解（第 20 卷）》人民法院出版社 2020 年版，第 15~27 页。

③　[日]西田典之著：《共犯理论的展开》，江溯、李世阳译，中国法制出版社 2017 年版，第 435 页。

责任身份区分说，韩国学者申冬云就认为"不法身份与责任身份的区分不明确，所以侵害了法的稳定性并具有放弃关于身份关系的总则性探讨后退到个别条文之解释问题上的问题点"。①

对于我国而言，由于我国并没有类似的立法规定，所以这并不是一个问题，但违法身份和责任身份区分说实际上并没有提供更多的新的东西，只是对限制从属性理论在身份犯问题上的展开，对于普通的犯罪而言，也遵循的是违法连带、责任个别的原则，这就使得身份犯的特殊性还是没能在理论构建中得到充分的考虑。此外，违法身份与责任身份区分说所得出的结论也并不完全符合我国司法实践中的价值取向，如我国提倡该理论的学者认为赌博罪中"以赌博为业"的职业性属于责任身份，因此"在非常习者教唆常习者赌博之际，只有常习者成立赌博罪，而非常习者不构成赌博罪"②，论者虽然只提到了教唆他人赌博，但显然帮助他人赌博的按照同样的逻辑也不应当认定为犯罪。但在 2005 年最高人民法院、最高人民检察院发布的《关于办理赌博刑事案件具体应用法律若干问题的解释》第 4 条中，明确规定了明知他人实施赌博犯罪而提供直接帮助的，以赌博罪的共犯论处，这就表明司法实务界并不认同构成的责任身份起个别化作用的原理，违法身份与责任身份区分说也未能对此予以合理地说明。

义务犯理论与违法身份、责任身份区分说有着一定的同向性（都是实质化的路径），但义务犯理论的涵盖面远不仅只是身份犯问题。由于德国刑法第 28 条的明文规定，以义务犯理论解读身份犯问题同样需要说明连带性和独立性的规则是如何适用的，在这种说明中区分出来的个人不法要素与个人罪责要素与违法身份、责任身份差异并不大，这也是为什么我国学者在提倡违法身份、责任身份的理论时，会认为德国刑法的立法与理论都为违法身份、责任身份的划分"提供了契机"③。不同之处在于，违法身份、责任身份理论并没有改变原有的基于物本逻辑的身份犯共犯认定思路，只是对身份起连带作用与身份起独立作用的划分注入了实质性的标准。但义务犯理论深入了犯罪论体系当中，对正犯理论进行了规

---

① 金日秀、徐辅鹤著：《韩国刑法总论》，郑军男译，武汉大学出版社 2008 年版，第 636 页。

② 周啸天：《身份犯共犯教义学原理的重构与应用》，载《中外法学》2016 年第 2 期。

③ 周啸天：《身份犯共犯教义学原理的重构与应用》，载《中外法学》2016 年第 2 期。

范论式的重构，因而，虽然义务犯理论在身份犯共同犯罪问题上也将身份犯从违法与责任的层面进行了区分，但区分之后更进一步地在其中发掘出了"符合资格的义务要素"，并指出对这类犯罪在正犯准则上就不再依照普通犯罪的"行为支配"原则，而是以"义务违反"作为正犯的判断依据。

相比较而言，本书认为义务犯理论是更值得关注的理论路径。在这种理论下，身份犯问题不再只是一个刑法教义学内部的逻辑演绎问题，而是对应了生活的真实情况，体现了价值评价的内容。本书在第二章中已经表明存在论式的刑法理论的局限，刑法理论应当向社会对接，从外部给予刑法理论新的视野，以打破在封闭的逻辑推演中出现的各种理论不断纷争，又难以进行评判的局面，为此，本书选择借鉴义务犯的理论构架，对身份犯共犯理论进行规范论式的重构。但义务犯理论自身并非完美无缺，如何防范雅各布斯教授的义务犯理论所暗含的主观主义风险，以及如何将义务犯理论与我国的刑法规定相衔接，是需要特别关注，并认真对待的问题。

第二节　身份犯共犯的正犯原理重构

一、身份犯共犯二元正犯准则的提出

对于身份犯的划分，显然对接到犯罪论体系中去的实质性划分更加合理，但仅只是在身份犯的划分标准上进行规范论式的重构，并不能完全解决身份犯的难题，尤其是本书第二章阐述的身份犯在共同犯罪理论当中的困境。将身份区分为违法身份和责任身份或是不法身份与罪责身份，可以看做是对身份区分标准的更新，这种更新存着这样一种潜质：将真正身份以违法身份的判断标准重新赋予内容，不真正身份以责任身份的判断标准重塑，从而在继续保有真正身份与不真正身份的理论构架基础上进行改造，基于真正身份与不真正身份的区分标准尚未有统一共识的前提，进行这种改造是可行的，也是易操作的。但这种简易的操作还是没有深入到身份犯的核心问题当中去，即身份犯的评价准则到底是什么，或者说以什么标准来决定身份犯的正犯？只有解决了这个问题，才能看清楚身份犯共同犯罪的构造。

（一）物本逻辑的正犯准则在部分身份犯中的失灵

对正犯的判断始终是共同犯罪认定中的关键问题，但在身份犯共同犯罪问题中，学界专门对此进行讨论的并不多，大多数学者都是以普通犯罪的正犯准则来解决身份犯问题。按照形式的客观说，正犯是亲自实施了构成要件行为的实行人，没有亲自实施构成要件行为的帮助者、教唆者就只能是狭义的共犯。形式的客观说虽然可以较好的维护构成要件的定型性，但是它无法合理地说明组织犯、间接正犯问题，在身份犯问题上同样也无法给出合理的方案。例如有公务员身份的丈夫教唆、帮助无公务员身份的妻子索取贿赂，丈夫并没有实施受贿罪中"利用职务上的便利，索取他人财物"的行为，不符合形式上的正犯标准，妻子因为不具备身份，也不可能成为受贿罪的正犯，就可能出现丈夫和妻子都不构成受贿罪而不受处罚的不合理结论。如果出于刑事政策的考量，将丈夫认定为受贿罪的帮助犯或教唆犯，则又出现了"无正犯的共犯"，这与共同犯罪的基本结构，以及共犯对正犯的从属性相违背。支持形式客观说的学者为了缓解这种困局，认为丈夫在上述情形下实施了实行行为，因而是正犯，"丈夫虽然没有直接收受贿赂，但受贿罪的构成要件并不是单纯地接受财物，而是要求利用职务上的便利……可以认为是甲的行为支配了对职务行为不可收买性的侵害"①，暂且不说这种观点还是否属于对形式客观说的坚持（行为支配概念显然就已经突破了正犯必须亲自实施构成要件行为的标准），其对受贿罪的构成要件的理解就存在着疑问。在受贿罪等职务犯罪当中，"利用职务上的便利"不应当被看做是一个独立的行为，"利用职务上的便利收受贿赂，只是意味着国家工作人员所收受的财物与其职务行为具有关联性……而不意味着利用职务上的便利本身是一个实行行为。"②为此，丈夫利用职务上的便利，但并未（索取）收受财物的情况下，从形式上不能说其实施了实行行为，妻子虽然（索取）收受了财物，但没有职务上的便利可以利用，形式客观说对构成要件定型性的坚持使得它无法自圆其说地解决这类问题。

---

① 钱叶六：《双层区分制下正犯与共犯的区分》，载《法学研究》2012年第1期。
② 张明楷：《单一行为与复数行为的区分》，载《人民检察》2011年第1期。

实质的客观说对正犯的判断采用了行为是否具有重要作用或是否支配了整个犯罪因果流程的实质性标准，一定程度上缓和了形式客观说的僵硬性，但正如前文所述，实质客观说依然还是以存在论的物本逻辑为基础的，虽然行为人没有直接表现出构成要件所要求的行为，但要求行为人的行为在因果贡献力上的作用已经等价于实施了构成要件行为，这样才可以抛开行为人具体实施的行为的内容，而从其行为的效果上将其评价为正犯。实质的客观说可以较好地解决组织犯、间接正犯、共谋共同正犯等问题，但在身份犯共同犯罪问题上，这种实质化程度还是不够。仍旧以有公务员身份的丈夫教唆、帮助无公务员身份的妻子索取贿赂为例，丈夫的教唆、帮助行为从自然因果的角度来看，显然不及妻子的具体的实施行为(如丈夫在家里暗示妻子索贿，妻子实施了整个联系行贿人、收取贿赂、处理贿赂的一系列行为)，丈夫的行为在因果贡献上仅只能说具有条件关系，但还未到支配整个事件因果流程的程度。要将丈夫的行为看做是核心(重要)行为，就不得不脱离开自然因果贡献力的判断，而从更为规范的角度去评价。

我国主张违法身份与责任身份的学者，对于身份犯的正犯准则依然坚持存在论的视角，主张实质的客观说，但又认为有身份者始终是犯罪的核心，"在违法身份犯的共犯中，在成立犯罪的基础上，违法身份者始终是正犯"[①]，这样的结论在逻辑上看是需要斟酌的。一方面，"在成立(违法身份)犯罪的基础上"的判断已经跳过了身份犯共同犯罪中的难题——身份者与非身份者的行为整体上要如何评价，如有身份者教唆、帮助无身份者实施身份犯的行为，是否构成身份犯罪？要对这一难题进行回答首先就要明确谁是这个犯罪整体中的核心人物，在没有确定核心人物的前提下，如何能够确定成立身份犯？这当中显然存在着预设谬误。另一方面，"违法身份者始终是正犯"的论断似乎可以打破前述谬误，但为什么违法身份者始终是正犯？通过将身份犯区分为违法身份与责任身份无法说明，运用实质客观说也无法说明。为什么在罗克辛教授与雅各布斯教授的正犯体系中，对义务犯单列一块，正是因为他们认识到了义务犯不同于一般犯罪的正犯准则。

---

① 周啸天：《身份犯共犯教义学原理的重构与应用》，载《中外法学》2016年第2期。

（二）二元化正犯准则的采用

在身份犯问题上，到底应该采用什么样的正犯准则，这不应当从教义学内部进行推导，而必须要充分考虑身份犯的特殊结构、所对应的社会基础。正如前文所述，身份犯所对应的社会结构是多元的，既有对应个人原子式的社会结构类型，也有对应共同体式的社会结构类型①，在不同类型的社会结构中，人们所履行的社会义务类型并不相同，因而对行为人实施行为进行评价的标准也不相同。为此，以一种正犯准则对身份犯进行评价是不合适的，否则异质性的成分不仅会使得共同犯罪理论出现困境，也难以对身份犯共犯问题作出清晰、合理的解释。义务犯理论是功能主义刑法理论的产物之一，能够使得相关的刑法领域对接到社会生活当中去，克服逻辑推演式的刑法理论的封闭性，本书认为这种理论路径更为可取。在此基础上，本书主张对身份共同犯罪中的正犯准则进行二元化处理，具体阐述如下：

首先按照身份犯的本质以及身份所对应的不同社会结构，可以将身份犯类型化区分为法益依附型身份犯与义务依附型身份犯②。其后，法益依附型身份犯所对应的社会结构是个人原子式的结构，此领域内以不得伤害他人为主要的义务类型，行为人的违法性只能通过侵入他人的权利领域，自然因果上支配了整个侵害法益的犯罪流程才能实现，无身份者不具备这样的事实意义上的支配性的能力。法益依附型身份犯的正犯准则与其他普通犯罪无异，都应当以支配、重要作用等物本逻辑上的贡献大小作为评判正犯的依据，如需具备男性身份的强奸罪、需具备被依法关押的罪犯身份的破坏监管秩序罪、脱逃罪、需具备投保人、被保险人身份的保险诈骗罪等，在这类犯罪中，一般情况下基于行为人的客观能力以及立法对犯罪主体的划定，无身份者无法在因果关系上支配犯罪，但无身份者可以与有身份者一起实现共同支配。如果身份者没有实现对犯罪的支配，则不能被评价为相应的身份犯罪。例如，狱警将被自己关押的亲属运送至某一偏僻场所，让其逃脱，该亲属虽有逃脱的意思但内心胆怯，狱警将其推下车后开车离开。在整个

---

① 具体可见本书第二章第二节。
② 具体可见本书第三章第三节第三部分。

脱逃的行为中，狱警起着支配性的作用，被关押人员不具备支配地位，就脱逃罪而言，身份者欠缺正犯性（对犯罪的支配），因而整体犯罪行为无法充足脱逃罪的构成要件①。

而义务依附型身份犯，所对应的社会结构是共同体式的社会结构，承载着共同构建的义务，行为不仅仅是不能侵入他人的领域实施侵害他人权利的行为，而是对义务者有着更高的要求，行为人没有履行这种已经由社会成员所共同接受的、更高的、共同构建的要求，就已经表征出来了对社会，对其他人的侵犯，不再要求有物本逻辑式的实体侵害。对于义务依附型身份犯，应当以义务违反为正犯准则，即无论行为人客观实施的行为是什么，只要其能够表现出违反了特定的一身专属的义务，就已经具备了正犯地位。例如，具备公务员身份的丈夫教唆、帮助不具备公务员身份的妻子索取贿赂，此时丈夫在自然意义上的教唆或辅助行为不是评价的重点，因为其教唆、辅助行为已经表征出其违反了公职人员的廉洁义务，就应当被评价为核心人物（正犯），妻子在自然意义上的实施行为，只能被评价为帮助行为。

概括来说，就是要将身份犯中的义务犯区分出来，以义务违反作为正犯准则，其他的不具备这种特殊义务资格的身份犯应当按照普通犯罪的正犯准则处理②。

此外，由于违法身份和责任身份区分说与义务犯说都采用的是规范论式的路径，在将身份犯区分为法益依附型身份犯与义务依附型身份犯之后，还可以再进一步地考虑其与违法身份犯和责任身份犯的关系，从而在正犯准则确立起来之后，明确正犯的身份对共犯起到什么样的作用。在义务依附型身份犯中，不存在

---

①　因为脱逃罪并不只是行为犯，因此被关押人员在被动逃脱后因此可能产生返回关押场所的义务，但此时已经与狱警的行为无关，而属于另一层面（被关押人员不作为）的行为性质考量。

②　在这一问题上，同样支持义务犯理论的罗克辛教授与雅各布斯教授的观点有所不同，罗克辛教授认为区分出与不要要素中的符合资格的义务要素与典型的实行人轮廓，以及罪责要素中的构成要素与加减要素，只是区别适用德国刑法第28条，即典型的实行人轮廓以及加减的罪责要素情形中，非身份者不得根据第28条第1款减轻处罚，但正犯准则都是义务违反。[德]罗克辛著：《德国刑法学总论（第2卷）：犯罪行为的特别表现形式》，王世洲译，法律出版社2005年版，第81页。雅各布斯教授则主张只有基于制度管辖的身份犯才是义务犯。本书认为应当将身份犯的区分对应到社会结构当中去，因而赞同雅各布斯教授的思路。

加减的责任身份，因为义务的违反一般情况下就意味着可罚性，身份也只能表征出行为人的可罚性基础，而不可能代表罪责的多少，即有身份者一般情况下违反了义务就是可罚的，非身份者无义务可以违反，就单独是不可罚的，这里只有"有"和"无"的区别，而没有"多"和"少"的区别。如果承认对参与义务依附型身份犯的非身份者的可罚性，则有身份者的身份始终对非身份者具有连带作用。在法益依附型身份犯中，既存在违法身份犯(如强奸罪)，也存在责任身份犯，但责任身份犯的范围实际上是非常小的。有的学者主张将刑法总论中的责任要素也视为责任身份的要素，如犯罪中止、未成年人、累犯等，并认为这种认定只是针对行为人实施的特定犯罪而言的，不会导致刑法分则所规定的所有犯罪都是身份犯①。这实际上是存在疑问的，因为刑法总则中的责任要素可以和任何一个犯罪相结合从而使得这个罪名成为身份犯，这就可能使所有罪名都是身份犯。虽然将责任身份限定在刑法分则，会发现在我国刑法中单纯只表征责任加减的罪名非常少②，但这是由法益依附型身份犯在立法上的设立原因所决定的，"支配犯的身份犯本来就是为了限制处罚范围而被规定的，几乎都没有基本犯可供对应，其身份又如何'使刑罚重处、轻处或者排除'地起作用"③。但对于少数存在的这样的责任身份，当然应当个别化地起作用，罗克辛教授以德国刑法第218条为例说明了这个问题，该条第3款规定了对于孕妇实施堕胎行为的，其处罚比其他让孕妇堕胎的行为人有所降低④，当丈夫教唆妻子堕胎时，妻子的刑罚减轻并不能及于丈夫，这是运用限制从属性理论原本就应当得出的结论⑤。我

---

① 参见周啸天：《身份犯共犯教义学原理的重构与应用》，载《中外法学》2016年第2期。

② 我国专门对违法身份和责任身份进行了类型化的学者周啸天博士也仅能找到刑法第361条第2款作为加重的责任身份。刑法第361条第2款规定，旅馆业、饮食服务业、文化娱乐业、出租汽车业等单位的人员，利用本单位的条件，组织、强迫、引诱、容留、介绍他人卖淫的，依照本法第三百五十八条、第三百五十九条的规定定罪处罚。前款所列单位的主要负责人，犯前款罪的，从重处罚。

③ 何庆仁：《义务犯研究》，中国人民大学出版社2010年版，第301页。

④ 《德国刑法典》，徐久生、庄敬华译，中国法制出版社2000年版，第161页。

⑤ 但本书认为罗克辛教授的观点也存在着一定的问题，即对于堕胎罪所保护的法益应当包括孕妇的生命和身体，而孕妇堕胎的在自己的生命和身体层面属于不可罚自伤行为，因为在违法性上有所减少，而不是纯粹的责任要素的减轻。

国刑法第 361 条第 2 款也可以被认定为是单纯表征责任增加的罪名，进而也应当个别化地起作用。

二、二元正犯准则在身份犯共同正犯中的展开

本书在第二章第二节中呈现了学界对于身份犯共同正犯问题的僵持局面，肯定说与否定说分别站在自己的理论角度上各执一词。要打破这种僵持的局面，首先要在方法论上明确路径，正如本文在多个部分所表示的那样，对于身份犯问题采用纯粹的存在论(物本逻辑)的视角进行探讨是难以做出合理解释的，应当充分考虑规范论视角上身份犯自身的原理和构造。在确立了身份共同犯罪的正犯准则后，有关身份犯的共同正犯问题就应当依据这一正犯准则展开，由于身份犯内部正犯准则的二元化，使得身份犯共同正犯的构成条件并不能一概而论。

(一)有身份者与无身份者共同实施身份犯罪

对于法益依附型身份犯，其正犯准则与其他普通犯罪无异，都是以支配、重要作用等物本逻辑上的贡献大小作为评判正犯的依据，为此，非身份者也可以具备这种同等的支配地位，只要其处于和身份者共同的支配地位，就应当可以与身份者一起构成共同正犯。以强奸罪为例，虽然我国刑法第 236 条没有将主体身份限定为男子，但一般都会认为只有具备男子身份才可以侵犯妇女的性自主权，妇女单独不可能侵犯此类法益。如果妇女不能成为直接正犯，似乎也不能成立共同正犯。不少学者认为，妇女可以成为强奸罪的共同正犯，因为妇女可以实施暴力、胁迫或者其他手段的部分强奸罪实行行为[1]，但即使不将妇女实施的行为解释为实行行为，同样可以确立其共同正犯的地位[2]。在共同犯罪的情况下，要成立共同正犯并不要求每个行为人都完整地、亲自地实施了构成要件，实质地来

---

[1] 参见张明楷：《外国刑法纲要》，清华大学出版社 1999 年版，第 326 页；黄明儒：《刑法总则典型疑难问题适用与指导》，中国法制出版社 2011 年版，第 437 页等。

[2] 从这一角度进行论证的原因是本书并不认同妇女实施的暴力、胁迫或其他手段是强奸罪的部分实行行为，虽然强奸罪主体的男子身份是立法者基于刑事政策的考量作出的限定，并未表征出特定的义务，但这种主体的限定就意味着立法者认为男子实施此类行为时才能导向对妇女性自主权的侵犯。将构成要件截取、拆分出实行行为的做法，破坏了构成要件原本的可罚性基础。

看，只要在共同犯罪中起到了相互配合、相互分担作用，共同侵害了法益，获得了机能的行为支配，即使行为人的行为并不属于构成要件当中所定型的实行，也可以成立共同正犯。例如二人共同抢劫，一人实施暴力与胁迫行为并取得了财物，另一人只是站在一旁随时准备加入抢劫，站在一旁的行为难以被解释为符合了抢劫罪的构成要件，但从整个犯罪发生的事实过程上来看，可以发现其所起到的作用(给被害人施加心理压力防止被害人逃跑，以及给另一同伙心理上的支持)非常大，已经具备了行为支配的效果，因而可以认定这种情形下的共同正犯。在法益依附型身份犯中，有身份者对法益的侵害表现为其行为在自然意义上对被害人权益的侵犯，侵入了他人的个人权益领域，在这一过程中，非身份者也可以加入这个因果流程当中来，甚至可以起到与身份者相等同的地位和作用，因而非身份者虽然单独无法实施此类身份犯犯罪，但仍可以与身份者一起成立共同正犯。

此外，还需要注意的一种特别情形是法益依附型身份犯中可能存在的责任身份犯，这种身份犯判断的外在依据为该身份犯有着对应的基本犯，基本犯并没有身份要求，一般人也可以实施。例如军人盗窃、抢夺武器装备、军用物资的成立盗窃、抢夺武器装备、军用物资罪，而普通人也可以实施此种行为，并有对应的基本犯形式——盗窃、抢夺罪。在这种情形下，依然可以肯定共同正犯的成立，并且由于此时身份属于责任的要素，已经被剔除出共同犯罪的层面(不法层面)，因而不论根据(部分)犯罪共同说还是行为共同说，都会得出身份者与非身份者在盗窃、抢夺一般物品的层面成立共同正犯，身份要素个别评价，因而身份者构成军人盗窃、抢夺武器装备、军用物资罪，非身份者构成盗窃、抢夺罪。

对于义务依附型身份犯，其正犯准则在于对专属一身的义务的违反，非身份者由于不具备此种义务，而不可能与有身份者一起成立共同正犯。有学者认为，在真正身份犯(包括本文所说的义务依附型身份犯)中，非身份者也可以实施部分实行行为，如受贿罪中的收取财物的行为，"在受贿罪的场合下，非国家工作人员可以实施索取或收受财物部分的实行行为，从而构成受贿罪的共同实行犯"[1]，这种理解是对受贿罪等身份犯的实行行为的误读，受贿罪中的索取或者收受财物的行为并不能直接从事实外观上评价为实行行为。如果按照这种逻辑推演下去，

---

①　郭竹梅：《受贿罪新型暨疑难问题研究》，中国检察出版社 2009 年版，第 167 页。

在国家工作人员教唆帮助非国家工作人员索取贿赂的场合下，非国家工作人员实施的行为是实行行为，国家工作人员的行为就只能被评价为帮助和教唆行为了，从而可能会导致无论国家工作人员还是非国家工作人员都不受处罚，毕竟身份的连带作用只能从正犯向共犯连带，而不可能相反。如果在这种情况下将国家工作人员也评价为正犯，就会发现对于非国家工作人员的实行行为进行的是事实的评价，而对国家工作人员的实行行为进行的是规范的评价，这里的评价标准本身就是矛盾的。也有学者认为，既然共同正犯的成立并不要求正犯实施构成要件行为，只要具备行为支配或重要作用即可，在受贿罪当中非身份者也可以起到重要作用，从而成为共同正犯。① 这种观点在法益依附型身份犯中是可以说明问题的，但在义务依附型身份犯中，正犯的准则不再遵循的是自然意义上物本逻辑式的作用大小(或行为支配)，而是规范论意义上的义务违反，"无身份者实施的形式上符合构成要件要素的行为，并不具备身份犯的构成要件行为所必须具备的，基于身份所实现的义务违反性"②，非身份者起到的作用是大还是小，并不重要，无论其起到的作用有多大，都只能被评价为实施的是帮助或教唆行为，而不可能被评价为正犯，因而非身份者不可能成为义务依附型身份犯的共同正犯。

(二)有身份者与有身份者共同实施身份犯罪

一般在讨论身份犯共同正犯问题时考虑的情形都是有身份者与无身份者能否成立共同正犯，对于有身份者与有身份者能否成立共同正犯似乎是不需专门考虑的问题，因为二者都具备特殊的主体资格，一般会被认为当然可以成立共同正犯。这在法益依附型身份犯中是可以成立的，既然无身份者可以通过机能的行为支配成为共同正犯，有身份者更可以获得这种行为支配而成为共同正犯。但对于义务依附型身份犯来说，这种论断就需要进行推敲了。

义务依附型身份犯中的义务是符合义务资格的特定个人要素，但不是具备同等身份的人都负有完全相同的义务，虽然具有同样身份的人都负有"共同构建"的

---

① 参见张明楷：《共同正犯的基本问题——兼与刘明祥教授商榷》，载《中外法学》2019年第5期。

② 林维：《真正身份犯之共犯问题展开——实行行为决定论的贯彻》，载《法学家》2013年第6期。

义务，但这种义务并不会始终以抽象的形态呈现，而是有特定指向性，落到每个人头上的义务内容就都是不同的。不得伤害他人的义务始终以具体的行为为媒介，通过禁止他人组织伤害行为来保护相关法益，不论是谁的行为伤害了这种法益，就都是违反了不得伤害他人的义务。而共同构建的义务在具体化过程中不以行为作为媒介，而是一般性地要求义务人保证积极的义务效果实现，这种义务的要求更高，为此这种义务的具体化重点在于对义务人的确定，而不在于对行为模式的固定，义务直接对应义务人，其他人对义务的履行不能替代自己的履行。例如，贪污罪的设立，意味着要求公职人员履行廉洁的义务，从而构建更好的政治生态与社会管理秩序，但每个公职人员都是在自己的领域内履行这一义务，甲公务员的廉洁义务不可能由乙公务员来履行，同样也不可能由乙公务员来违反。

为此，在义务依附型身份犯中，有身份者与有身份者实际上也不能构成共同正犯，而只能被认为是身份犯的同时犯。对这一结论可能会受到的质疑是：既然有身份者与有身份者无法成立共同正犯，而只能是同时犯，会不会出现处罚漏洞呢？例如甲公务员与乙公务员共同贪污了3万元，但由于二人不能成立共同正犯，不能将这一结果共同对二人归责，贪污的3万元就需要对二人进行拆分之后各自归责，但经过拆分之后每个人的贪污金额都不足3万元，达不到数额较大的标准，对二人就不能追究刑事责任，这样的结论似乎难以被接受。对此，需要指出的是，在义务依附型身份犯中正犯的判断依据并不完全是行为人的自然行为，行为人的自然行为只是其义务履行情况的表征，因此对于行为的危害结果应当考虑的是在义务违反范围内的归属。在前述情形下，行为人自己贪污的行为当然是违反了义务，行为人帮助他人、与他人共同配合贪污的行为同样是违反了自己的义务，为此，对于贪污的金额并不需要进行拆分，可以直接在双方义务违反（各自违反自己的义务，成为同时正犯）的范围内进行结果的归属。由于身份者与身份者之间是同时犯，还有可能产生的另一重疑问是：如果不构成共同正犯，就不能进行主犯、从犯的划分，进而无法在量刑上做出合理的安排。对此，本文认为这种担忧也是不必要的。在共同正犯中进行主犯、从犯划定的前提是认为正犯也可以是从犯，即次要的实行犯可以是从犯。但根据共同正犯"部分行为，全部责任"的原理，即使行为人在整个共同犯罪中实施的行为分量较小，也同样应当与其他行为人的行为结合在一起而对整个共同犯罪负责。在不法的层面上，共同正犯中每个行为人对结果归属都是一样的，有学者指出"次要的实行犯"这一说法本身就是矛盾的，更不可能将其认定为从犯①。即使在量刑时需要在正犯的法定刑幅度内进行个别化的考量，此时也是对行为人个人的具体罪责情况进行考察，这一过程并不需要比对其他共犯人的情况进行。

三、二元正犯准则在身份犯间接正犯中的适用

目前，对身份犯的间接正犯问题的讨论主要集中在身份者教唆、帮助非身份者实施真正身份犯时，能否将身份者认定为是间接正犯进行处罚上，在这一问题的探讨中出现了间接正犯理论被破坏的危机②，能否在不破坏间接正犯理论的基础上合理地解决这一问题呢？通过身份犯共犯理论规范论式重构后的二元化正犯准则是完全可以实现的，重塑的关键不在于对间接正犯理论的所谓"发展"，而是在于遵照身份犯的特殊结构所决定的正犯准则，在间接正犯的既有理论框架下解决问题。此外，身份犯间接正犯所涉及的问题不仅只是有身份者利用无身份者实施真正身份犯，还包括了无身份者利用有身份者，以及有身份者利用有身份者的情形，下面依次予以探讨。

（一）无身份者利用有身份者

无身份者利用有身份者包括无身份者利用有身份但没有故意的行为人，基于意思支配实施身份犯，以及无身份者在精神上、物理上强制支配了对行为有认识的身份者实施身份犯等情形。在这些情形下，无身份者能否成立身份犯的间接正犯，需要根据不同的身份犯类型分别予以判断。

在法益依附型身份犯中，无身份者可以利用有身份者实施对法益的侵害，进而成为间接正犯。法益依附型身份犯中的身份代表着其侵犯被保护法益的能力，或者表明了立法者基于刑事政策的考量将主体限定在典型的范围内，无身份者虽然自己无法侵害被保护的法益，单独成立相关犯罪，在间接正犯的情形下，原本

---

① 参见何庆仁：《我国共犯理论的合法性危机及其克服》，载《刑事法前沿》2012 年第 6 期。

② 可见本书第一章第二节第二部分。

对于实行行为的认定就是具有了规范性，所有的间接正犯中，行为人都没有实施构成要件中的实行行为，而是由于对犯罪的意思支配，视为利用了他人为工具实施犯罪才成为的正犯，无身份者完全可以通过利用有身份者实现对犯罪因果流程的意思支配。例如，妇女可以利用13岁的男性实施对受害妇女的强奸行为，成为强奸罪的间接正犯；又如非投保人可以利用投保人实施保险诈骗罪，成为保险诈骗罪的间接正犯①。

在义务依附型身份犯中，由于正犯准则的变化而使得判断的依据发生了变化，得出的结论应当是无身份者不成立间接正犯，要么应被认定为帮助犯或教唆犯，要么构成其他犯罪或不构成犯罪。有身份者要么是直接正犯（但无责任），要么因为缺乏故意而不构成犯罪。可以在以下假设的情形中予以说明：

情形1，甲（国家工作人员）的妻子乙（非国家工作人员）每日在家打骂丈夫，责怪丈夫收入太低，一日乙对甲以甲母亲的生命做要挟，要求甲从单位里将甲保管的公款窃取回家，甲无奈之下只有照办。在这种情形中，乙支配了整个犯罪的因果流程，能否将乙评价为间接正犯呢？答案是否定的，因为贪污罪属于义务依附型身份犯，正犯准则是义务违反而不是行为支配，而乙没有这样的义务可以违反，因为不可能成为间接正犯（虽然间接正犯的正犯认定是一定程度上"规范"化了的，并不要求行为人实施构成要件行为，但这种"规范"化仍然在物本逻辑的因果流程支配范围内。在义务依附型身份犯中，因果流程的支配不具有决定意义，也就无法给间接正犯提供基础）。此时，违背义务的仍然是甲，如果不构成紧急避险的违法性阻却事由，应当由甲成立正犯，妻子乙成立教唆犯，但甲由于期待可能性的缺乏等责任层面的考虑可以阻却责任，这样虽然最终是妻子乙一人构成贪污罪，但并非无正犯的共犯。

情形2，甲（国家工作人员）的妻子（乙）在丈夫不知情的情况下索取请托人的财物，并向甲推荐请托人，最终甲提拔了请托人。此时，由于甲不知情，没有故意而不具备违法性，甲虽有义务，但没有违反义务，因而不能成为正犯。乙虽然

---

① 参见徐开雷诈骗案，（2007）锡法刑初字第238号。大致案情为：徐开雷将自己的货车挂靠在运输公司名下，并以运输公司的名义向保险公司购买了保险，但实际上是徐开雷在运营这辆货车，并由徐开雷支付了保险等相关费用。后来徐开雷虚构保险事故，并通过运输公司（投保人）向保险公司骗取保险金，并最终被法院判定为构成保险诈骗罪。

利用了甲的行为支配了犯罪因果流程，但如情形 1 中一样，因为不具备身份不能成为受贿罪的间接正犯，在我国刑法分则没有设立利用影响力受贿罪之前，乙的行为就是不构成犯罪的，也正是因为出现了这样的处罚漏洞，刑法分则专门设立了利用影响力受贿罪，最终的结论就应当认定乙为正犯，构成利用影响力受贿罪，甲则无罪。

（二）有身份者利用无身份者

按照间接正犯固有的含义，有身份者利用无身份者可能构成间接正犯的情形是有身份者对无身份者形成了意思支配，无身份者不存在规范障碍（即"行为人具有规范意识或者了解犯罪事实，具有形成抑制违法行为之反对动机的可能性"①）的情形下，利用无身份者实施身份犯。对此，同样需要区分为法益依附型身份犯与义务依附型身份来分别进行分析。

在法益依附型身份犯中，需要区分具体的情况进行分析。在法益侵害依托于行为人的特殊能力时，有身份者利用无身份者实施身份犯是难以想象的，如男子无论如何不可能自己完全不参与，利用女子完成强奸行为，虽然法益依附型身份犯的正犯准则与普通犯罪无异，但立法在设立这类身份时考虑的就是不具备这种身份的人在事实层面上不可能实施犯罪。而对于身份只是代表典型实行人的法益依附型身份犯，无身份者在事实上具备实施相应行为的能力，如在保险诈骗罪中，投保人可以利用不知情的第三人替其办理保险理赔，因而身份者利用无身份者实施相关犯罪时，身份者可以被认定为间接正犯。

在义务依附型身份犯中，身份者利用无身份者时不应当以间接正犯处理。非身份者虽然可以在事实层面实施类似于实行行为的行为，如在受贿罪当中，非身份者也可以收受财物，同时由于无身份者对整个犯罪没有认识，似乎就是有身份者的意思支配了整个犯罪行为，应当以间接正犯论处。但在义务依附型身份犯的正犯准则不是行为支配，而是义务违反，身份者的这种支配不具有评价性的意义，有身份者的意思支配所表征出来的义务违反足以让其具备直接正犯的地位，不再需要以间接正犯的理论对身份犯进行处罚。为此，无身份者由于缺乏规范障

---

① 黎宏：《刑法总论问题思考》，中国人民大学出版社 2009 年版，第 102 页。

碍不受处罚，而有身份者可以独自构成相关犯罪的直接正犯。

需要特别注意的是这样一种特殊情形：无身份者并不缺乏规范的障碍，即存在着对行为的准确认知，此时有身份者对无身份者的利用不是典型的间接正犯的形态，但无论是在德、日等西方法律法系国家还是在我国，都有学者主张将此种情形以身份者构成间接正犯来处理，即"无身份有故意的工具"理论。之所以会有这样的结论是基于依照本来的共同犯罪理论，无身份者支配了犯罪的因果流程，应当具备正犯资格，但由于没有身份而无法成为正犯，有身份者虽然有身份，但只是实施了教唆或帮助行为，既没有实行行为，也没有支配犯罪的因果流程，因而也不能是正犯，这样就会出现因为没有正犯而既不能处罚非身份者，也不能处罚身份者的漏洞。为了填补这种漏洞，学界提出了不少方案，包括将非身份者评价为实行犯，身份者是教唆犯；身份者是教唆犯，无身份者是帮助犯，以及有身份者是间接正犯，无身份者是帮助犯等①，前几种方案的不足十分明显，要么非身份者不具备身份难以被评价为实行犯，要么在整个共同犯罪中没有正犯，间接正犯理论获得了较多的支持。"德、日刑法理论一般认为，利用有故意的工具的情况，也属于间接正犯。因为当目的与身份是构成要件的要素时，缺乏该构成要件要素的行为，就是不符合构成要件的行为；利用不符合构成要件的行为，成立间接正犯"②，这是从被利用者的特征角度阐述被利用者可以被视为工具的依据。从利用者（身份者）的角度来看，一般认为是基于身份者对犯罪行为具有扩张的行为支配，从而具有了正犯资格，同时由于行为不是身份者实施的，因而只能是间接正犯，"如果没有幕后操纵者的共同行为，犯罪媒介者自己根本就不可能实施犯罪行为……如果在此等情况下不想完全放弃刑罚——这将有可能导致明显的不公正——就必须将幕后操作者的在法律上具有的必要影响视为行为支配"③。但以间接正犯处理的方案也受到了不少反驳，最有力的观点在于：要成立间接正犯，被利用者必须不存在规范上的障碍，这样才能作为工具被利用，一旦被利用者具备了故意，就已经不再是工具，因而也不再是间接正犯的结构，德国有学者

---

① 参见舒洪水、贾宇：《共同身份犯罪探析》，载《政法论坛》2009 年第 27 卷第 2 期。

② 张明楷：《刑法原理》，商务印书馆 2011 年版，第 364 页。

③ ［德］耶塞克、魏根特著：《德国刑法教科书》，徐久生译，中国法制出版社 2001 年版，第 810 页。

认为这种对间接正犯理论的冲突产生了更大的荒谬，要忍受这种荒谬，还不如忍受处罚的漏洞，等待立法者来解决这个问题。①

但如果接受了义务依附型身份犯的正犯准则不是犯罪支配，而是义务违反的理论设定，对这个问题的解决就能够避免对间接正犯理论的破坏，这也是罗克辛教授认为义务犯理论的主要功绩之一，"借助对义务犯罪的承认，首先能够解决行为控制理论没有解决的一个问题：即借助一个无资格而有故意的工具而成为间接实行人的案件"②。既然义务违反是正犯准则，就意味着有身份者的具体行为是否在因果流程上支配了整个犯罪并不重要，其教唆或帮助形式的利用行为表现出了对义务的违反，因而身份犯本身就是直接正犯，具备了可罚性。非身份者有犯罪的故意，其"支配"犯罪的行为因为其不存在专有的义务，只能被评价为帮助行为。因而身份者成立身份犯的直接正犯，非身份者成立帮助犯。这样的处理即填补了原有理论的处罚漏洞，又维护了间接正犯理论的基本框架，基于这样的优势，义务犯理论的方案近些年以来在我国刑法学界中的影响力也逐步扩展开来，取得了部分学者的支持③。

（三）有身份者利用有身份者

有身份者利用有身份者的情形相对来说较为简单，在法益依附型身份犯中判断出有身份者可以成立间接正犯并不困难，因为法益依附型身份以犯罪支配为正犯准则，行为人可以对犯罪过程进行意思支配，当然可以成立间接正犯。对比有身份者利用无身份者"实施"身份犯的情况来看，无身份者对于身份者来说可能无法成为"合格"的工具，有身份者就不可能利用无身份者作为工具完成身份犯罪，从而不能成立间接正犯。而在有身份者利用有身份者的情况下，因为被利用者也具备身份，这一工具是"合格"的，有身份者就可以利用有身份者支配侵害法益的

---

① ［德］韦塞尔斯著：《德国刑法总论》，李昌珂译，法律出版社2008年版，第307页。

② ［德］罗克辛著：《德国刑法学总论（第2卷）：犯罪行为的特别表现形式》，王世洲译，法律出版社2005年版，第82页。

③ 参见陈兴良：《身份犯之共犯：以比较法为视角的考察》，载《法律科学（西北政法大学学报）》2013年第4期，第84页；林维：《真正身份犯之共犯问题展开——实行行为决定论的贯彻》，载《法学家》2013年第6期。

因果流程，构成间接正犯。例如，甲（男性）利用有精神病的乙（男性）对妇女实施性侵，乙由于不具备认知能力而不存在规范障碍，甲正是利用无规范障碍的乙在事实上完成了犯罪，此时，甲应当成立强奸罪的间接正犯。

在义务依附型身份犯中，应得出的结论是：有身份者利用另一身份者实施身份犯不能成立间接正犯，这还是与义务依附型身份犯的特殊正犯准则有关。可以一个假设案例来说明：丙的待审批事项由国家工作人员甲负责，甲对同为国家工作人员的妻子乙谎称借了 5 万元给丙，现在要丙还钱，但自己不方便出面，让乙代为与丙联系，要求丙还钱。乙在不知情的情况下跟丙联系，丙立马反应过来是甲在索贿，但为了获取自身利益将 5 万元以还款名义交给了乙，乙认为此款为还款，于是存入自己的银行账户。在这种情形下，乙由于事实认识错误而阻却了故意，但甲并不因此成为间接正犯中"利用不知情者的间接正犯"①。正如前文所述，义务依附型身份犯中的行为支配并不具有评价意义，重要的是身份者的义务违反，而义务具有的专属性决定了甲与乙都具有国家工作人员身份时，虽然在抽象的层面上都负有维护公职廉洁性的义务，但在具体内容上并不一致，甲的义务是维护自己公职的廉洁性，乙的义务也仅只是维护自己公职的廉洁性，乙并不能代替甲违反甲的义务。为此，甲的教唆行为实际上就是违反义务的正犯行为，乙由于不具备故意而不受处罚，甲应当成立受贿罪的直接正犯，而不是间接正犯。

第三节　身份犯共犯的参与原理重构

一、非身份者参与身份犯问题的再思考

（一）已有观点的回顾与评析

非身份者参与有身份者的身份犯罪当中，学界对此达成的基本共识是这种

---

① 马克昌：《比较刑法原理——外国刑法学总论》，武汉大学出版社 2002 年版，第 577 页。

情况下非身份者可以成立身份者的共犯，但在什么层面上成立共犯还是存有争议的话题。对于将身份犯区分为真正身份犯与不真正身份犯的学者来说，参与真正身份犯的非身份者应当按照真正身份犯进行处罚，这不存在争议，而非身份者对不真正身份犯的参与应当如何处罚，学界意见并不统一，有着分别定罪说与共同定罪说的分歧。主张分别定罪说的日本学者（小野清一郎、大谷实等）在形式的层面上主张遵从日本刑法第 65 条的明文规定，认为既然第 65 条第 2 款规定的就是个别作用的规则，自然应当分别定罪处罚①，我国台湾学者林山田认为不真正身份犯存在着对应的基本犯，有身份者与无身份者是在这个基本犯的构成要件范围内成立共同犯罪，因而无论是有一方参与另一方的犯罪，还是共同实施，结论都是一样的，即对于身份者另外适用变体的构成要件，对非身份者适用基本的构成要件②。相反的，共同定罪说主张有身份者与无身份者都应按照不真正身份犯定罪，但在量刑上无身份者是应当适用有身份者相同的量刑幅度然后减轻处罚，还是适用相对应的基本犯的量刑幅度存有争议③，由于本文已经表明了这种形式的区分方法是不可取的，因而对于其所主张的具体观点不再一一展开，但可以明确的是，不论是分别定罪说还是共同定罪说都难以逻辑连贯地解决这一问题。

共同定罪说始终处于罪与刑难以统一的困境中，如果主张非身份者和身份者都按照不真正身份犯定罪，且以不真正身份犯的法定刑幅度量刑，往往需要考虑立法针对非身份者做出的明确规定，从而对非身份者减轻处罚，但如何酌情减轻处罚是难以把握的问题，是应当酌情减轻至非身份者的刑法幅度，还是对比身份者适度减轻？在具体的依据上必须要结合身份犯的实质才能考虑清楚，而在真正身份犯与不真正身份犯这样的形式区分下，无法获得实质性的内容。对与非身份者和身份者都按照不真正身份犯定罪，但对非身份者在基本犯的幅度内量刑的观点，虽然可以在量刑上体现立法对非身份者处罚的专门性规定，却又会出现定罪与科刑相分离的更大的问题。分别定罪说则有着违反共犯从属性原则的危险，虽

---

① ［日］川端博著：《刑法总论讲义》，日本成文堂出版社 2013 年版，第 612 页。转引自陈洪兵：《共犯与身份的中国问题》，载《法律科学（西北政法大学学报）》2014 年第 6 期。

② 参见林山田：《刑法通论（下册）》，北京大学出版社 2012 年版，第 89~90 页。

③ 参见吴飞飞：《身份犯论》，载吉林大学 2007 年博士论文。

然以"变体的构成要件"来解释可以缓解这种危机，但仍旧存在疑问：在不真正身份犯中由于存在着基本的构成要件和变体的构成要件，因而在基本构成要件内形成了重合（图4-3），但为什么只能在重合的范围内让无身份者与有身份者成立共同犯罪，在超出的部分不允许无身份者通过从属于有身份者而形成共同呢？不能因为有了重合的部分就否认非重合的部分也可以形成共同犯罪，毕竟在犯罪参与的情形下，并不要求共犯与正犯之间有重合的部分（行为共同或犯罪共同），否则真正身份犯中无身份者就无法参与身份犯罪当中去了（真正身份犯中不存在这样的重合部分）。当不真正身份犯与真正身份犯的划分没有在实质上区分出责任身份时，始终无法合理解释这一问题。

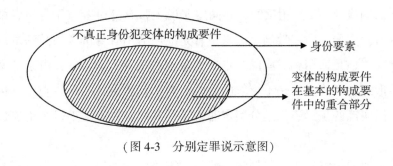

（图4-3 分别定罪说示意图）

违法身份与责任身份区分说依旧按照"违法连带、责任个别"的原则处理非身份者对身份犯的参与，对于违法身份犯，身份起着连带作用，非身份者构成违法身份犯的共犯，对于责任身份犯，身份起个别化的作用，因而最终得出的结论与分别定罪说是一致的。以日本刑法中规定的杀害尊亲属罪为例，其中的亲属身份属于责任身份，因而要独立的起作用，当张三教唆李四杀死李四的父亲时，张三成立故意杀人罪的教唆犯，李四成立杀害尊亲属罪的正犯，虽然二人的罪名不同，但由于根据限制从属性原则，共犯的从属性只存在于违法性层面，责任要素本来就应当个别化地起作用，因而不会破坏共犯的从属性。但这样的处理在构成的责任身份犯中不利于对犯罪的打击，难以取得司法实践的认同。例如我国刑法第303条对赌博罪的规定中有"以赌博为业"的内容，违法身份与责任身份区分说一般认为"以赌博为业"的职业性属于责任身份，为此对于教唆、帮助他人以赌博为业的，只能得出不受刑法处罚的结论。这样的结论对于打击和预防赌博犯罪显然是不利的，例如，张某在赌场附近开了一家饮食店，为了增加自己饮食店的营业额，成天怂恿、教唆他人前来赌博，甚至对当地的高中生进行教唆，并为前来赌博者借款，使得数十人（包括未成年人）染上赌博恶习，张某的行为对于赌博罪的法益——社会道德、社会风尚有着间接的侵犯，也应当要受到刑罚处罚才是合理的。正是基于这样的考量，2005年最高人民法院、最高人民检察院发布的《关于办理赌博刑事案件具体应用法律若干问题的解释》规定了为赌博提供直接帮助应按照赌博罪的共犯处理。

（二）非身份者参与身份犯的理论重构

如果按照本书的设定，将身份犯划分为法益依附型身份犯和义务依附型身份犯，可以较好地解决前述两种路径存在的问题。

在法益依附型身份犯中，无论是真正身份犯还是不真正身份犯，抑或是违法身份犯、责任身份犯，正犯的可罚性基础既然在于对侵害法益因果流程的支配，参与到这个支配过程中来的行为人也为法益受到侵害贡献了自己的因果力量，但其并没有实施构成要件行为，或者没有对犯罪形成支配，因而从属于正犯构成狭义的共犯（教唆犯或帮助犯）。在罪名的确定方面则不需要考虑是适用身份犯还是适用基本犯（如果有的话），因为既然参与的是身份者的法益侵害流程当中去，就应当共同在此范围内定罪，即使刑法分则对行为人单独规定了基本犯，但基本犯的设定也是在行为人单独实施此类行为时予以适用的，当非身份者加入身份者的犯罪流程当中去时，行为的性质已经发生了变化。唯一例外的是法益依附型身份犯中可能存在的单纯的加减责任身份要素，但正如前文所述，这种要素在刑法分则当中非常罕见，对于仅表征责任加减的法益依附型身份犯，还是应当按照责任个别化的原则处理。例如，对于我国刑法第361条第2款，我国支持违法身份、责任身份区分说的学者认为该条款规定的是加重的责任身份，因为无论是单位中的其他人员还是单位主要负责人员可能利用的本单位的条件是一样的，对法益的侵害程度不能体现出差异，对单位主要负责人从重处罚是基于其作为单位的负责人，应具备这样的管理能力不让本单位的条件被利用，具有更高的期待可能性。

为此，"在普通人①教唆旅馆业、饮食服务业、文化娱乐业、出租汽车业等单位的主要负责人实施组织、强迫、引诱、容留、介绍他人卖淫行为的场合，或者单位主要负责人教唆普通人实施上述行为的场合，仅从重处罚单位主要负责人而不得从重处罚普通主体"。② 这样的分析有一定的合理性。

在义务依附型身份犯中，由于不存在加减的责任身份③，非身份者参与身份犯的就应一律应当按照身份犯进行定罪量刑。存在挑战的问题是，反对义务犯理论的学者指出既然义务犯理论主张义务具有一身专属性，无身份者不能违反义务者的义务成为正犯，也就不能成为义务犯的共犯，"身份犯的主体负担某种身份具有而非身份者没有的义务，一旦违反了这一义务便成为可罚的……非身份犯的共同正犯性，不论在正犯原理上如何，已经是先验地被否定了。但是，如果将这样的思考方式贯彻到底，非身份者甚至不可以作为狭义的共犯来处罚了"。④ 对于参与义务依附型身份犯的非身份者不处罚，这是一种明显的处罚漏洞，也与各国的立法及司法情况不相符合，在我国，立法及司法中也已经统一了对非身份者共犯的可处罚规则⑤，如果理论与立法、司法状况均有冲突，是该理论最致命的缺陷，为此，如果要坚持义务犯理论在身份犯中的适用，就必须对此种质疑予以回应。

非身份者能否成为义务依附型身份犯的共犯，归根到底需要从共犯的处罚依据这里进行考察。从通说的折中惹起说⑥的角度，对共犯进行处罚有两方面的考

---

① 此处的普通人应理解为旅馆业、饮食服务业、文化娱乐业、出租汽车业等单位的人员。

② 周啸天：《身份犯共犯教义学原理的重构与应用》，载《中外法学》2016 年第 2 期。

③ 可见本章第二节第一部分(二)。

④ ［日］西田典之著：《共犯理论的展开》，江溯、李世阳译，中国法制出版社 2017 年版，第 407 页。

⑤ 如我国刑法第 382 条第 3 款明确规定："与前两款所列人员勾结，伙同贪污的，以共犯论处"。

⑥ 虽然对于折中惹起说也有学者提出了疑问，如王昭武教授主张共犯对正犯最小从属性的新混合惹起说，但此种理论扩张共犯的独立性，主要是为了解决共犯创造"利益冲突状态"及网络共同犯罪中正犯难以被确定的难题。参见王昭武：《共犯处罚根据论的反思与修正——新混合惹起说的提出》，载《中国法学》2020 年第 2 期。对于大多数一般情况下的共同犯罪来说，折中惹起说与混合惹起说的结论是一致的。

虑，一是行为人惹起了正犯的不法行为，由于正犯的行为侵犯了法益，因而从属性地从正犯的不法行为那里获得了可罚性，但这种从属性并不是行为人应当作为共犯处罚的全部根据，另一根据在于行为人同时通过自己的教唆或帮助行为，间接性的(以正犯的行为为媒介)侵犯了法益，即共犯本身也具有一定的独立的不法要素，只不过这种属于其自身的不法要素脱离了正犯行为的媒介就无法体现，因而共犯依然需要从属于正犯。非身份者在参与义务依附型身份犯的情况下能否成为共犯而受到处罚，关键就在于行为是否具有这两个层面的可罚性依据。

从从属性层面来看，之所以可以处罚共犯，是因为共犯惹起了正犯的不法，教唆犯使得没有犯意的人产生犯意，或者加强了原本就已经有的犯意；帮助犯则帮助犯罪人创造条件实施犯罪，如果不处罚这种教唆或帮助犯罪的行为，必然会造成促使犯罪发生的威胁因素大量存在。但之所以共犯要在这一层面上从属于正犯的不法而受到处罚，是因为共犯毕竟有着与正犯不同的结构——共犯没有实施构成要件行为。为此，从这一层面来说，共犯原本就不具备正犯所有的全部构成要件符合性，在共犯是无身份者的情形下，并不会因为不具备身份要素而不能成为共犯。正如贝林格所述："狭义共犯不需要充足全部的法定构成要件，特别是不需要那些具备高度个体性特征的构成要件要素。"[1]

从独立性的层面来看，在非身份者不具备可以违反的义务时，其实施的教唆与帮助行为的违法性从何而来呢？事实上，共犯在可罚性层面的独立性与正犯存在着差异，共犯存有的可罚独立性并不意味着从共犯单方面的角度就可以确定共犯可罚。共犯可罚的独立性的真正含义在于：正犯通过直接侵犯法益产生违法性，共犯则是通过了正犯的行为间接的侵犯了法益[2]，只要这种法益对于共犯而言也是受保护的，共犯就是可罚的，罗克辛教授的论断"只有在共犯者侵害了也

---

① 贝林著：《构成要件理论》，王安异译，中国人民公安大学出版社 2006 年版，第 176 页。

② 德国学者赫茨伯格从对于共犯的总则性规定中推导出共犯的独立可罚性——直接违反了禁止确认或帮助他人实施犯罪的刑法规范，在这个角度来看，身份犯共犯的可罚性就在于直接违反了前述刑法规范，因为身份犯罪也是犯罪。但这种观点只是一种形式化的理解，缺乏对共犯独立可罚性实质的考量。

针对他而加以保护的法益的场合，才存在法律上的共犯"①从侧面说明了这一点。义务依附型身份犯中，虽然只针对身份者设定了"共同构建"的义务，但并不意味着非身份者就可以完全置身事外，脱离共同体式的社会结构对其他社会成员的要求。义务者有义务承担积极的共同构建的义务，其他的非义务者应当提供必要的帮助，至少不能对社会共同体进行破坏，"制度性期待就不仅直接表现为期待有义务者遵守制度，也间接表现为期待无义务者不得参与他人破坏制度的行为之中"②，因此义务依附型身份犯所保护的法益对于非身份者来说也是受保护的，非身份者的教唆和帮助行为对义务履行的破坏就应当是可罚的。

二、身份者竞合参与难题的解决

（一）已有解决方案的不足与义务犯理论的优势

身份者的竞合参与是身份犯共同犯罪当中的难点问题，指的是共同犯罪中的行为人各自都有特殊身份，根据各自的身份构成不同身份犯罪的情形，也被称为混合身份犯罪。在将身份犯区分为真正身份犯与不真正身份犯的理论路径中，身份者的竞合参与主要指的真正身份犯的竞合参与，因为在不真正身份犯的竞合参与中，身份只具有量刑意义，对定罪影响不大，即使是在有着不同罪名的基本犯的情况下，主要考虑的也只是要分别定罪量刑还是共同定罪分别量刑的问题，并不存在真正意义上的竞合问题③。而真正身份犯的竞合参与则意味着每个行为人都具有特殊的身份，该身份在定罪上起作用，因而就会出现针对各自身份的身份犯竞相适用的情形。对于这一问题的解决，学界发展出了非常丰富的理论，但已有学说存在一些不足（图4-4）④，其中想象竞合说与义务重要者说值得特别予以分析。

---

① 转引自[日]高桥则夫著：《共犯体系和共犯理论》，冯军、毛乃纯译，中国人民大学出版社2010年版，第132页。

② 何庆仁：《义务犯研究》，中国人民法学出版社2010年版，第245页。

③ 在身份者与非身份者共同实施行为的情况下，（部分）犯罪共同说和行为共同说都会得出在基本犯的范围内成立共同正犯，然后再结合身份因素分别定罪量刑的结论，在一方教唆、帮助另一方实施的情况下，则会因为对共犯从属性的范围理解不同，而得出分别定罪或共同定罪的结论，但无论哪种，都不存在基本犯与不真正身份犯竞相适用的情形。

④ 相关观点的出处在本书导论第三部分有详细列举，此处为制表方便不再一一列出。

	主要观点	本文评析
主犯决定说	混合身份犯的性质应当由主犯决定，以主犯的犯罪性质为依据对具有不同身份的各个犯罪人定罪处罚。	有司法解释为基础，但与刑法第382条第3款相悖，且主犯作为量刑依据用来决定定罪，不妥。
分别定罪说	在不同身份者各自利用了自己身份共同实施犯罪行为的情况下，严格依照刑法的明文规定，按照各自的身份分别定罪，贯彻个人主义的责任原则，体现罪刑相适应。	清晰简明，但将应当是共同犯罪的混合身份犯强行拆分，违背共同犯罪的一般理论。
实行行为决定说	哪一身份者的行为是实行行为，则统一按照该身份定罪处罚。如果有两个实行行为，则根据身份的属性以更为特殊的身份决定犯罪的性质。如果两个实行行为之间存在着符合牵连犯的手段——目的关系，则根据牵连犯处理。	以实行行为决定犯罪属性有合理性，但有两个实行行为时，哪一身份更为特殊难以判定，以此确定共同犯罪的性质也没有明确的依据。
主实行行为决定说	身份竞合时有两个实行行为，应当以主要的实行行为决定整体犯罪的性质，如果不能区分出主实行行为，则应当根据部分犯罪共同说，在不同身份犯的重合部分成立共同犯罪，再按各自的身份分别定罪。	区分出主实行行为有利于明晰犯罪的层次和结构，但无法区分出主实行行为时，在部分犯罪共同说基础上的分别定罪前提存疑，不同身份犯未必有重合的部分。如受贿罪与非国家工作人员受贿罪。
主职权行为决定说	在两种纯正身份犯相互加功而实施共同犯罪时，应当定一个罪名，这个罪名一般应为为主的职权行为来决定，在两种职权行为难分主次时，按照"就低不就高"的原则来认定共同犯罪的性质。	为主的职权行为区分上有困难；无法区分时"就低不就高"缺乏依据，也可能造成罪刑失衡，如非国家工作人员伙同国家工作人员贪污，其职权行为处于次要地位时要定贪污罪，处于难分主次的地位时却只能定职务侵占罪。
想象竞合说	出现身份犯竞合时，每个行为人都成为自己身份所对应罪名的正犯，同时又是他人所触犯的犯罪的狭义共犯，最终应基于想象竞合犯的原理处断。	学界的主流学说，但内部机理还需加工。
义务重要者说	在身份犯的竞合情形下，具有不同身份的行为人成立身份犯的同时犯，其中义务重要者仅成立与其身份相对应的身份犯，义务次要者则除了成立自己身份的正犯之外，还成立义务重要者的身份犯的共犯，以观念上的想象竞合原理处理。	以义务犯理论为支撑，但义务主义者的思路一定程度上偏离了义务犯理论。

图4-4　身份者竞合参与的主要观点及本书评析

　　想象竞合说是当前学界的主流学说，但对想象竞合说进行分析，可以发现在该学说的内部也存在一些差异。

　　有的学者从整体性的角度，认为身份犯竞合下的不同身份者所涉及的两种身份犯是一种整体性的竞合，即具有不同身份的行为人作为一个整体，同时构成了两种真正身份犯，对这两种身份犯直接按照想象竞合的原理处断。具体来说，包括了身份的修正构成理论与实行行为共享理论的两种不同的论证方向，前者所采用的理论工具是修正的犯罪构成理论，即犯罪的未完成形态以及共同犯罪当中，行为人并未符合完整的构成要件，而是符合经过修正的构成要件，身份作为构成要件当中的主体内容，基于其性质也是可以被修正的，因而在真正身份犯共同犯罪当中，不具备此种身份的行为人可以符合修正的身份犯构成要件，"修正构成不仅可以修正基本构成的客观要件，而且可以修正基本构成的主体要件，在身份犯的修正构成中，身份不是犯罪的主体要件；无身份者同样可以符合身份犯的修正构成"。① 既然不具备此种身份的行为也可以符合身份犯的构成要件(修正后)，在身份犯竞合的情形下二人就同时符合了两种身份犯的构成要件。后者则是从非身份者也可以实施身份犯实行行为的角度出发，主张不同身份的行为人所实施的实行行为，也可以同时是另一身份犯的实行行为，此时直接在两个实行行为之间发生竞合。论者以贪污罪与职务侵占罪的竞合为例，认为非国家工作人员的侵占行为同时分担了贪污罪的实行行为，如果否认不同身份犯之间的实行行为竞合(即如果认为非国家机关工作人员只能成立贪污罪的教唆或帮助犯)，就可能出现非国家工作人员定贪污罪的帮助犯处罚轻于职务侵占罪的正犯，最终以职务侵占罪论处的结果，这违背了刑法立法(刑法第382条第3款)的明确规定②。

　　还有的学者从个别化的角度，主张身份犯的竞合是教唆犯或帮助犯与正犯之间的竞合，即在各个行为人具有不同身份的情形下，每个行为人都是一方面构成自己身份犯的正犯，同时又成立对方身份犯的教唆犯或帮助犯，在此身份犯的正犯与彼身份犯的教唆犯或帮助犯之间，出现了想象竞合③，依照从一重罪的规则

---

　　① 王作富、庄劲：《共同犯罪与构成身份新论》，载《人民检察》2003年第11期。

　　② 林铤：《混合身份共犯研究》，载武汉大学2012年博士论文。

　　③ 参见陈兴良：《刑法学关键问题》，高等教育出版社2007年版，第115页；张明楷：《刑法学》，法律出版社2016年版，第398页。

处断。

对于前述两种角度，本书认为个别化的角度相对更具合理性，整体性的角度存在疑问。从身份犯的修正构成角度来说，论者实际上是在假设不同身份者互为共同正犯，因为论者主张"从身份犯罪的修正构成出发，他们在共犯中都获得了对方的身份犯罪的主体资格"①，进而每个主体都有双重资格，在双重资格的情况下二人作为一个整体共同构成数个身份犯。然而，按照修正构成的理论，只能得出这样的结论：具有此种身份的行为人，可以成为彼种身份犯共犯，对主体资格构成要件的修正结果是使得不具备身份者也可以符合身份犯的构成要件，成为共犯，即不具备身份不妨碍成立共犯，但无法通过对构成要件的修正使得不具备身份者获得身份。这就与论者所述的身份犯的修正构成相矛盾，毕竟共同犯罪中的修正的构成并不能说明共同正犯问题，因为共同正犯本身就是符合构成要件的，"共同正犯不论是从犯罪主体的数量上，还是从典型行为的实施程度和造成的法益侵害状况上，似乎不是不充足，而是充足有余"②，既然不具备此种身份者符合的是修正的构成，就意味着其并未完全具备单独的构成要件（即不具备身份)，那又是从哪里获得了对方的主体资格呢？从实行行为的共享来说，本书在前述部分已经论述过，不具备此种身份的行为人实施的外观上类似的行为，并不能直接被认定为是该身份犯的实行行为，因而实行行为共享的思路也不合理。

从个别化的角度来看待这个问题虽然相对合理，但存在这样的疑问需要解释：为什么在身份竞合的情况下，不再区分行为人的行为的事实内容和形态，而直接认定成立各自身份犯的正犯。如国家工作人员与非国家工作人员共同侵占非国有公司财物的，并非都表现为双方密切配合，积极行动的"内外勾结"，也存在着国家工作人员主导整个侵占行为，非国家工作人员出于讨好而配合，但未瓜分赃款，此时为什么对非国家工作人员也可以直接认定为是职务侵占罪的正犯呢？对此，运用义务犯的理论可以较为充分地说明问题。

根据义务犯的理论，如贪污贿赂犯罪、职务侵占罪等义务违反型身份犯，其正犯准则在于义务的违反，而不是犯罪支配，行为人实施行为的具体样态原本就

---

① 王作富、庄劲：《共同犯罪与构成身份新论》，载《人民检察》2003 年第 11 期。
② 马荣春：《刑法诸问题的新界说》，中国检察出版社 2007 年版，第 201 页。

不是评价的重点，只要其可以表征出对义务的违反就可以使行为人具备了正犯性。为此，在前述情形中，即使非国家工作人员只是消极地配合，并未积极主动地与国家工作人员一起侵吞公司财物，也并未获得赃款，但其消极配合的行为就已经表征出了对义务的违反，足以使得其成为正犯，同时该行为又是对国家工作人员违反自身义务的帮助，进而可以被评价为贪污罪的帮助犯，二者属于想象竞合的关系，从一重罪处断。从国家工作人员的角度，也是同样的论证思路。

此外，运用义务犯理论解决身份竞合问题还可以将竞合的形态清晰化。在身份犯竞合的情形下，实际上有义务依附型身份犯与义务依附型身份犯的竞合、法益依附型身份犯与法益依附型身份犯竞合，以及义务依附型犯与法益依附型身份犯的竞合的不同类型，前两种由于正犯准则是统一的，相对较为简单，而后一种存在着两种不同的正犯准则，略显复杂一些，需要分别按照各自的正犯准则进行判断，然后根据身份犯之间的关系进行判断。例如，非国家工作人员与国家工作人员共同对国有保险公司实施保险诈骗罪，投保人、被保险人以及受益人作为保险诈骗罪的主体并没有表现出特别的义务违反属于法益依附型身份犯（因此现实生活中会有大量的不具备投保人等身份的汽车修理厂骗取保险金的行为存在）①，从保险诈骗的角度来看，谁支配了犯罪决定谁是正犯，基于立法者眼中典型的犯罪人形象，投保人、被保险人和受益人是当然的可以支配保险诈骗罪的，为此可以成立该罪的正犯，如果国有保险公司的工作人员起到了同等的支配作用，就应当与投保人、被保险人、受益人一起成立保险诈骗罪的共同正犯。从贪污罪的角度来看，只有国有保险公司的工作人员可以违反义务成为正犯，投保人、被保险人、受益人就只能成为狭义的共犯。在前述情形下，对投保人、被保险人、受益人的评价就应当是保险诈骗罪的正犯与贪污罪的帮助犯或教唆犯的竞合，对国有保险公司工作人员的评价则是保险诈骗罪的正犯与贪污罪的正犯的竞合。

---

① 周光权教授认为类似于投保人、被保险人和受益人的"不严格的不法身份或特定关系"相对于国有保险公司工作人员而言就是一种不重要的身份，因而只能以国有保险公司工作人员的身份决定整体犯罪性质。参见周光权：《论身份犯的竞合》，载《政法论坛》2012年第5期。本书认为这种对比有失偏颇，在国有保险公司工作人员的身份视角，在其可能构成的贪污罪中，投保人、被保险人和受益人或许是不重要的身份，但从保险诈骗罪的角度来看，该身份涉及的犯罪支配的问题，不存在身份重要不重要的问题，而在此种身份竞合中，实际上具有两层面向，为此是无法对比出谁的身份更加重要的。

（二）义务犯理论视角"义务重要者说"的修正

学界有学者从义务犯角度对身份犯竞合问题进行了深入的分析，但得出的结论是：义务重要者不成为义务不重要者的共犯，直接以义务重要者的身份决定整个共同犯罪的性质，义务重要者为正犯，义务不重要者为共犯的结论，即义务重要者说。本书认为这一理论似乎偏离了义务犯理论的真意，有反思与修正的必要。义务重要者说主要基于以下几个理由提倡该理论：其一，主张义务违反是义务犯的唯一违法要素，且由于义务具有一身专属性，仅有义务者可以成为正犯，不具备此种义务者不能成为正犯。其二，义务可以区分出重要和不重要的不同层次，对于重要义务者来说，不重要的义务承担者等于无身份者，对其应用犯罪支配的原理确立在共同犯罪中的地位。其三，重要义务者对于被保护的法益处于更高的保证人地位，因而其决定了整个身份竞合时共同犯罪的性质，其不再成立义务不重要者的共犯，义务不重要者可能存在基于义务重要者的身份(狭义共犯)和自身身份的身份犯竞合，但这种竞合只是观念上的，根据量刑规则完全可以达到罪刑相适宜，即使不用想象竞合原理也可以解决问题。

对此，本书认为至少有这样几个方面是值得商榷的：

首先，义务犯的违法要素是义务违反，这是义务犯理论的基本规则，但该规则仅仅只能在一个义务犯的范围内适用，即在某一个特定的义务犯的范围内，义务违反是唯一的违法要素，具有义务者才能违反义务，成为正犯。但"义务重要性决定(身份竞合时共同犯罪整体的，本书注)正犯性"①无法从义务犯的规则中直接推导出来，因为在身份竞合时存在着两种身份犯，如果两种身份犯都是义务犯的类型，那也只能推论出来各自具备身份者只能成为自己身份的身份犯正犯，而无法决定共同犯罪整体的性质，否则就是以局部替代了整体。

其次，论者主张义务可以区分出重要和不重要的类型，并提出不重要的类型属于"不真正保证人身份"，但这个概念是让人困惑的。保证人身份犯来自德国学者许迺曼教授的统一正犯准则的想法，他试图以支配概念统一义务犯、支配犯和组织犯，义务犯不再被称作为义务犯，而是以保证人身份犯取代之。所谓的保证

---

① 周光权：《论身份犯的竞合》，载《政法论坛》2012 年第 5 期。

人身份犯即是指：因为特定身份而对无助法益或危险源处以支配地位的行为人，基于这种"事前"的支配来决定正犯准则的犯罪类型①。所谓的不真正保证人身份，只能理解为对无助法益或危险源处于辅助的保证人地位，如论者所述的在国家工作人员和公司企业人员共同侵吞公司财物时，"对于公共财物这一法益客体的'无助状态'而言，国家工作人员乙的法益保护义务更重要"②。但这种理解是存在疑问的。同样以该例作为分析对象，贪污罪与职务侵占罪在该案中的犯罪对象可能是一致的，都是公司财物，但其保护的法益并不具有同一性。在掺入了国有资本的非国有企业当中，国有资产和非国有资产并非泾渭分明，而是二者相融合，在每一份财物上都处于按份共有的状态，在没有分割前无法进行明确的性质区分，因此，在国家参股或控股的非国有企业当中，企业资产同时兼具国有与私有两种属性，而这两种属性所对应的法益类型并不相同。从私有的属性来看，其对应的法益除了企业的财产权，还包括企业对员工的信赖；从共有的属性来看，其对应的法益除了国家公共财物的财产权，还包括了公务人员的廉洁性，因而针对同一犯罪对象，有两条平行的法益线，并没有重叠在一起。为此，二者对无助法益的事前支配内容并不相同，国家工作人员支配的是后者，企业人员支配的是前者，又如何能区分出哪个更重要，哪个不重要呢？换句话来说，"不真正保证人地位"是难以成立的概念，因为在义务犯当中，承担义务的行为人在自己的义务范围内都是真正保证人。正如论者所述，义务具有一身专属性，并不存在着数个人同时承担同一义务（同时对同一无助法益有保证人地位），如父亲和母亲都对子女的无助法益有保护的义务（处于保证地位），但二者是相互分离且独立的，父亲有父亲的义务，母亲有母亲的义务，并非二人共同承担这一义务，彼此也不能替代对方履行义务。为此义务犯不能成立共同正犯，也没有办法比较出义务重要者和义务不重要者，在一身专属的义务中，每个义务人都是重要者。

最后，以义务重要者决定整体犯罪的性质缺乏理论依据。认为相对于义务重要者而言，义务不重要者等于没有身份，因此义务重要者不能再成立义务不重要

---

① 参见陈志辉：《身份犯之正犯的认定——以德国义务犯理论为中心》，载《政大法学评论》2013 年第 13 期。

② 周光权：《论身份犯的竞合》，载《政法论坛》2012 年第 5 期。

者的狭义共犯的观点，存在着将身份不竞合的情形与身份竞合的情形混同的问题。论者在论证时以国家工作人员（甲）与公司企业人员（乙）共同受贿为例，认为甲指使乙索贿时，是甲的国家工作人员的职权决定了索贿的可能性，乙必须附着于甲的利用职务便利谋取利益才能实施犯罪，同时虽然乙也侵犯了公司利益，但更重要的法益是侵犯了公务廉洁性。① 在论者所述的这种情形中，假设了前提情形：乙的职务便利并不值得利用，只有利用了甲的职务便利才能完成索贿，实际上就是将乙作为了没有身份的一般人来看待。但事实上，如果乙根本没有利用职务上的便利，即乙没有就自己的职权进行"权钱交易"，那就不存在身份竞合的问题，而是单纯的"普通人"乙对甲的帮助。如果乙也要利用了职务上的便利，事实上甲离开了乙也无法完成整个索贿行为，甲同样要依附于乙才能完成犯罪，因而义务不重要者等于没有身份的论点是存在问题的。而在义务不重要者那里，论者认为不需要想象竞合理论，直接依照义务重要者身份犯的共犯处理即可，如果可能出现罪刑失衡，在量刑时纠正即可，这样的观点恐怕也是难以令人接受的。一方面，如果以义务重要者身份犯的狭义共犯处罚可能会轻于按义务不重要者的正犯处罚，论者提出可以在义务重要者身份犯狭义共犯的范围内从重量刑，缺乏法律依据；另一方面，在什么范围内从重量刑，如果是在义务不重要者的正犯刑罚幅度内量刑，似乎也会出现定罪与量刑相分离的现象。

综合而言，本书认为按照竞合的理论，运用义务犯的原理分别确定竞合的具体形态，再以罪数理论来处理身份者的竞合参与是更加合理的。但究竟是以想象竞合还是法条竞合的理论进行处理，则需要依据身份竞合时具体的情形。如果竞合的两个身份犯是法条竞合的关系，如国家工作人员与军人故意泄露军事秘密时，彼此都会出现故意泄露国家秘密罪与故意泄露军事秘密罪的法条竞合情形，则应当按照法条竞合的处理规则适用特殊法条；如果竞合的两个身份犯是想象竞合的关系，如国家工作人员与公司、企业人员共同侵吞公司财物的，双方都构成贪污罪与职务侵占罪之间的竞合，则应按照从一重罪的原理进行处罚。有学者认为如果竞合的两个身份犯之间除了牵连犯的关系，如保险事故的鉴定人、证明人、财产评估人故意提供虚假的证明文件，为他人诈骗提供条件，此时鉴定人、

---

① 周光权：《论身份犯的竞合》，载《政法论坛》2012 年第 5 期。

证明人、财产评估人与投保人、受益人、被保险人就同时出现了提供虚假证明文件罪与保险诈骗罪的竞合，但由于提供虚假证明文件与保险诈骗之间是手段与目的的关系，则应当按照牵连犯的原理从一重罪处断①，这种观点与立法的规定相一致，本文对此表示认同。

本 章 小 结

当前对于身份犯共犯理论的进行规范论式构建主要有两种不同的路径。传统路径对身份犯的区分采用的是形式的区分方法，未能体现出身份犯的实质内涵，学者们在论证的过程中也大多采用了封闭的逻辑推演方式，使得各种学说之间缺乏沟通与交流的入口，因而各学说虽然观点纷呈，却难以评判哪种观点更为合理。为了克服这一问题，有学者开始从规范论式的路径讨论身份犯共犯问题，其中之一就是将身份区分为违法身份与责任身份，然后根据限制从属性理论中"违法连带、责任个别"的原则处理身份犯共犯问题。这一理论揭示了身份犯的实体内容，有一定的合理性，但这种路径并没有在限制从属性理论之外提供更多的东西。还有一种规范论式的路径是义务犯理论，该理论主张在正犯体系中区分出义务犯与支配犯，由于义务犯与支配犯所对应的社会领域并不相同，义务犯就有着与支配犯不同的正犯准则——义务违反。在义务犯理论这里，身份犯问题不再是封闭性的逻辑推演问题，而是依托于功能主义的刑法方法对接到了社会的真实情况当中去，基于本书对规范论的主张，认为义务犯理论的路径是更值得重视和采用的路径。

身份犯共犯理论的重构，从正犯原理的角度来看，包括了身份犯共同犯罪正犯准则的确立、身份犯共同正犯理论重塑以及身份犯间接正犯问题的思考三个方面。对于身份犯共犯的正犯准则，首先可以将身份犯类型化为义务依附型身份犯与法益依附型身份犯，在义务依附型身份犯中采用义务犯理论，以义务违反为正犯准则，而在法益依附型身份犯中仍然以犯罪支配为正犯准则。对于身份犯共同正犯理论，在区分了义务依附型身份犯与法益依附型身份犯以后，分别可以得出

---

① 　王作富、庄劲：《共同犯罪与构成身份新论》，载《人民检察》2003 年第 11 期。

以下结论：有身份者与无身份者共同实施身份犯罪的情形下，义务依附型身份犯不能成立共同正犯(如贪污罪)，法益依附型身份犯可以成立共同正犯(如妇女可以成为强奸罪的共同正犯)；有身份者与有身份者共同实施身份犯罪的情形下，义务依附型身份犯依然不能成立共同正犯，而是身份犯的同时犯(因为义务具有一身专属性)，法益依附型身份犯完全可以成立共同正犯。对于身份犯间接正犯问题，在无身份者利用有身份者的情形下，如果是法益依附型身份犯，无身份者可以成为间接正犯，但在义务依附型身份犯中，无身份者不可能成为间接正犯。如果有身份者知道自己的行为内容，但出于精神强制而被迫实施，可以则因违反义务构成正犯，无身份者成立狭义的共犯，但有身份者可在责任阶层出罪(如缺乏期待可能性等)，如果有身份者对自己的行为内容认识有错误，则因为认识错误而阻却故意，不能成为正犯，无身份者要么构成其他犯罪，要么不构成犯罪。在有身份者利用无身份者的情形下，法益依附型身份犯中，有身份者利用无身份者实施身份犯是难以想象的。义务依附型身份犯中则有身份者直接因为违反义务成为正犯，而不是间接正犯。在有身份者利用有身份者的情形下，法益依附型身份犯中可以成立间接正犯，义务依附型身份犯不能成立间接正犯。

从共犯的参与原理来看，首先是非身份者对身份犯的参与，在法益依附型身份中，如果该身份不是纯粹的责任身份的话，非身份者应当成立身份犯的狭义共犯，在罪名上与身份者一致，无须考虑非身份者是否存在相对应的基本犯。在义务依附型身份犯中，需要着重论证的是，既然义务具有一身专属性，为何无身份者也能成为义务犯的狭义共犯。对此，基于共犯的处罚根据理论，从共犯的附属性不法的角度来看，共犯虽然不具备身份，但共犯促发了正犯的不法，共犯在此意义上原本就不需要具备所有的构成要件要素才是可罚的，而是从正犯那里获得了可罚性。从共犯的固有的不法来看，共犯的可罚性体现在共犯通过正犯的行为间接侵犯了法益，只要这种法益对于共犯来说是受保护的，共犯就是可罚的。在义务依附型身份犯中，非身份者虽然不承担义务，但同样不应当对社会共同体进行破坏，任何人在社会当中都不是孤立的，非身份者虽然无须积极构建社会共同体，但义务者履行义务的相关领域对于非身份者来说也应当要受到保护，为此非身份者参与义务者不履行义务的行为也具备固有的不法。其次是身份者的竞合参与，这是身份犯共同犯罪中的难点问题，目前学界对此问题形成了很多观点，以想象竞合说占据优势，但想象竞合说没有在内部分析中区分出义务依附型身份犯和法益依附型身份犯，具体的竞合形态并不准确，需运用义务犯的理论进行明晰化。此外，义务重要者说是义务犯理论在身份竞合问题上的运用，但得出的结论（以义务重要者的身份决定整体共同犯罪的性质，义务不重要者直接成为义务重要者身份犯的共犯）偏离了义务犯的理论，需进行修正。

第五章 重构后的身份犯共犯理论的运用

身份犯共同犯罪问题是一个司法实践当中的难题，而身份犯共同犯罪的理论探讨最终是为了在司法实践中可以运用相关理论解决问题，本书所主张的身份犯共犯理论同样需要经过实践的检验才能判定该理论是否合理。而实践的检验一方面体现为司法实务界是否采纳了这种理论，以及实践效果如何的反馈性检验，另一方面还包括该理论是否具有实践的可行性，包括适用的步骤是否合理，相关的判断是否有明确的标准等，这属于能否在实践中运用的可行性检验。前一种实践检验是理论构建者自身无法实现的，后者则是理论构建的重要组成部分。本章主要围绕规范论式身份犯共犯理论在实践运用中重点关涉的几个问题展开，包括如何区分身份犯类型、义务依附型身份犯正犯准则（义务违反）应当以什么为判定标准的定罪问题，以及量刑中如何将规范论式的身份犯共犯理论与我国的主犯、从犯概念相对接，对非身份者是否应当减轻刑罚的探讨，以期为规范论式身份犯共犯理论的实际运用打通关键环节，保障该理论的实践可行性。

第一节 重构后的身份犯共犯理论在定罪中的运用

一、法益型身份犯与义务型身份犯的区分

本书所构建的身份犯共犯理论，将身份犯区分为了法益依附型身份犯与义务依附型身份犯，并主张在不同的身份犯类型中采用二元化的正犯认定规则。在法益依附型身份犯中，以行为支配为认定正犯的标准，而在义务依附型身份犯中，

以义务违反作为正犯准则。问题在于，要如何区分法益依附型身份犯与义务依附型身份犯呢？这一问题是运用本书所主张的身份犯共犯理论的基础，也对应着解决身份犯共同犯罪问题的第一个步骤。

（一）法益型身份犯与义务型身份犯的区分标准

法益依附型身份犯与义务依附型身份犯最明显的区别在于是否有对应的特殊义务，为此，特殊义务存在与否就是区分法益型身份犯与义务型身份犯的基本标准。

首先，可以从相对应的社会结构上判断是否存在特别义务。义务依附型身份犯的特殊义务来源于其所对应的特殊的社会结构，法益依附型身份犯对应的则是另一种社会结构，这才导致了不同类型的身份犯在正犯规则上的差异。正如前文所述，社会结构可以大致区分为个人原子式的社会结构与共同体式的社会结构，法益依附型身份犯所对应的社会结构是个人原子式的社会结构，在这种结构下，重要的是对每个人固有的各项权利的保护。相对应的，对个人原子式社会结构中的社会成员所提出的要求也是最简单的不得伤害他人，每个人都拥有最大限度的自由（只要不侵犯他人，就是自由的）。而一旦行为人伤害了他人，就是入侵了他人的权利领域，就应当要受到处罚。为此，在法益依附型身份犯当中，并不会看到有什么特别针对行为人的义务，而是所有人都普遍需要遵守的"不得入侵他人权利领域，不得侵害他人"的义务，即使立法者对行为人的身份作出了特别的限定，也不是因为对这一类身份者有着什么更高的要求，有的是因为只有行为人具备这样的自然能力可以侵犯相关法益（如强奸罪中的男性身份），更多的是因为这类行为人是实施相应犯罪的典型主体，这种典型主体之外的主体实施相应行为并不是不能想象的。例如我国刑法第198条在第1至5款中具体列举的可以构成保险诈骗罪的主体，包括了投保人、被保险人或受益人，但除此之外的主体同样可以实施第198条规定的保险诈骗行为，甚至构成保险诈骗罪。例如行为人将自己的货车挂靠在运输公司名下，并以运输公司的名义向保险公司购买了保险，但实际上是行为人在运营这辆货车，并由行为人支付了保险等相关费用。行为人后来虚构保险事故，并通过运输公司向保险公司骗取保险金。在这个案件中投保人是运输公司，行为人虽然不具备投保人的身份，但同样可以虚构保险事故进行保险诈骗，并最终被法院判定为构成保险诈骗罪①，这就表明这一类身份并没有表现出特别的义务性质，仅只是立法者提供的清晰轮廓，立法者完全也可以把除此之外的行为人拉入到法律规定当中来，但这时的法条表述必然是冗长且令人困惑的②。

义务依附型身份犯对应的社会结构是共同体式的社会结构，在这种结构下，仅只是不得伤害他人的义务并不能满足构建共同体的需要，因为每个人如果都只是做到注意不要侵入他人的领域，人与人之间的关系必然是分离的，缺乏凝聚的基础，无论是家庭还是国家的维系都需要人与人之间更紧密的联系。为此，在共同体式的社会结构中，要求特定的人承担一定的积极义务，在不伤害他人之外，还负担着让他人、让社会更好的义务。虽然这样的要求比不得伤害他人的消极义务要高，但这是人类社会文明发展中不可或缺的要素，不得不将此类义务分配给特定的社会成员。

其次，需要将特别义务与道德上的义务区分开来。义务依附型身份犯中的义务并不简单地等同于道德义务，这表明义务依附型身份犯的判断并不单纯取决于道德因素或道德标准。一般提及"义务"，特别是积极的义务，总是很容易与道德上的要求关联起来，毕竟消极的义务只是让人们不去实施危害行为，而积极的义务却要求人们主动地去实施帮助他人的行为，抑制自己的不当行为显然比调动自

---

① 参见徐开雷保险诈骗案，(2007)锡法刑初字第 238 号。对于该案件，法院经过审理后最终认定徐开雷(虚构保险事故的行为人)构成保险诈骗罪的间接正犯，根据本书的观点，法院的判定是合理的。因为保险诈骗罪作为法益依附型身份犯，其正犯准则是犯罪支配，徐开雷利用不知情的运输公司实施虚构保险事故，骗取保险金的行为支配了整个保险诈骗犯罪的因果流程，但由于最终向保险公司要求理赔的主体是运输公司而不是行为人徐开雷，因而行为人只能构成间接正犯。如果运输公司明知徐开雷虚构保险事故，还向保险公司要求理赔的情况下，则运输公司与徐开雷应当构成共同正犯。

② 罗克辛教授以德国刑法第 142 条说明了这个问题。德国刑法第 142 条规定了擅自逃离肇事现场罪，其主体规定为交通肇事参与人，但未参与人同样可能会实施相关行为，如果要将这种可能性包含进去，法条的表述为："一个人，在道路交通的事故之后，在这个事故参与人之前离开事故现场的未参与事故的人……"，这样的表述显然十分含混和复杂。罗克辛著：《德国刑法学总论(第 2 卷)：犯罪行为的特别表现形式》，王世洲译，法律出版社 2005 年版，第 192 页。

己的积极行为要更为简单，因此不少学者都认为实施难度更大的积极义务最好限定在道德层面，而不要以刑法等手段强制推行，"在对刑法作为义务的确定时，应尽可能地限定在最小侵犯性和较富侵犯性的义务范围之内，尽量不要扩大到极富侵犯性的义务范围内"①。义务依附型身份犯所承担的义务虽然也是此种意义（极富侵犯性的）上的，但却并非一般意义上的积极义务。在将社会结构区分出了共同构建的社会结构之后，可以明确在此结构之中社会成员的义务是积极的，但并非所有的积极义务都在同一层面上。例如见义勇为、好心施舍、尊老爱幼等，也都是可以使社会共同体更加团结的积极义务，但这种义务的主体是一般性的，普遍性的，即每个社会成员都可以在这种层面上履行积极义务，让生活更加美好，但也正是因为这种义务的普遍性，很难对这种义务进行强制性的推行。而义务依附型身份犯所承担的义务，绝不是这种普遍性意义上的积极义务，而是针对于特定主体的、明确的积极义务。为什么要在积极义务当中划分出针对特定主体的积极义务呢？这是因为这一类的积极义务如果不履行，会造成社会的崩溃或者其他社会成员的生存基础被破坏，对于这一类义务不再是行为人可以根据自己的条件选择性地履行或不履行（履行了可以得到道德上的嘉奖，不履行事实上也可以得到多数社会成员的理解，如一般人因为害怕危险，不敢下水对落水的陌生人施救），而是如果不履行就必然要受到严厉处罚（例如泳池救生员见到有人落水而故意不施救），因为社会已经将有重大价值的帮助他人的义务指定给了特别的行为人，特别的行为人就必须担负起相应的责任。

考夫曼教授对补助性原则的说明可以侧面佐证这一点，在考夫曼教授看来，补助性原则一般情况下是指国家应当尽可能地减少对社会成员自由的干预，只有在社会成员无论如何不能实现需求时，政府才能介入。但补助性原则并不仅只是对国家集体主义和集权主义的制衡，还包括经常被忽略的另一方面，即对抗形式的自由主义。换句话来说，如果社会成员无法完成任务时，国家应当积极地进行协助。② 义务依附型身份犯当中的义务就属于社会的重要需

---

① 栾莉：《刑法作为义务论》，中国人民公安大学出版社 2007 年版，第 215 页。
② 参见[德]考夫曼著：《法律哲学》，刘幸义等译，法律出版社 2011 年版，第 240～241 页。

求，但依靠社会成员自主履行难以完成的任务，要么会因为责任主体的普遍化而导致责任承担弱化，要么会因为责任主体涉及权力的分配而出现寻租的空间，此时就必须以法律的形式确定下责任主体，并明确不履行义务的法律后果。

最后，需要将特别义务与其他刑法之外的义务区分开来。以法律的形式确定下的重要义务并不一定都是刑法上的义务，换句话来说，义务依附型身份犯中的义务虽然来自刑法体系之外，但并非所有刑法体系之外的义务都能在义务依附型身份犯当中找到对应物，不会因为"义务"的概念使得刑法中所有的罪名都是义务犯。德国学者 Gössel 等认为所有的犯罪都违反了义务，"每一个行为人都用其违反规范的行为违反了前置于法条和构成要件之前的义务，就这点而言，义务犯和支配犯是没有不同的"。[1] 按照这样的观点，义务依附型身份犯与法益依附型身份犯也没有什么不同了，但这种理解并不准确。虽然所有的犯罪实际上都违反了义务，但所违反的义务类型并不是完全一致的，在大部分的犯罪当中，前置于法条和构成要件之前的义务可以被转化为"不得杀人、不得盗窃"等命令或禁令，但本质上都属于不得伤害他人的义务，这也是法益依附型身份犯中的义务类型。而义务依附型身份犯中的义务来源于特殊的社会生活领域，如国家的管理事务领域、家庭关系领域、特别的信任关系领域等，在这些领域当中，人们对于避免伤害的发生并不是位于一种消极的地位，而是位于积极的避免地位，即"积极地避免一个即使和自己的领域范围无关的危险"[2]。

一般生活领域中避免伤害他人的义务总是体现在危险位于行为人行为组织的范围之内，如避免自己的自主行为侵犯他人的财产权、生命权等，而特殊生活领域中避免伤害他人的义务无论该危险是否由行为人的行为所组织，义务者都要排除危险，积极地防止后果的发生，如陌生人落水，虽然并不是由救生员推下去的，该危险并不属于救生员的行为组织后果，但救生员必须积极地排除陌生人的危险，下水救人。这就表明，虽然所有犯罪都可以理解为违反了社会中的义务，

---

[1]　转引自陈志辉：《身份犯之正犯的认定——以德国义务犯理论为中心》，载《政大法学评论》2013 年第 13 期。

[2]　何庆仁：《义务犯研究》，中国人民大学出版社 2010 年版，第 93 页。

但义务的内容并不相同，支配犯和义务犯仍有显著区别，前者对应的是一般性的不得侵犯法益的义务，后者则是积极保护相关法益的特殊义务。

此外，相同的义务在不同的法域当中都会有所体现，如父母对子女的保护义务，不仅仅在刑法中会有体现，在民法中也有体现，这是否意味着刑法中相关的义务直接来自民法呢？或者说是不是只要对应了其他法域的义务就表征着义务依附型身份犯呢？这种理解也是不正确的，对于同样的社会关系，由多个法域同时进行调整，这是法律对相关权益保护的多层次构架，每个法域所关注的重点以及调整的方式都有所不同，虽然调整的是同样的社会关系，但这只是一种交叉关系，并不表示相关的法域之间有着从属的关系，而刑法中义务依附型身份犯的义务是经过构成要件型塑的特殊义务，或者说经过刑法筛选的特定义务，虽然可以用其他法域确定的义务来帮助理解，但最终的判断仍然要在刑法的范畴之内。

(二)法益型身份犯与义务型身份犯类型化

法益依附型身份犯与义务依附型身份的区分标准可以通过对不同种类的身份犯进行类型化来加以补充说明，毕竟"特别义务"的判断是较为抽象且实质化的，不像形式意义上的真正身份犯与不真正身份犯的区分那样直观。为此，本书尝试将我国刑法分则中的身份犯条款进行了大致地梳理与归类，但具体个罪究竟应当归入哪一类身份犯类型仍有讨论的空间，可以在对个罪认识的不断深化中进行完善。

1. 法益依附型身份犯的类型化

法益依附型身份犯的处罚依据与正犯判断标准同其他一般犯罪无异，都是因为行为人侵害了法益，且支配了犯罪的因果流程而作为正犯受到处罚。但之所以将犯罪的主体限缩在特定范围内，主要有两方面的原因：一是因为只有具备相关身份者才具有事实意义上侵害法益的能力，不具备这种身份者不可能实施这样的行为。二是立法者将一部分犯罪通常的、典型的主体轮廓在立法时予以明示，一方面使得法条表述更为清晰，另一方面也是将处罚的范围限定在高频率或保护必要性高的场合①。

为此可以将法益依附型身份犯类型化分为能力型与代表人物型，其中能力型身份(图 5-1)在我国刑法分则中的具体表现包括刑法第 236 条强奸罪中的男性身份；第 316 条脱逃罪中的依法被关押的罪犯、被告人、犯罪嫌疑人；第 360 条传播性病罪中身患梅毒、淋病等严重性病且明知自己患有此类疾病者，只有具备这些身份的行为人才在自然意义上具备能力实施相应的犯罪，不具备这样身份的行为人无论如何不可能实施相应身份犯的构成要件行为，由于这类身份与行为人的自然能力密切相关，为此这类法益依附型身份犯并不多，更多的是以代表人物型的方式出现(图 5-2)。代表人物型身份并不代表自然意义上只有这些行为主体具备实施形式上的构成要件行为的能力，不具备此种身份者实际上也可以实施形式上的类似行为，如前文所述的保险诈骗罪中的货车实际运营人，其车辆保险虽然由所挂靠的运输公司办理，行为人并不是真正的投保人，但依然可以实施虚构保险事故，骗取保险金的行为，并最终被认定为构成保险诈骗罪；又如交通肇事罪中的主体一般为道路交通的参与人，但在刑法第 133 条之一的危险驾驶罪中，机动车所有人、管理人在特定情况下，即使其并非道路交通的参与人，也可依照危险驾驶罪的有关规定进行处罚。

法益依附型身份犯(能力型)		
条款	罪名	主体身份
第二百三十六条	强奸罪	男性
第三百一十六条	脱逃罪	依法被关押的罪犯、被告人、犯罪嫌疑人
第三百六十条	传播性病罪	明知自己患有梅毒、淋病等严重性病者

图 5-1　能力型身份在我国刑法分则中的表现

---

① [日]西田典之著：《共犯理论的展开》，江溯、李世阳译，中国法制出版社 2017 年版，第 409 页。

这两种类型都是以犯罪支配作为处罚依据及正犯准则，并没有什么特别的义务与之相对应。因此，对法益依附型身份犯进行内部细分仅只是为了使得此种身份犯的形象更为明晰和立体，在定罪中并没有太多认定上的差异。

法益依附型身份犯(代表人物型)		
条款	罪名	主体身份
第二百二十三条	串通投标罪	投标人
第二百二十二条	虚假广告罪	广告主、广告经营者、广告发布者
第一百三十七条	工程重大安全事故罪	建设单位、设计单位、施工单位、工程监理单位的直接责任人员
第一百三十二条	重大飞行事故罪	航空人员
第一百三十二条	铁路运营安全事故罪	铁路职工
第一百三十三条	交通肇事罪	道路交通参与人
第一百九十八条	保险诈骗罪	投保人、被保险人、受益人
第三百六十一条	组织、强迫、引诱、容留、介绍卖淫的特殊处理规定	旅馆业、饮食服务业、文化娱乐业、出租汽车业等单位的主要负责人
第二百五十五条	打击报复会计、统计人员罪	公司、企业、事业单位、机关、团体的领导人
第三百一十五条	破坏监管秩序罪	依法被关押的罪犯

图 5-2　代表人物型身份在我国刑法分则中的表现

2. 义务依附型身份犯的类型化

义务依附型身份犯的主要特征在于有着相对应的特殊义务，这一义务是积极性的共同构建的团结义务，表现出了对行为人高于一般人的信赖，以及随之而来更高的行为要求。主张义务犯理论的学者指出了义务犯在我国刑法典中的可能表现，包括"义务违反作为构成要件的要素在法律条文中被明确地提道，但义务违反的方式则是开放的；义务违反从行为人的特别地位中可以推导出来；义务违反除了从行为人的特别义务中推导出来，立法者还限制性地列举了以犯罪支配的行为的实施方式"，① 但仅仅阐明在形式上的可能表现不足以完成义务性身份犯的类型化，还需要切入到义务犯的义务类型当中，确定义务型身份犯的类型核心。

总的来看，特殊义务可以从社会关系的不同层次角度进行类型化，大致包括个人对家庭成员的积极义务；个人基于特定职业的义务(也可以说是个人对其他社会成员的义务)，以及个人对国家的积极义务。个人对家庭成员的积极义务主要表现为家庭成员之间的照料、监管义务，家庭关系是社会构架的基础，家庭成员之间最基本的团结意味着彼此之间不单单只是冷漠地不要伤害对方即可，还必须互相担负起供养、照顾的积极义务，但除此之外的更高要求属于"加分项目"，而不是基础性的内容，无法再通过刑法强制推行。这一类型的义务在刑法典中表现为第 260 条虐待罪以及 261 条遗弃罪的设置(图 5-3)，虽然虐待罪的行为表现形式也可能是对家庭成员的伤害，但对虐待罪中的伤害的处罚起点，远比不具有家庭关系的社会成员之间的伤害低，表现出了立法者对家庭成员之间应当彼此团结的要求②。

义务依附型身份犯(个人对家庭成员的积极义务层面)		
条款	罪名	主体身份
第二百六十条	虐待罪	家庭成员
第二百六十条之一	虐待被监护、看护人罪	对未成年人、老年人、患病的人、残疾人等负有监护、看护职责的人
第二百六十一条	遗弃罪	对于年老、年幼、患病或者其他没有独立生活能力的人，负有扶养义务者

图 5-3 个人对家庭成员的积极义务在我国刑法分则中的表现

---

① 何庆仁：《义务犯研究》，中国人民大学出版社 2010 年版，第 124~125 页。
② 需要注意的是，虐待罪无法容纳下故意伤害与故意杀人的不法，如果行为人对家庭成员实施的虐待行为就是为了进行伤害或杀害，此时就不再属于虐待罪可以评价的范畴，而是应当以故意伤害或故意杀人罪定罪处罚。但这与义务犯的理论并不相违背，在义务犯理论看来，义务犯并不仅只是身份犯，即使普通犯罪也可能由义务人以违反义务的形式构成。

个人基于特定职业的义务主要表现为因为身份者所从事的特定职业,基于相关制度的保障,人们对于该身份者有了特定的信赖,身份者必须基于此种信赖忠诚地实施业务活动,为其他社会成员提供符合规定的工作内容,而违反了这种义务不仅仅是对他人信赖的破坏,更是对使人们具备信赖的制度进行了破坏。在我国刑法典中,这类义务依附型身份犯包括第 161 条违规披露、不披露重要信息罪;第 169 条背信损害上市公司利益罪;第 229 条提供虚假证明文件罪,等等(图 5-4)。

个人对国家的积极义务主要表现为维系国家的积极义务,国家是社会共同体的高级形式,社会成员对于这一共同体不仅只是不能对其进行伤害(如不得危害国家安全),还需要部分社会成员积极担负起保障国家正常运转的义务,具备这种义务的主体一般情况下享有国家所赋予的管理权力,同时也就必须担负着相应的积极义务,如具备公职人员、军人等身份的特殊主体。此类义务依附型身份犯在刑法典中主要表现为贪污贿赂犯罪、渎职类犯罪以及军人犯罪等。除此之外,本书认为纳税人的纳税义务也应当被归纳到此种义务类型中来,纳税人向国家缴纳税款体现了个人与国家之间的团结互动关系,纳税人缴纳税款帮助维持国家的正常运转,国家同时使用大部分税款保障民众的安全,为民众提供更好的福利,因而这应当是一种积极的义务类型,相对应的在刑法中体现为逃税罪、逃避追缴欠税罪等的设置。(图 5-5)

二、义务违反的认定标准

法益依附型身份犯的正犯准则与一般犯罪无异,在司法实践中运用相关理论并不会存在障碍,但义务违反型身份犯的正犯准则是义务违反,如何判定行为人是否违反了义务,是需要予以特别探讨的。

(一)学界的不同观点

在义务犯理论内部,不同的学者对于义务违反的认定标准并不完全一致。其中,雅各布斯教授认为义务违反不仅仅是义务犯的正犯准则,也是义务犯唯一的可罚性依据。在这种立场上,义务违反的认定不需要受到法益的约束,因为"(肯定性义务来自特定的制度)是存在于特定角色中的义务,不能表述为尊重现有利

义务依附型身份犯(个人对社会成员的积极义务层面)		
条款	罪名	主体身份
第一百五十九条	虚假出资、抽逃出资罪	公司发起人、股东
第一百六十一条	违规披露、不披露重要信息罪	依法负有信息披露义务的公司、企业直接负责的主管人员和其他直接责任人员
第一百六十三条	非国家工作人员受贿罪	公司、企业或者其他单位的工作人员
第一百六十九条	背信损害上市公司利益罪	上市公司的董事、监事、高级管理人员
第一百七十一条第二款	金融工作人员购买假币、以假币换取货币罪	银行或者其他金融机构的工作人员
第一百八十条	内幕交易、泄露内幕信息罪	证券、期货交易内幕信息的知情人员或者非法获取证券、期货交易内幕信息的人员
第一百八十条第二款	利用未公开信息交易罪	证券交易所、期货交易所、证券公司、期货经纪公司、基金管理公司、商业银行、保险公司等金融机构的从业人员以及有关监管部门或者行业协会的工作人员
第一百八十一条第二款	诱骗投资者买卖证券、期货合约罪	证券交易所、期货交易所、证券公司、期货经纪公司的从业人员，证券业协会、期货业协会或者证券期货监督管理部门的工作人员
第一百八十五条之一	背信运用受托财产罪	商业银行、证券交易所、期货交易所、证券公司、期货经纪公司、保险公司或者其他金融机构
第一百八十七条	吸收客户资金不入账罪	银行或者其他金融机构的工作人员
第一百八十八条	违规出具金融票证罪	银行或者其他金融机构的工作人员
第一百八十九条	对违法票据承兑、付款、保证罪	银行或者其他金融机构的工作人员
第二百零一条	逃税罪	纳税人、扣缴义务人
第二百零三条	逃避追缴欠税罪	纳税人
第二百二十九条	提供虚假证明文件罪	承担资产评估、验资、验证、会计、审计、法律服务等职责的中介组织的人员
第二百五十三条	私自开拆、隐匿、毁弃邮件、电报罪	邮政工作人员
第二百七十一条	职务侵占罪	公司、企业或者其他单位的人员
第二百七十二条	挪用资金罪	公司、企业或者其他单位的工作人员
第二百八十六条之一	拒不履行信息网络安全管理义务罪	网络服务提供者
第三百零四条	故意延误投递邮件罪	邮政工作人员
第三百三十一条	传染病菌种、毒种扩散罪	从事实验、保藏、携带、运输传染病菌种、毒种的人员
第三百三十五条	医疗事故罪	医务人员
第三百二十七条	非法出售、私赠文物藏品罪	国有博物馆、图书馆等单位

图5-4　个人对社会成员的积极义务在我国刑法分则中的表现

义务依附型身份犯(个人对国家的积极义务层面)		
条款	罪名	主体身份
第一百零九条	叛逃罪	国家机关工作人员
第一百二十九条	丢失枪支不报罪	依法配备公务用枪的人员
第一百六十五条	非法经营同类营业罪	国有公司、企业的董事、经理
第一百六十六条	为亲友非法牟利罪	国有公司、企业、事业单位的工作人员
第一百六十七条	签订、履行合同失职被骗罪	国有公司、企业、事业单位直接负责的主管人员
第一百六十八条	国有公司、企业、事业单位人员失职罪；国有公司、企业、事业单位人员滥用职权罪	国有公司、企业的工作人员
第一百六十九条	徇私舞弊低价折股、出售国有资产罪	国有公司、企业或者其上级主管部门直接负责的主管人员
第二百零一条	逃税罪	纳税人、扣缴义务人
第二百零三条	逃避追缴欠税罪	纳税人
第二百三十八条	非法拘禁罪	国家机关工作人员
第二百四十三条	诬告陷害罪	国家机关工作人员
第二百四十五条	非法搜查罪、非法侵入住宅罪	司法工作人员
第二百四十七条	刑讯逼供罪、暴力取证罪	司法工作人员
第二百四十八条	虐待被监管人罪	监狱、拘留所、看守所等监管机构的监管人员
第二百五十四条	报复陷害罪	国家机关工作人员
第三百零五条	伪证罪	证人、鉴定人、记录人、翻译人
第三百零六条	辩护人、诉讼代理人毁灭证据、伪造证据、妨害作证罪	辩护人、诉讼代理人
第三百八十二条	贪污罪	国家工作人员
第三百八十四条	挪用公款罪	国家工作人员
第三百八十五条	受贿罪	国家工作人员
第三百九十五条	巨额财产来源不明罪、隐瞒境外存款罪	国家工作人员
第三百九十六条	私分国有资产罪	国家机关、国有公司、企业、事业单位、人民团体
第三百九十六条第二款	私分罚没财物罪	司法机关、行政执法机关
第三百九十七条至四百一十九条	渎职罪	国家机关工作人员
第四百二十条至第四百四十九条	军人违反职责罪	中国人民解放军的现役军官、文职干部、士兵及具有军籍的学员和中国人民武装警察部队的现役警官、文职干部、士兵及具有军籍的学员以及执行军事任务的预备役人员和其他人员。

图 5-5　个人对国家的积极义务在我国刑法分则中的表现

益的义务"，只要行为人"丧失了自己的角色……已经侵害了将其作为特定角色的承担者而提出的期待"①，就可以认定义务违反的存在，并因为义务人对规范的违反，规范要恢复起被破坏的期待，就可以对行为人进行处罚。这与雅各布斯教授在犯罪本质问题上主张彻底的规范论有关，在雅各布斯教授看来，法益的概念本身是不重要的，其仅只是对规范违反的一种客观性的表征，犯罪的实质在于规范违反，即对于保障社会秩序的规范进行了否认与破坏，基于恢复人们对规范的信赖，对否认规范者进行处罚。在支配犯与义务犯中，行为人对规范的否认与破坏的样态并不完全一致。在支配犯中，行为人对规范的否认表现为组织了自己的行为对他人造成了伤害，而在义务犯中，行为人对规范的否认表现为没有履行自己共同构建的积极义务，使得制度的期待落了空，而在没有履行义务之外行为人还做了些什么，实际上并不重要。至此，可以发现雅各布斯教授的义务违反标准更重视义务者的人格体，而不是行为人的外部行为，这带来了衍生出主观主义的义务犯理论的风险。

在我国完整继受了雅各布斯教授义务犯理论的学者何庆仁博士那里，对于义务犯的着手提出了脱离法益现实危险性的标准，即"是否具有侵害法益的现实危险性，就不再也不可以成为判断着手的标准"，同时还提出了不能犯未遂在义务犯中可能可罚、教唆的未遂和未遂的教唆在义务犯中仅以义务违反作为是否处罚的标准，以及帮助的未遂是可罚的观点②。以上观点都明显地反映了主观主义的倾向，如论者所列举的，母亲误认为张三要杀害自己的孩子而给他递了刀，也是对自己义务的违反，仅仅不阻止张三杀害自己的孩子(想象中的)就已经是可罚的了；再如父亲将患病的小孩丢在医院后就离开并杳无音信，不论小孩是否有危险，父亲的离开已经违反了自己对孩子的积极义务，因而应以遗弃罪的正犯处理。对此，我国反对义务犯理论的学者指出"看不出义务违反这一客观要件的任何限定作用，因为客观要件的满足与否完全取决于行为人的主观想法"③，立场鲜明地指出了前述对于义务违反判断的主观主义倾向。

---

① ［德］雅各布斯：《刑法保护什么：法益还是规范适用?》，载《比较法研究》2004 年第 1 期。

② 何庆仁：《义务犯研究》，中国人民大学出版社 2010 年版，第 199~200 页。

③ 周啸天：《义务犯理论的反思与批判》，载《法学家》2016 年第 1 期。

彻底的规范论转向，另一则是以存在论为内在约束的缓和的"规范论"。对此，应当如何选择呢？本书主张义务违反的判断不应当采取纯粹的规范论标准，义务违反需要以法益是否受到侵害或威胁作为前提。正如本书之前在规范论式的刑法理论的合理限制①那里所提及的，身份犯共犯理论的规范论式转向不可能毫无边界，应当坚守存在论上事物本质的约束地位，毕竟"没有事实视角的法学是狂热的"②。彻底的规范论确实有着倒向主观主义的危险（如将义务犯的处罚根据也理解为义务违反时，义务犯的着手标准等就是例证），虽然雅各布斯教授并不认为只有行为无价值才是重要的，他也认为需要有外部的行为，"重要的是规范有效性的不承认，并且这种不承认作为交往过程总是需要主观上对作为标准的规范的无视的客观化"。③ 但对于客观化的行为由于不再有法益侵害标准的约束，重要的就不是最终造成的结果，而只是行为的意义表达。对于社会秩序的维护来说，这样彻底的规范论是有帮助的，毕竟当行为人以自己的外部行为表示出不接受规范的指导时，对于规范的有效性以及社会秩序而言就已经是一个威胁，应当采取措施消除这一威胁。但这仅只能在一个理想化的社会系统中发挥出效果，在刑罚权随时有着向公民权利入侵危险的现实社会生活中，保护公民不受国家刑罚权的侵害与防卫社会有着同等，甚至前者高于后者的重要性，而脱离了法益的约束地位，很难再把刑罚权限制在谦抑的范围内。

对于本书的立场，首先需要回应来自彻底的规范论所提出的质疑。主张义务违反只是义务依附型身份犯的正犯准则，与主张其犯罪的本质仍是法益侵害是否真的互相矛盾呢？认为这种二元化存在着矛盾的依据是，犯罪的可罚性如果来自法益被侵害，那么正犯就只能是对法益侵害因果流程有着物本逻辑支配的行为人，因而既以法益侵害为处罚根据又以义务违反作为正犯准则就显得矛盾，但这种判断忽视了可罚性基础与归责之间的差异。可罚性基础所要考虑的问题是，为什么可以对这样的一些违反刑法规范的行为进行处罚？这些行为在实质上意味着什么？而归责意味着在明确了已经存在着具备可罚性的后果之后，要将这些后果

---

① 可见本书第二章第三节第四部分。

② 李其瑞：《法学研究中的实施与价值问题》，载《宁夏社会科学》2015年第1期。

③ ［德］雅各布斯著：《行为、责任、刑法 机能性描述》，冯军译，中国政法大学出版社1997年版，第90页。

归责给哪些行为人？可罚性基础虽然是归责的前提，但可罚性基础并不能直接决定要如何进行归责。当法益属于有形有体物，或与行为相分离的状态时，法益必须通过自然意义上的行为才能受到侵犯，此时可罚性的基础是法益受到了侵犯，归责也应当以谁实施了这个侵害法益的自然意义上的行为，或者对这个伤害的出现贡献了最大的因果力为依据。但当法益并非实体性的存在时，谁对法益侵害而言属于核心人物，就不能再单纯依据物本逻辑的因果流程（因为这时法益被侵害本身就没有一个有体的表现），此时归责就应当根据规范论的规则进行。何庆仁博士自己也认可"既然制度（积极义务的化身）被视为法益，侵害法益还是违反义务就没有什么区别"①，那所谓的二元化的矛盾也就不存在了。

问题在于何庆仁博士认为，将制度视为法益本身就是错误的，因为法益最终都是人的利益，而制度如果最终还原到人的利益将出现不合理的结论，如枉法裁判罪所侵犯的法益——司法制度，可以还原为受害方当事人的利益，如果司法人员枉法裁判反而得出了有利于任何一方当事人的结果，就不存在受害的当事人，也就不存在个人法益被侵害，因而不能被追究刑法上的责任，正是因为这样的结果不合理，所以法益论的支持者才以司法制度作为被保护的法益。一方面不放弃法益的个人属性，一方面又以抽象的制度作为法益，似乎确实是矛盾的。然而，何庆仁博士对超个人法益向个体的还原的理解存在着偏差。法益论者虽然支持法益的个人性，但并不意味着法益的当事人性。回到枉法裁判罪上来看，司法制度可以还原为个人法益，但并不是还原为受害方当事人的利益，而应当是其他社会中需要依靠司法制度获得权益保障的个体，"公众法益……只有当它最终服务于个体的国民时，这种公众法益才是合法的……一个有序的司法和正常的货币体系对于社会中个人的自由发展是必要的"②，将制度性的法益还原为具体案件中的个人，实际上已经改变了这类法益的属性，自然难以得出合理的结论。以制度作为法益并不存在问题，"有些法益并非实体性地存在，而是只有通过持久的制度运行过程才能产生出来"③。此外，还要回应义务犯无法在正犯准则上将犯罪支

①　何庆仁：《义务犯研究》，中国人民大学出版社2010年版，第186页。

②　[德]罗克辛：《刑法的任务不是保护法益吗》，载《刑事法评论》2007年第19期。

③　[德]金德霍伊泽尔著：《法益保护与规范效力的保障——论刑法的目的》，陈璇译，载《中外法学》2015年第2期。

配完全剔除出去的批评，但这一批评只是表明了罗克辛教授对义务犯范围的划定并不完善，根据本文的划分标准，德国刑法中的露阴罪属于法益依附型身份犯而不是义务依附型身份犯，无法在其中将犯罪支配清除是理所应当的。

为此，对义务依附型身份犯中义务违反的判定，除了判定行为人没有履行自己应当履行的义务之外，还应当考虑行为人的作为(不作为)是否给法益造成了(或升高了)危险，如果行为人的行为并没有造成这样的危险，不能认定为行为人已经着手违反了义务。以雅各布斯教授的举例为说明材料：A、B 二人共同看守金库，A 告知 B 想从里面拿走一些财物，B 并不想侵占金库的财物，但也没有阻止 A，而是在这一事件发生以前就去旅游了，雅各布斯教授认为 B 应当被认定为是背信罪的正犯①。在这一事件中，并不能仅仅因为金库看守者明知他人想拿走财物没有进行阻止就直接认定他违反了义务，而是需要具体的判断当时法益受到威胁的情况。如果 A 已经将自己完整的犯罪计划、实施的时间全部告知给了 B，B 在没有履行任何请假或报告手续就自行离开去旅游，B 的离开实际上与人在犯罪现场看着而不阻止没有差别，B 的不阻止实际上是以不作为的方式违背了管理他人财产的义务。但如果 B 在离开之前按照正常程序办理了请假或报告手续，虽然 B 没有阻止 A，但其离开并没有给法益造成更多的危险(至少金库的负责人在有人请假时会增派另一人来看守，如果没有增派，该风险升高的责任在管理制度的正常运转下已经转移至金库的负责人那里)，但不应当认定为 B 在头脑中的"不负责任"要受到刑罚处罚。

第二节　重构后的身份犯共犯理论在量刑中的运用

一、重构后的身份犯共犯理论与主犯、从犯概念的对接

(一)正犯、共犯与主犯、从犯关系的主要观点梳理

本书所主张的规范论式的身份犯共犯理论是以正犯的认定作为理论核心的，

① 转引自何龙：《不阻止他人故意犯罪的行为性质认定》，载《中外法学》2017 年第 6 期。

而正犯概念建立在对共同犯罪人进行分工分类的基础上，主要是通过确定正犯进而确定各行为人的违法性问题。但我国刑法典中并没有正犯的概念，而是以主犯为共同犯罪人的核心，主犯与从犯的区分以行为人在共同犯罪中起到的作用大小为标准，大部分学者会认为其主要的功能在于量刑，因而正犯与主犯在教义学上的功能侧重点并不相同，"如果说正犯之教义学功能在于通过'构成要件该当性'的解释建构犯罪参与者的刑罚资格即其定罪资格的话，那么，主犯之教义学功能则着眼于共同犯罪人合理量刑之需要"。① 虽然这种论断并不全面(正犯的教义学功能不仅仅在于定罪资格的判定，德、日等国的刑法典中明确将正犯与量刑规则相关联②，因而在这些国家的刑法教义学中，正犯具备定罪与量刑的双重功能，而目前我国刑法理论中的正犯理论，大多采用的是德国和日本的正犯理论构架)，但也一定程度上点明了正犯与主犯的概念差异。为此，如果要在我国司法实务中适用规范论式的身份犯共犯理论，就不得不阐明其中的正犯如何与我国刑法规定中的主犯相对接，否则不顾我国刑法的明文规定而径直适用该理论，必然会有形式合法性的危机。

对于正犯和主犯的关系，一直以来都是我国刑法理论研究的热点问题，不同的学者有不同的观点，梳理起来主要有两种不同的方向，一是侧重正犯概念实质的一面，同时挖掘主犯概念形式的一面而采用的正犯、主犯相融合的方向；另一则是侧重正犯概念形式的一面与主犯概念实质的一面而采用的正犯、主犯相分离的方向。

主张正犯、主犯相融合的方向也可以称之为正犯主犯化或主犯正犯化。主张此种方向的学者在正犯与主犯之间找到了靠近彼此的拉力，即从正犯概念的角度来看，虽然其最初十分强调行为人实施的行为与构成要件的相符合性(强调行为人实施了什么样的行为)，但随着德日正犯认定标准的实质化发展，除了典型的以是否亲自实施构成要件的行为来判断正犯的形式客观说，还发展出了重要作用

---

① 阎二鹏：《共犯教义学中的德日经验与中国现实——正犯与主犯教义学功能厘清下的思考》，载《法律科学(西北政法大学学报)》2017年第5期。

② 如德国刑法典第26条规定了对教唆犯的处罚与正犯相同，第27条规定了对帮助犯的处罚参照正犯的处罚，并可以减轻刑罚。《德国刑法典》，徐久生、庄敬华译，中国法制出版社2000年版，第49～51页。

说、犯罪支配说等实质化的判断正犯的标准(实质客观说)，在这些实质化的标准下，正犯并不要求亲自实施了构成要件，只要在整个犯罪中起到了重要作用或支配(包括意思支配与组织支配)了犯罪的因果流程，也可以被评价为正犯，而重要作用、犯罪支配都是以行为人在犯罪中起到的作用为标准进行的判定，这与我国以行为人是否起到主要作用为标准而进行的主犯的认定标准契合度非常高。从主犯概念的角度来看，有的学者主张我国对于共同犯罪的立法规定本来就是形式与实质相结合，而不仅仅有实质的一面，如明确规定了组织犯这种分工分类的共犯类型，对从犯"起辅助作用"的立法表述也体现了行为类型的规定性，最终得出的结论为，正犯与共犯与我国的主犯与从犯，只不过是称谓上的习惯不同，在实体内容上是完全可以一一对应的，即"正犯 = 主犯，帮助犯 = 从犯(还包括胁从犯)"①也有的学者认为对于主犯、从犯"作用大小"的判断标准应该客观地、规范论式地进行，不是以行为人的主观恶性大小以及因果性进行判断，而是要回到构成要件的明确规定那里，并对行为人是否实施了构成要件行为进行规范论式地判断，这样主犯的内涵就与正犯的内涵几乎一致了②。

主张正犯、主犯相分离的学者更多的是看到了正犯与主犯之间所具有的交叉关系，即正犯与主犯之间并不直接对应，正犯可以是主犯，狭义的共犯(主要指教唆犯)也可以是主犯，此外，正犯(次要的实行犯)还可以是从犯③。但这种交叉关系使得正犯理论在我国的运用变得非常混乱，为了能使正犯理论在我国的刑法立法框架下得到恰当的适用，不少学者主张将正犯与主犯分离，消除二者之间的交叉，将正犯与主犯限定在不同的功能领域，从而实现正犯理论在我国的顺利融入。具体而言，实现这种分离有几种不同的方法：其一是站在单一制正犯体系的理论立场上，主张区分制下的正犯与共犯的严格区分本身就是不合理的，对于该理论的借鉴并不是要将正犯与主犯挂钩，而是坚持直接进行主犯与从犯的区分，解决处罚问题，对于区分制的正犯体系，仅只采纳正犯与共犯的形式性的区

---

① 杨金彪：《分工分类与作用分类的同一——重新划分共犯类型的尝试》，载《环球法律评论》2010 年第 4 期。

② 参见何庆仁：《我国共犯理论的合法性危机及其克服》，载《刑事法前沿》2012 年第 6 期。

③ 参见陈家林：《正犯体系与正犯概念研究》，载《中国刑事法杂志》2005 年第 1 期。

分，以作为区分主犯与从犯时的参考，从而弥补单一制正犯体系中主犯、从犯的区分没有客观标准的缺陷①。其二是在提倡区分制共犯体系的基础上主张"双层区分制"，将正犯与共犯概念的实质的一面剥离，即正犯与共犯不再具有量刑的功能，只留下正犯、共犯形式②的一面，正犯直接与构成要件挂钩，仅发挥定罪的功能，而将实质性的量刑上的考量留待主犯与从犯来完成，在具体运用上的顺序是：先根据共同犯罪人的分工情况，分出组织犯、实行犯、帮助犯、教唆犯，再根据共同犯罪人的作用大小，分出主犯和从犯③。其中组织犯一般会被认定为始终是主犯；实行犯、帮助犯、教唆犯都既可能是主犯，也可能是从犯。其三是在以规范论重塑正犯标准的基础上主张正犯与主犯的分离，该观点虽然同样主张正犯与主犯分离，但分离的不是二者的功能，而是二者判断的标准与时点。即对正犯与共犯，采用行为时的时间点，以行为人的规范能力，即"实现构成要件的现实的行为能力"④为标准进行区分；对主犯与从犯，则是以犯罪参与人实施行为后的实际作用大小作为区分的标准。

（二）基于规范论式身份犯共犯理论的对接思路

由于正犯理论在发展中出现的实质化倾向，正犯概念具备了形式与实质的双重面向，究竟在什么方向上与我国的刑事立法相对接才最合理，实际上是一个较为宏大的命题，本书从身份犯共同犯罪问题的角度，综合对比之后主张正犯、主犯分离的模式，具体而言即正犯、共犯以行为时的"规范能力"为区分标准，主

---

①　参见刘明祥：《主犯正犯化质疑》，载《法学研究》2013 年第 5 期。

②　即对正犯的认定充分体现出对犯罪行为的构成要件符合性（或者说对实行行为）的重视，从形式上将正犯限定在亲自实施了构成要件行为的行为人上。其中间接正犯的构成要件符合性采用了规范性的评价，即在规范上视为行为人亲自实施了构成要件行为，共同正犯则是各个行为共同分担了实行行为。

③　参见陈兴良：《共同犯罪论（第二版）》，中国人民大学出版社 2006 年版，第 538~539 页；钱叶六：《双层区分制下正犯与共犯的区分》，载《法学研究》2012 年第 1 期；柳忠卫：《中国共同犯罪立法模式的归属与选择——"双层递进式"共犯立法模式的提倡》，载《政法论丛》2017 年第 2 期；阎二鹏：《共犯教义学中的德日经验与中国现实——正犯与主犯教义学功能厘清下的思考》，载《法律科学》2017 年第 5 期。

④　秦雪娜：《论正犯标准的规范性重构——从"实际作用"转向"规范能力"》，载《比较法研究》2020 年第 3 期。

犯、从犯以行为后的实际作用为区分标准，并以正犯、共犯区分所框定的违法性程度为认定主犯、从犯的重要指标。此种路径最有利于规范论式身份犯共犯理论的实施，对于整体上正犯与主犯的对接，本书的分析或许可以作为参考素材。

就身份犯共同犯罪问题来看，当前将正犯限定在形式的侧面（必须实施了实行行为）的正犯与主犯相分离的方向似乎是行不通的。主张双层区分式的共犯体系，其前提是对正犯做形式性的限定，但如果对正犯做形式性的理解，在身份犯共同犯罪中必然会出现处罚的漏洞。例如丈夫（国家工作人员）教唆妻子（非国家工作人员）收受贿赂情形下，根据受贿罪的构成要件，丈夫的教唆行为并不符合构成要件的规定，妻子因为没有身份，其行为也不符合构成要件，最终只能得出没有正犯的结论，在正犯无法认定的情形下，位于第二层次的主犯、从犯判断根本没有适用的余地。主张单一制正犯体系的学者，认为正犯、共犯的认定只是为了给主犯、从犯的区分做参考，其前提也是对正犯做形式的理解，在身份者教唆无身份者实施身份犯的情形下，这种参考必然也会失效。为了避免这种漏洞，主张双层区分式共犯体系的学者从实行行为入手，认为对实行行为应当做规范的理解，即"应根据一般人的观念进行类型化的理解和判断"①（也有学者采取类似的思路，以"规范的形式客观说"②来对正犯进行说明），但无论怎么根据一般人的观念进行理解，都不可能将行为人没有实施收受贿赂行为理解为实施了。为此，论者又使用了"支配"的概念来说明丈夫（国家工作人员）应当属于正犯，"在本质上，可以认为是甲（丈夫）的行为支配了对职务行为不可收买性的侵害"③，但如果要以是否具有行为支配来判断是否成立正犯，就已经偏离了双层区分制将正犯限定在形式侧面的初衷。无独有偶，还有的提出双层递进式共犯模式的学者认为在根据分工进行了第一层次的区分后，还要根据作用进行第二层次的区分，这二者之间的衔接，竟也是用"支配"概念来进行的，"对于主要作用的界定可以采用

---

① 钱叶六：《双层区分制下正犯与共犯的区分》，载《法学研究》2012 年第 1 期。

② 参见张开骏：《区分制犯罪参与体系与"规范的形式客观说"正犯标准》，载《法学家》2013 年第 4 期。

③ 钱叶六：《双层区分制下正犯与共犯的区分》，载《法学研究》2012 年第 1 期。

德国刑法中的'犯罪事实支配理论'"①，既然对主犯的认定要使用德国刑法中对于正犯的实质认定标准，又何必再多进行一次形式性的分工类型判断呢。这实际上也表明，正犯的判断本身就是一种价值判断，不可能剥离正犯的实质侧面而仅留下形式侧面，强行剥离无法呈现出正犯的真实本质。

正犯主犯化或主犯正犯化的方向虽然可以解决身份犯共同犯罪中的处罚漏洞，但将正犯完全等同于主犯，似乎又湮灭了正犯与主犯原有的理论逻辑差异，特别是容易使得正犯原有的定性功能被忽视。正犯理论最初的功能主要就是对犯罪参与人的行为属性进行精确定性，而后出现的实质化趋势则主要是出于合理量刑的考虑，正因为将量刑的任务与定性的任务捆绑在一起，使得正犯性的认定走向了实用化，也一定程度上模糊了其在行为定性上的价值。例如，在故意杀人的犯罪现场给行凶者递上刀的行为，到底应当是正犯行为还是帮助行为似乎变得不重要，重要的是行为人有处以较重刑罚的必要，因而可以被实质化地评价为正犯。主犯的判断则原本就是一种实用化的判断，在判断的标准上具有综合性的特征，如果将正犯与主犯等同视之，无助于将正犯应有的区分不法类型的功能发挥出来。

以"规范能力"为正犯判定标准的理论指出了正犯与主犯分离的另一思路，在不同的时间点分别进行正犯、共犯以及主犯、从犯判断，此种思路是具有启发性的。诚然，实用化的正犯理论以及对重要作用进行判断的主犯理论，都是基于一种事后的综合判断立场，即在犯罪行为发生以后，考量行为人在整个犯罪中所起到的作用大小或是否支配了整个犯罪，但这种事后判断必然具有一定的偶然性。而正犯的判断不应当是回溯性的判断，而应当是一种事前的判断，"对构成要件行为的贡献的显著性必须被判定为是溯及将来而非溯及既往"②，为此，提倡"规范能力"正犯标准的学者主张应当对正犯进行行为时的能力评价，而非行为后的实际作用评价是有道理的。根据此种观点，"在犯罪行为时，具有实现构成要件的现实的行为能力的参与人，为正犯；凡无此种具体的规范实现能力的参与人，

---

① 柳忠卫：《中国共同犯罪立法模式的归属与选择——"双层递进式"共犯立法模式的提倡》，载《政法论丛》2017 年第 2 期。

② ［德］罗克辛著：《正犯与犯罪事实支配理论》，劳东燕译，载《刑事法评论》2009 年第 25 期。

则为共犯"。① 但论者并未就区分出正犯、共犯之后，如何继续对主犯与从犯进行区分展开论述。本书结合身份犯共同犯罪问题，沿用这一思路继续展开。

在义务依附型身份犯中，显然只有身份者才具备实现构成要件的能力，这也是为什么该种类型的身份犯应当以义务违反作为正犯准则（在法益依附型身份犯中，非身份者也具备实现构成要件的能力，因而也有可能成为正犯，但究竟是否为正犯，还需判断具体的行为时的情形以及行为人的主观意志），此时对正犯的判断就是一种规范论性质的判断，而不是双层区分制的共犯体系那样按照形式的正犯标准认定正犯，因而对只是处于自然因果上边缘地位的身份者也可以实质化地评价为正犯。但这种对正犯的判断还只是一种事前的判断，对于应当如何量刑，还需要综合考量整个犯罪实施的过程，进行事后的主犯、从犯判断。但正犯、共犯的判断不应当在主犯、从犯的判断中被虚置，而应当是作为重要的判断依据，因为正犯、共犯地位所表征出的不法差异很大程度上框定了行为人在犯罪中能够起到的作用。为此，在义务依附型身份犯中，以行为时的"规范能力"可以判断出违反义务的身份者始终是正犯，参与者由于不具备可违反的义务就始终只能是帮助犯或教唆犯。在区分出正犯与共犯之后，根据事后的综合考察，以正犯和共犯所框定的不法程度，结合行为人在侵害法益的整个过程中所体现出来的应受处罚程度进行主犯与从犯的调整性判断。其中违反义务的身份者始终应当是主犯，如果得出非身份者是主犯，身份者是从犯的判断②，在义务依附型身份犯中是不可接受的。帮助犯根据其具体情形，有与正犯一起作为主犯处罚的可能性，但即使与身份者一起作为主犯，一般应当比照身份者减轻处罚（理由在下一部分详述）。教唆犯基于刑事政策的原因，根据其发挥的具体作用依照主犯处罚或依照从犯处罚，但一般也应当比照违反义务的身份者减轻处罚。在法益依附型身份犯中，身份者一般是正犯，除了能力型之外，非身份者也可能具有支配犯罪的规范能力，因而也可能成为正犯。在判定了正犯、共犯之后，正犯因为不法程度较高，一般情况下都是主犯，帮助犯由于不法程度相对于正犯较低，一般情况下应

---

① 秦雪娜：《论正犯标准的规范性重构——从"实际作用"转向"规范能力"》，载《比较法研究》2020 年第 3 期。

② 该种结论可见于狄世深：《刑法中身份》，北京大学出版社 2005 年版，第 165 页。

当被认定为从犯，教唆犯则同样基于刑事政策的原因可以按照主犯处罚，也可以按照从犯处罚。在法益依附型身份犯中，由于身份者不存在特殊的义务，无身份者不需要比照身份者减轻处罚。

二、非身份者的减轻处罚问题探讨

非身份者是否应当减轻处罚，德国、意大利以及我国台湾地区的立法采取了肯定的态度，德国刑法典第28条第1款后半部分规定"正犯(教唆犯或帮助犯)缺少此等特征的，依第49条第1款减轻处罚"[1]，意大利刑法第116条第2款规定"当共同犯罪因某一共同犯罪人的身份等个人条件而变得更为严重的犯罪时，对不具备这种身份的共同犯罪人可减轻处罚"[2]，至于为什么非身份者可以减轻处罚，理由主要是非身份者不能实现身份者的特殊不法，因而其可罚性比身份者要低，罗克辛教授以枉法裁判罪为例进行了说明，"局外人通过引起错误裁判而攻击了司法，并且因此由于对第339条的教唆而受到惩罚，但是，他不能够实现那种特别的'额外'的不法，那种不法是实行人通过违反其法官职务中的最重要义务来实施的。立法者原谅了局外人"[3]，因而对其减轻处罚。我国台湾地区也有学者持类似的观点，"无行为主体资格的参与者所构成的共犯，其可非难性就不如具有特定资格的行为人"[4]。但大多数国家，包括我国对于该问题没有明确规定，因而是否应当对非身份者减轻处罚仍是理论上应当进行探讨的问题。

我国学者在区分真正身份犯与不真正身份犯的理论框架下，当非身份者以身份犯定罪时，一般都会肯定对非身份者的减轻处罚。就真正身份犯而言，认为无身份者可以从轻或减轻处罚的理由在于"无身份者毕竟不具有实施该犯罪的身份，不应与有身份者同样处罚"[5]，而对于不真正身份犯而言，由于非身份者有相对

---

① 《德国刑法典》，徐久生、庄敬华译，中国法制出版社2000年版，第50页。

② [意]帕多瓦尼著：《意大利刑法学原理》，陈忠林译，中国人民大学出版社2004年版，第346页。

③ [德]罗克辛著：《德国刑法学总论(第2卷)：犯罪行为的特别表现形式》，王世洲译，法律出版社2005年版，第176页。

④ 林山田：《刑法通论(下册)》，台大法学院图书部2008年版，第147页。

⑤ 马克昌：《马克昌文集》，武汉大学出版社2012年版，第128页。

应的一般犯罪，如果依照共犯的从属性主张非身份者应当按照身份犯定罪处罚时，多数学者也认为应当对非身份者减轻处罚，"既然无身份者构成不真正身份犯的帮助犯，那么应依照不真正身份犯的法定刑裁量刑罚。不过，在量刑时，可以考虑无身份者不具有特定身份而予以从轻或减轻处罚"。① 但在我国提倡义务犯理论的何庆仁博士那里，则认为对于非身份者不应当减轻处罚，主要是基于以下几个理由：义务犯与支配犯在共犯对正犯的从属性上没有什么区别；义务犯的无身份参与者虽然不法程度较身份者低，但所有犯罪的参与者不法程度都比正犯低；义务犯的无身份参与者的自身可罚性有时比支配犯的参与者更重（如明知是公务员而帮助其实施职务中的身体伤害，就比帮助一般人实施身体伤害可罚性要高）②。

对于该问题，本书认为应分别从义务依附型身份犯与法益依附型身份犯的不同类型进行分析。由于义务依附型身份犯中的身份始终与特定的积极义务相联系，因而不具备此种身份者只能被认定为狭义的共犯，此时，无身份者已经会比照身份犯者的处罚有所减轻（帮助犯会相较正犯而言减轻处罚，教唆犯基于刑事政策的原因并不会有此种减轻，但基于教唆犯的不法程度一般还是比正犯低，不少学者认为在处罚时也可以比照正犯有所减轻③），是否应当在此种减轻的前提下，就非身份者不具备身份再一次减轻处罚呢？本书持肯定的态度。义务依附型身份犯的参与者不可能实施相关的实行行为，不具备随时替补成为正犯的可能性，对于此种身份犯与一般犯罪之间的构造差异没有理由不在参与者那里体现出来。虽然义务依附型身份犯的参与者的可罚性确实有时会高于支配犯的参与者，例如行为人明知是国家工作人员利用职权实施非法拘禁而加以帮助，可罚性高于对一般人实施非法拘禁进行的帮助，但对于不具身份者的减轻处罚是相对于对国家工作人员"从重处罚"的量刑幅度，而不是相对于一般情形下的量刑幅度，对其额外进行减轻处罚并不一定导致其处罚轻于帮助一般人实施非法拘禁的情形。就

---

① 刘凌梅：《帮助犯研究》，武汉大学出版社 2003 年版，第 227 页。

② 何庆仁：《义务犯研究》，中国人民大学出版社 2010 年版，第 319 页。

③ 我国台湾学者许玉秀教授就认为"教唆行为、帮助行为和正犯行为是对同一法益不同强度的侵害，教唆行为的侵害强度高于帮助行为，正犯行为的侵害强度又高于教唆行为和帮助行为"。许玉秀：《当代刑法思潮》，中国民主法制出版社 2005 年版，第 790 页。

法益依附型身份犯而言，其与一般犯罪之间并没有什么结构上的差异，非身份者在对法益的侵害程度上，与其他犯罪的参与者并没有什么区别，对于法益依附型身份犯就不应当基于非身份者不具备身份而减轻处罚。

第三节 重构后的身份犯共犯理论在具体案件中的运用

在身份犯共同犯罪的审判实践中，最容易出现的问题便是案件审理思路上的同案不同判，虽然每个个案情节各不相同，但在定罪量刑的基本思路上，应当做到统一。对身份犯共犯理论进行规范论式重构的主要目的之一就在于厘清当前身份犯共同犯罪理论的混乱局面，以切入到身份犯实质内容的规范论式视角，为统一身份犯共同犯罪案件的处理提供理论参考。为此，本书对案情具有很大相似性，但定罪量刑思路明显存在差异的几组案件，运用规范论式的身份犯共犯理论进行分析，一方面旨在更好地阐述该理论的实际运用思路，另一方面展示该理论对身份犯共同问题实现"同案同判"的辅助作用。

一、内外勾结窃取公共财物案件的分析

（一）案情简介

【案例1】

贺某某贪污案[①]

2016年农历上半年的一天，贺某某找到时任湘东钨业公司保卫部部长的肖某向其提出，由贺某某负责组织人员到湘东钨业公司矿井下盗挖钨砂，同案人肖某只要不带保卫部的人来抓就行，并承诺给予分成，同案人肖某表示同意。此后，自2016年农历四月至2017年农历五月，在同案人肖某的许可下，由贺某某召集钟某1等桂东人到湘东钨业公司辖区内盗挖钨砂共计4余吨。所盗钨砂先后销售给刘某1、刘某明，共得赃款22万余元，其中支付

---

① 参见湖南省茶陵县人民法院（2018）湘0224刑初23号刑事判决书。

给钟某1等挖矿人员的工资约11万元。

湖南省茶陵县人民法院经审理认为，被告人贺某某勾结国有企业保卫部部长肖某监守自盗，其行为已构成贪污罪。在共同犯罪中，被告人贺某某起次要作用，系从犯，依法可从轻处罚。

【案例2】

杜某、郑某等盗窃案①

被告人杜某，原系通辽铁路分局通辽房产建筑段保卫科科长；被告人郑某，原系通辽铁路分局通辽车务段五道木车站副站长，被告人单广双，原系通辽铁路分局通辽房产建筑段保卫科巡守员；被告人韩某，农民。2001年12月的一天，杜某凌晨时分在通辽铁路房产段储煤场当场抓获了正在窃煤的被告人郑某、单某等人，杜遂对他们进行了罚款处理。为了能继续偷煤，郑某与单某邀杜某一起偷运煤炭，杜表示同意，但杜提出什么时间偷，偷多少要由他决定，郑负责和他联系，并负责联系装运车辆和处理煤炭。在4个月间，由郑某与杜某用手机联络，确定具体偷煤时间后，郑再联系司机动用运输工具，在通辽铁路房产建筑段储煤场共同窃煤13次，共盗得水洗粒煤490.425吨，价值人民币129 960余元。他们每次窃煤均在午夜前后，杜先以值班或蹲坑抓偷煤的为由将与单某同班的另一巡守员支回家，单为郑及随行车辆开门，杜在院内接应并望风。每次郑接到韩等人所付的钱款后，当即与杜、单瓜分。被告人郑某、杜某、单某个人分别所得23 040余元。

通辽铁路运输法院经过审理认为，被告人郑某、杜某、单某等人相互勾结，共同盗窃公共财物，数额特别巨大，均已构成盗窃罪。在共同犯罪中，被告人郑某、杜某相互勾结，积极组织实施盗窃，起主要作用，均系主犯，应按其所参与的全部犯罪处罚。

---

① 参见最高人民法院中国应用法学研究所：《人民法院案例选2004年刑事专辑》，人民法院出版社2005年版，第338~345页。

（二）案例分析

上述两个案例的基本案情都是国有企业的安保人员与外部人员勾结窃取本单位财物，但在最终的判决结果上一个以贪污罪定性，一个以盗窃罪定性，出现了明显的差异。出现这种差异主要是因为在案例2中，审判机关认为安保人员并未利用职务上的便利，"被告人杜某身为通辽铁路房产建筑段保卫科科长，对本段储煤场的取暖用煤负有安全保卫职责，但不具有经营管理职权。杜义重伙同他人肆意秘密窃取煤炭，其行为没有利用职务上的便利，不符合贪污罪的法律特征"，这种判断是有待商榷的。安全保卫职责自然包括保障相关物品不被窃取的职责，否则安全保卫职责就仅剩下防止取暖用煤不发生意外（如火灾、水淋等），这显然将国有企业中安保人员的职责理解得过于狭窄。事实上，这两个案件中的外部人员均利用了国家工作人员的职务便利——身为安保人员对相关财物的看管、看守职务，以及在发现异常时及时采取措施的职权，以这种职务便利为自己的窃取行为提供必要条件，从整体上看都符合了贪污罪的构成要件。虽然案例1中的贺某某仅仅是消极的不阻拦外部人员窃取钨砂，但从行为时的角度来看，只有贺某某具有这样的规范能力（具备特定身份而有职务上的便利可供利用），在贪污罪这种以规范性要素为构成要件核心的义务依附型身份犯中，贺某某看似分量不重的行为实际上处于评价的核心，贺某某应当被评价为贪污罪的正犯。

案例2中的杜某则是以积极实施窃取公共财物的行为体现了对自身义务的违反，但这种积极的外部行为在行为定性上并不起决定作用，消极的不履行职责已经足以让杜某成为贪污罪的正犯，其余外部人员只能被评价为狭义的共犯。就现有案情来看，外部人员实际上先实施了教唆的行为（因为公布的案情较为简单，被教唆的国家工作人员是否早已有犯意无从得知，本书仅从已有材料中推断被教唆的国家工作人员原本没有窃取公共财物的意图），后参与到犯罪中来实施了帮助的行为，这是典型的共犯的竞合问题。对于共犯的竞合，一般按照高度行为吸收低度行为处理，为此，对于外部人员可以按照贪污罪的教唆犯进行处罚。这是对于行为性质认定的第一步，第二步则是主犯、从犯的认定，由于正犯必然是主犯，因而案例1中的国家工作人员贺某某和案例2中的国家工作人员杜某都应当被评价为主犯。案例1的判决中认为国家工作人员贺某某起次要作用应评价为从犯是需要斟酌的。对于外部人员应当综合整个犯罪的实施经过，评价行为人所起到的作用，显然无论在案例 1 还是案例 2 中，外部人员都起到了十分重要的作用，应当同时被评价为主犯，但由于外部人员本身不具有国家工作人员的身份，可以比照具有身份的国家工作人员减轻处罚。

需要说明的是，这两个案件看似分歧点在于对"利用职务便利"认定的差异，但这种差异实际上还是来自对"身份"本质认识的不到位。贪污罪属于义务依附型身份犯，因而对其主体身份的理解也应当围绕着"义务"的属性进行。而盗窃罪是以犯罪支配为正犯准则的普通犯罪，其认定的重点就在于行为人的外在行为与因果贡献力。如果以认定盗窃罪的相同思路去看待贪污罪，必然会出现对"利用职务便利"进行自然主义式的、存在论式的理解，进而对"职务便利"的内容理解过窄。只有充分理解了贪污罪中犯罪主体的义务属性，才能清晰地认识到行为人的职务范围和职务内容。

二、非国家工作人员伙同国家工作人员受贿案件的分析

(一)案情简介

【案例 1】

洪某受贿案[1]

1997 年，被告人洪某与被告人尤某相识，后发展为情人关系。2002 年至 2007 年，被告人洪某、尤某经通谋，被告人洪某利用担任南京市江宁地方税务局局长的职务便利，为南通金典装饰工程有限公司、南京科雄工贸有限公司、华润励致洋行家私(珠海)有限公司南京分公司等单位以及楼齐新谋取利益，由被告人尤某收受上述单位及个人所送的贿赂共计人民币 348.998 万元。被告人尤某将所得大部分赃款用于买房、购车。案发后，扣押被告人尤某人民币 175 万元，奔驰轿车一辆。

江苏省南京市中级人民法院经审理认为，被告人洪某身为国家工作人员，伙同被告人尤某，利用职务便利，非法收受他人财物，并为他人谋取利益，其行为已构成受贿罪，且系共同犯罪。依据相关法律法规作出如下判

---

[1]　参见江苏省高级人民法院(2009)苏刑二终字第 0045 号刑事判决书。

决：以被告人洪某犯受贿罪，判处有期徒刑 14 年，并处没收财产人民币 20 万元；以被告人尤某犯受贿罪，判处有期徒刑 14 年，并处没收财产人民币 50 万元。扣押在案的被告人洪某、尤某犯罪所得赃款人民币 175 万元、奔驰轿车一辆予以追缴，上缴国库，其余赃款继续追缴。

【案例 2】

成 A 受贿案①

2004 年底，大同水质稳定剂公司（私营性质）股东林某为了在涟钢集团内能承揽到更多的水处理药剂业务，邀约被告人成 A 的弟弟成某以入干股的形式合伙经营大同水质稳定剂公司，成某表示同意。此后，成某通过时任涟钢集团总经理郑某（成某的姐夫）的直接帮助并多次利用其与郑某的关系及郑某地位所形成的影响力，给涟钢集团下属企业打招呼，为大同水质稳定剂公司承揽了大量涟钢集团下属企业的水处理业务。2009 年 5 月至 2010 年 12 月，林某为感谢成某及郑某帮忙，多次以分利润为名，采取转款委托他人炒股，通过他人的银行账户转款形式，给成某好处费累计 1 100 余万元人民币，并告诉成某上述好处费中包含了感谢郑某的部分（未讲明具体数额）。2009 年 8 月，成某因收受的好处费中林某已讲明含有感谢郑某部分，同时为了表示自己对郑某的感谢，便告诉被告人成 A 想将自己收到的好处费转一部分给郑某，并提出以其向成 A 借款炒股的方式来掩盖分给郑某的好处费，成 A 表示同意，并将此事告诉给了郑某，郑某也表示同意。成某借助借款炒股形式先后给成 A 的银行账户转入好处费 300 万元。

湖南省麻阳苗族自治县人民法院经审理认为被告人成 A 在其丈夫郑某担任涟钢总经理期间，伙同其丈夫郑某应其弟弟成某的请托，帮助林某的大同水质稳定剂公司承揽涟钢下属企业水处理业务过程中，收受贿赂 300 万元人民币，数额特别巨大，其行为已构成受贿罪。被告人成 A 系非国家工作人员，在受贿共同犯罪中，只是协助丈夫郑某收受贿赂款，其处于从属地位起着次要作用，系从犯，应当从轻、减轻处罚或者免除处罚。

---

① 参见湖南省麻阳苗族自治县人民法院（2015）麻刑初字第 91 号刑事判决书。

（二）案例分析

上述两个案例都是非国家工作人员伙同国家工作人员受贿的案件，从最终的案件处理结果来看，身份者与非身份者都被认定为构成了受贿罪的共同犯罪，但对非身份者的地位认定上，案例1认定为了主犯，案例2认定为了从犯，表现出了在量刑思路上的不一致。对于这两个案件的定性，在整体上符合受贿罪的构成要件是非常清晰的，将这一结果对行为人进行归责时，从行为时的规范能力来看，只有国家工作人员具备这样的规范能力，且行为人都以自己的行为表明了对自身廉洁义务的违反，必然成为共同犯罪的核心人物，即正犯。非国家工作人员只能成为狭义的共犯，但非国家工作人员并未对国家工作人员实施教唆，两个案例中都是请托人找到非国家工作人员之后，非国家工作人员再与国家工作人员商议合谋，为此，非国家工作人员在分工上只能被认定为是帮助犯。在认定了正犯与帮助犯之后，再进行主犯与从犯的判定，而主犯与从犯的认定也正是上述两个案例的主要矛盾点所在。由于两个案件中的非国家工作人员都属于帮助犯，在不法程度上显然是低于正犯的，但这还只是根据行为时的规范能力进行的划定。从事后的整体案件进展流程上看，非国家工作人员实施的都是收取贿款的行为，并未见到非国家工作人员在整体案件中起到重大作用需要进行实质性地加重评价的情节，为此，两个案件中的非国家工作人员应当认定为是受贿罪的从犯为宜，并由于二人都不具备国家工作人员的身份，可适度减轻处罚。

三、投保人与保险公司工作人员内外勾结骗取保险金案件的分析

（一）案情简介

【案例1】

王某某1、孙某、柳某等保险诈骗案①

2011年6月至2016年9月，被告人王某某1、孙某、柳某等人，为获

①　参见长春经济技术开发区人民法院(2018)吉0191刑初39号刑事判决书。

务侵占罪的实行行为，以哪一方视角决定整体案件的性质都不妥当，而应当运用义务犯理论依照想象竞合的原理处理。

从保险诈骗罪的角度来看，由于该罪属于法益依附型身份犯，其正犯准则在于犯罪支配，案例1和案例2中的保险公司工作人员都与投保人一起对整个犯罪流程具有行为支配，因而应当被评价为保险诈骗罪的共同正犯。从职务侵占罪的角度来看，由于该罪属于义务依附型身份犯，其正犯准则在于义务违反，因而具备身份的保险公司工作人员始终是正犯，投保人则应被认定为帮助犯，同时由于未见帮助犯在整个犯罪过程中起到重大作用，因而可以同时确定下正犯与主犯等同，帮助犯与从犯等同的判断。此时，对于保险公司工作人员而言，是保险诈骗罪的正犯与职务侵占罪的正犯之间的竞合，对于投保人而言，则是保险诈骗罪的正犯与职务侵占罪的帮助犯之间的竞合。为此，案例1中柳某的涉案金额约53万元（因其他同案犯较多，对其他共同犯罪人的定罪量刑不在此进行分析），根据现有立法及司法解释的规定，分别对应保险诈骗罪立法规定中的"数额特别巨大"，以及职务侵占罪立法规定中的"数额较大"，由于是正犯之间的竞合，保险诈骗罪的处罚更重，因此对柳阳应当以保险诈骗罪定罪处罚①。案例2中的赵某与康某某涉案金额为103 921.3元，对应保险诈骗罪立法规定中的"数额巨大"，以及职务侵占罪立法规定中的"数额较大"，对于赵某而言，由于是正犯之间的竞合，保险诈骗罪的处罚更重，因而应当以保险诈骗罪定罪处罚更为合适。对于康某某而言，是保险诈骗罪的正犯与职务侵占罪的帮助犯之间的竞合，同样是保险诈骗罪的处罚更重，因而也应当以保险诈骗罪定罪处罚为宜。

本 章 小 结

规范论式身份犯共犯理论在实践中的具体运用可以从定罪和量刑两个方面展开。从定罪方面来看，法益依附型身份犯与义务依附型身份犯在定性上的规则并

---

① 虽然该结论与该案判决一致，但分析路径并不完全相同。该案判决认定柳某虽利用了职务上的便利，但将其认定为是保险诈骗罪的实施手段，此种认定方式实际上只评价了柳某行为性质的一个方面，对于其利用职务便利侵占本单位财产的行为并未予以全面的评价。

不一致，因为二者有着不同的正犯准则，为此，要运用规范论式身份犯共犯理论首先需要明确这二者之间的区分。法益依附型身份犯与义务依附型身份犯最主要的区别就在于是否有相对应的特殊义务，特殊义务来自特殊的社会结构，法益依附型身份犯所对应的社会结构是个人原子式的社会结构，义务依附型身份犯所对应的社会结构是共同体式的社会结构，在个人原子式的社会结构中，社会成员所需要做的便是不伤害他人，而在共同体式的社会结构中，除了不伤害他人，社会成员还有着共同构建美好生活的责任。在法益依附型身份犯背后并不存在着针对身份的特殊义务，仅仅是因为具有某种身份才能在自然意义上实施相关犯罪行为，或者该身份是立法者眼中的典型主体，为限定处罚范围以及使得立法更为明确才设置此类身份犯。为此，法益依附型身份犯的正犯准则与其他一般犯罪并没有区别。而义务依附型身份犯中的身份始终对应着针对身份的特殊义务，该义务是此类身份犯的评价重点，因而对于行为人是否符合了构成要件需要从义务违反的角度进行规范性的评价。但这种义务并不等同于道德上的义务，也不能直接等同于刑法之外的义务，而是经过刑法筛选，由构成要件固定的特定义务。为了更好地展示法益依附型身份犯与义务依附型身份犯之间的区别，有必要对这两种身份犯进行类型化。其中，法益依附型身份犯可以类型化为能力型与代表人物型两种，义务依附型身份犯可以从个人对家庭成员的积极义务层面、个人对社会成员的积极义务层面以及个人对国家的积极义务三个不同层面予以类型化。

在定罪问题上的第二个关键环节在于义务违反的认定标准确立，由于义务依附型身份犯中身份者一旦违反了义务便可以确立正犯地位，如何判断行为人是否违反了义务因此成为关键。对于该问题学界有着不同的观点，雅各布斯教授认为义务违反不仅是义务犯的正犯准则，也是义务犯的可罚性依据，对于义务违反的判断并不受到法益的约束。但也正是由于彻底地脱离了事物的实体，使得此种义务违反的判断呈现出主观主义的倾向。罗克辛教授则主张义务违反是义务犯的正犯准则，但其可罚性基础仍然在于法益侵害。许迺曼教授选择了更为倾向存在论的道路，主张义务犯不仅处罚根据在于法益侵害，其正犯准则也是犯罪支配，但是与一般犯罪正犯准则不同的控制支配。可以肯定的是，雅各布斯教授所主张的彻底的规范论式的义务违反判断，由于存在的主观主义的风险暂时并不可行。罗克辛教授与许迺曼教授对于义务违反的判定标准在实质上并没有太大区别，以法益侵害作为义务犯的可罚性基础是更为合理的，只不过在义务依附型身份犯中，法益往往以超个人法益的形式出现。

在量刑问题上，规范论式身份犯共犯理论在我国的适用，需要明确如何与主犯、从犯概念的对接。目前对于正犯与主犯的关系，理论上主要有相融合的方向与相分离的方向，相融合的方向更为关注正犯的实质侧面，并从主犯概念中挖掘形式性；相分离的方向更为关注正犯的形式侧面，通过剥离正犯的实质侧面实现与主犯的分离与衔接。关注正犯形式的侧面而使得正犯与主犯相分离的方向无法解决身份犯共同犯罪的问题，极易出现处罚的漏洞。正犯、主犯相融合虽然可以避免身份犯共同犯罪中的处罚漏洞，但也难以发挥出正犯原有的定性功能。而将正犯与主犯的判断分列的不同时间点的"规范能力"说具有一定的创新性与启发性，根据该理论，正犯的判断是行为时的判断，主犯的判断则是行为后的判断。就规范论式身份犯共犯理论而言，这一理论方案是更为合理的，在义务依附型身份犯中，只有身份者具备行为时的"规范能力"因而始终是正犯，不具备身份者则始终是狭义的共犯。在判断出正犯与共犯之后，各犯罪参与人的不法程度基本框定，但还需要就整个犯罪的实现进行事后的实质性判断，如果狭义的共犯在整个犯罪中表现出了特别高的可罚性，则可以将无身份的帮助犯也评价为正犯。在法益依附型身份犯中，身份者同样始终是正犯，也是主犯，无身份者则视具体情节，可以成为正犯，也可能是狭义的共犯，对应到量刑的评价上，无身份者可能是主犯也可能是从犯。除此之外，还需要解决的问题是无身份者能否减轻处罚，在义务依附型身份犯中，应当肯认无身份者的减轻处罚，但在法益依附型身份犯中，无身份者则不应当由于不具备身份而减轻处罚。

在具体案件的分析中，本书对内外勾结窃取公共财物案件、非国家工作人员伙同国家工作人员受贿案件，投保人与保险公司工作人员内外勾结骗取保险金案件的典型类型进行分析，由于定罪与量刑的思路不统一，这些类型案件在审判实践中都出现过同案不同判的情况。通过规范论式身份犯共犯理论的运用，展示了该理论的具体运用思路，以期为司法实践提供参考。

结　　语

身份犯共同犯罪不仅是司法实践中的难题，也是刑法学理论上的一个复杂问题。在司法实践中，由于我国刑法立法对身份犯共同犯罪并未作出总则性的直接规定，加之立法中对共同犯罪人主要采用作用分类标准，使得实践中对身份犯共同犯罪问题的处理往往以粗糙的逻辑避开了问题的难点。即一般会先认定有身份者与无身份者可以共同成立身份犯罪，然后再根据身份者与无身份者各自在犯罪中所起到的作用认定主犯和从犯，似乎并不存在定罪和量刑上的问题。但这种粗糙的处理方式不能清晰地揭示出身份者和非身份者在共同犯罪中的定性差异，进而也难以给量刑提供准确的基础，这就导致了司法实践中对于身份犯共同犯罪"同案不同判"的现象。在刑法学理论上，身份犯共同犯罪问题虽然一直处于讨论中，但讨论的热度已经逐步回落，主要原因在于学界几乎都在同样的范式内进行探讨，即都是将身份犯区分为真正身份犯与不真正身份犯，真正身份犯中无身份者依照身份犯处罚，不真正身份犯中无身份者与有身份者按照各自的罪名进行处罚，争论的问题点仅剩下真正身份犯与不真正身份犯应该怎么区分；身份者与无身份者是否能构成真正身份犯的共同正犯；有身份者教唆、帮助无身份者实施真正身份犯应当如何处理；有身份者与无身份者共同实施不真正身份犯应当如何确定罪名，以及混合身份犯应当如何处理。学界对这些问题的探讨，形成了诸多观点，但似乎形成了封闭的局面，即都是从教义学到教义学的探讨，难以判断出哪种观点更为合理。囿于这种观点林立、难分伯仲的局面，学界对此问题的讨论几乎陷入了僵局，也就少有学者再继续投身其中。但这种讨论热度的回落并不代表着问题的解决，而是问题无法解决的无奈。理论上各种观点的僵持，无助于对司法实践的指导，如何能从其他角度展开研究，打破这种僵局，既有理论意义，也有实践价值。

　　本书重新审视身份犯共同犯罪问题，首先明确了以真正身份犯与不真正身份犯区分作为研究起点的不足。真正身份犯与不真正身份犯的区分是一种形式上的区分，即根据立法是否针对无身份者实施相同行为设置了单独的罪名为标准，但这种形式上的区分标准无法展示出真正身份犯与不真正身份犯之间的实质差异，更无法解释为什么同一身份，在真正身份犯与不真正身份犯问题上，起到的作用并不相同。如身份者都是国家机关工作人员，为何与其一起实施非法拘禁罪（不真正身份犯）的无身份者按照一般的刑罚进行处罚，而与其一起实施受贿罪（真正身份犯）的无身份者要按照身份者的刑罚进行处罚。这种形式化的区分方式更引起了共同犯罪领域内部的困难，如对间接正犯理论、对共犯的限制从属性理论等，都造成了一定的冲击。

　　既然形式化的研究视角无法解决身份犯共同犯罪问题，就应当跳出该视角的局限，转换其他视角对身份犯共同犯罪问题进行分析。本书选择了规范论的理论视角，一方面这种视角有着哲学、社会学以及刑法教义学的充分的理论基础，另一方面采用规范论的视角可以清晰地看到身份犯共同犯罪的实质结构，克服形式化研究视角的不足。具体而言，运用规范论的研究视角就意味着在一定程度上挣脱物本逻辑的束缚，从功能主义刑法的角度研究身份犯共同犯罪问题，重视刑法的价值评价，实现刑法的开放性与功能性。身份犯本身并非刑法教义学的产物，而是对应着特定的社会结构，在社会学中的身份是权利和义务的集合体，刑法主要以命令的形式规定着行为人的行为，因而身份犯中的身份主要体现的是义务，但并非所有的身份犯都对应同样类型的义务。在将社会结构大致区分为个人原子式的社会结构与共同体式的社会结构后，可以发现身份犯与社会结构的对应是多元化的，对应个人原子式社会结构的身份犯，其表现的义务主要是不得伤害他人的消极义务，而对应共同体式社会结构身份犯，其表现的义务主要是共同构建的积极义务，对应义务类型的不同决定了对身份犯进行评价的模式差异，对于前者，评价的重点在于身份者是否通过自己的行为伤害了他人，这与一般犯罪的评价模式并无二致；对于后者，评价的重点在于身份者是否履行了特定义务的积极义务，此时行为人究竟是以什么方式表现出来的不履行义务并不重要，本书分别将这二者称之为法益依附型身份犯与义务依附型身份犯。在法益依附型身份犯中，其正犯准则与其他一般犯罪一样都是犯罪支配，而在义务依附型身份犯中，其正犯准则是义务违反。通过这种区分，切入到身份犯的社会结构中去，构建更符合身份犯实质的身份犯共犯理论。

通过本书的研究，可以顺畅地解决身份者与无身份者是否能构成真正身份犯的共同正犯；有身份者教唆、帮助无身份者实施真正身份犯应当如何处理；有身份者与无身份者共同实施不真正身份犯应当如何确定罪名，以及混合身份犯应当如何处理的难题：对于第一个问题，在义务依附型身份犯中，由于无身份者不存在特殊的义务，不可能具备义务违反的正犯性，因而不可能与身份者一起成立共同正犯。在法益依附型身份犯中，无身份者可以与有身份者一起支配犯罪的因果流程，因此可以成立共同正犯。对于第二个问题，有身份者教唆、帮助无身份者实施真正身份犯，在真正身份犯为义务依附型身份犯的情况下，有身份者的教唆与帮助行为表征出了义务违反，有身份者应当直接被认定为正犯，无身份者的实施行为实际上只是帮助行为。对于第三个问题，不真正身份犯存在着针对无身份者的基本犯，但这种外在形式并不是判断的重点，关键在于判断该不真正身份犯是否有特殊的义务相对应，然后再分别按照法益依附型身份犯或义务依附型身份犯的相关规则处理。对于第四个问题，学界大部分学者主张的想象竞合说是合理的，但在区分法益依附型身份犯和义务依附型身份犯的基础上，才能更清晰地表明此时的竞合是什么犯罪形态的身份犯之间的竞合。同时，通过实际案例的演练，可以表明本书所主张的理论对于将司法实践中对身份犯共同犯罪定罪量刑思路相统一有一定的参考价值。

然而，身份犯共同犯罪理论最终需要结合刑法分论中的各个身份犯罪名进行分析，虽然本文对法益依附型身份犯与义务依附型身份犯结合我国刑法分则的规定做了类型化，也对实践中常见的部分身份犯共同犯罪案例进行了分析，但仍有继续结合个案进行丰富、深入和完善的空间。对于身份犯理论的社会学、哲学基础，也还有进一步深入论证的必要，但囿于笔者社会学、哲学理论的薄弱只能暂时在较浅层面进行论证，有待日后进行更深入的研究。

附　　录

表一

<table>
<tr><td colspan="2" align="center">关于贪污罪共同犯罪的立法及司法解释</td></tr>
<tr><td align="center">来　源</td><td align="center">内　容</td></tr>
<tr><td>1950 年中南军政委员会颁布的《中南区惩治贪污暂行条例》</td><td>第 10 条："直属首长明知属员贪污有据，予以庇护或不为举发者，以共犯论，但按其情节，得减其刑至二分之一。"</td></tr>
<tr><td>1952 年中央人民政府公布的《惩治贪污罪条例》</td><td>第 12 条："非国家工作人员勾结国家工作人员伙同贪污者，应参照本条例第三、四、五、十、十一各条的规定予以惩治。"</td></tr>
<tr><td>1988 年《全国人民代表大会常务委员会关于惩治贪污罪贿赂的补充规定》</td><td>第 1 条第 2 款规定："与国家工作人员、集体经济组织工作人员或者其他经手、管理公共财物的人员勾结，伙同贪污的，以共犯论处。"</td></tr>
<tr><td>1997 年《刑法》</td><td>第 382 条第 3 款规定："与前两款所列人员勾结，伙同贪污的，以共犯论处。"</td></tr>
<tr><td>1985 年最高人民法院、最高人民检察院发布的《关于当前办理经济犯罪案件中具体应用法律的若干问题的解答(试行)》</td><td>第 1 条(二)规定："内外勾结进行贪污或者盗窃活动的共同犯罪(包括一般共同犯罪和集团犯罪)，应按其共同犯罪的基本特征定罪。共同犯罪的基本特征一般是由主犯犯罪的基本特征决定的。如果共同犯罪中主犯犯罪的基本特征是贪污，同案犯中不具有贪污罪主体身份的人，应以贪污罪的共犯论处，……如果共同犯罪中主犯犯罪的基本特征是盗窃，同案犯中的国家工作人员不论是否利用职务上的便利，应以盗窃罪的共犯论处。"</td></tr>
</table>

续表

关于贪污罪共同犯罪的立法及司法解释	
2000 年最高人民法院发布的《关于审理贪污、职务侵占案件如何认定共同犯罪几个问题的解释》	第 1 条规定："行为人与国家工作人员勾结，利用国家工作人员的职务便利，共同侵吞、窃取、骗取或者以其他手段非法占有公共财物的，以贪污罪共犯论处。" 第 2 条规定："行为人与公司、企业或者其他单位的人员勾结，利用公司、企业或者其他单位人员的职务便利，共同将该单位财物非法占为己有，数额较大的，以职务侵占罪共犯论处。" 第 3 条规定："公司、企业或者其他单位中，不具有国家工作人员身份的人与国家工作人员勾结，分别利用各自的职务便利，共同将本单位财物非法占为己有的，按照主犯的犯罪性质定罪。"
2003 年最高人民法院发布的《全国法院审理经济犯罪案件工作座谈会纪要》	对于国家工作人员与他人勾结，共同非法占有单位财物的行为，应当按照《最高人民法院关于审理贪污、职务侵占案件如何认定共同犯罪几个问题的解释》的规定定罪处罚。对于在公司、企业或者其他单位中，非国家工作人员与国家工作人员勾结，分别利用各自的职务便利，共同将本单位财物非法占有的，应当尽量区分主从犯，按照主犯的犯罪性质定罪。司法实践中，如果根据案件的实际情况，各共同犯罪人在共同犯罪中的地位、作用相当，难以区分主从犯的，可以贪污罪定罪处罚。
2010 年最高人民法院、最高人民检察院印发的《关于办理国家出资企业中职务犯罪案件具体应用法律若干问题的意见》	国家工作人员或者受国家机关、国有公司、企业、事业单位、人民团体委托管理、经营国有财产的人员利用职务上的便利，在国家出资企业改制过程中故意通过低估资产、隐瞒债权、虚设债务、虚构产权交易等方式隐匿公司、企业财产，转为本人持有股份的改制后公司、企业所有，应当依法追究刑事责任的，依照刑法第三百八十二条、第三百八十三条的规定，以贪污罪定罪处罚。第一款规定以外的人员实施该款行为的，依照刑法第二百七十一条的规定，以职务侵占罪定罪处罚；第一款规定以外的人员与第一款规定的人员共同实施该款行为的，以贪污罪的共犯论处。

表二

关于受贿罪共同犯罪的立法及司法解释

来　源	内　容
1982 年《全国人民代表大会常务委员会关于严惩严重破坏经济的罪犯的决定》	第 1 条规定："犯前四款罪，事前与本条第(一)、(二)所列举的罪犯通谋的，以共同犯罪论处。"其中第(二)所指的犯罪为受贿罪，前四款罪分别指的是隐瞒、掩饰犯罪事实；包庇；销毁罪证或者制造伪证；对执法人员和揭发检举作证人员进行阻挠、威胁、打击报复相关的犯罪，其主体既包括国家工作人员也包括非国家工作人员。
1988 年《全国人民代表大会常务委员会关于惩治贪污罪贿赂罪的补充规定》	第 4 条第 2 款规定："与国家工作人员、集体经济组织工作人员或者其他从事公务的人员勾结，伙同受贿的，以共犯论处。"
2003 年最高人民法院发布的《全国法院审理经济犯罪案件工作座谈会纪要》	根据刑法关于共同犯罪的规定，非国家工作人员与国家工作人员勾结伙同受贿的，应当以受贿罪的共犯追究刑事责任。 非国家工作人员是否构成受贿罪共犯，取决于双方有无共同受贿的故意和行为，国家工作人员的近亲属向国家工作人员代为转达请托事项，收受请托人财物并告知该国家工作人员。或者国家工作人员明知其近亲属收受了他人财物，仍按照近亲属的要求利用职权为他人谋取利益的，对该国家工作人员应认定为受贿罪，其近亲属以受贿罪共犯论处；近亲属以外的其他人与国家工作人员通谋，由国家工作人员利用职务上的便利为请托人谋取利益，收受请托人财物后双方共同占有的，构成受贿罪共犯，国家工作人员利用职务上的便利为他人谋取利益，并指定他人将财物送给其他人。构成犯罪的，应以受贿罪定罪处罚。

续表

关于受贿罪共同犯罪的立法及司法解释

2007 年最高人民法院、最高人民检察院发布的《关于办理受贿刑事案件适用法律若干问题的意见》	第 7 条第 1 款规定："国家工作人员利用职务上的便利为请托人谋取利益，授意请托人以本意见所列形式，将有关财物给予特定关系人的，以受贿论处。" 第 7 条第 2 款规定："特定关系人与国家工作人员通谋，共同实施前款行为的，对特定关系人以受贿罪的共犯论处。特定关系人以外的其他人与国家工作人员通谋，由国家工作人员利用职务上的便利为请托人谋取利益，收受请托人财物后双方共同占有的，以受贿罪的共犯论处。"
2008 年最高人民法院、最高人民检察院印发的《关于办理商业贿赂刑事案件适用法律若干问题的意见》	第十一条规定：非国家工作人员与国家工作人员通谋，共同收受他人财物，构成共同犯罪的，根据双方利用职务便利的具体情形分别定罪追究刑事责任： (1)利用国家工作人员的职务便利为他人谋取利益的，以受贿罪追究刑事责任。 (2)利用非国家工作人员的职务便利为他人谋取利益的，以非国家工作人员受贿罪追究刑事责任。 (3)分别利用各自的职务便利为他人谋取利益的，按照主犯的犯罪性质追究刑事责任，不能分清主从犯的，可以受贿罪追究刑事责任。

表三

其他身份犯共犯的立法及司法解释

来　源	内　容
1984年最高人民法院、最高人民检察院、公安部发布的《关于当前办理强奸案件中具体应用法律的若干问题的解答》(已失效)	第7条规定：妇女教唆或帮助男子实施强奸犯罪的，是共同犯罪，应当按照她在强奸犯罪活动中所起的作用，分别定为教唆犯或从犯，依照刑法有关条款论处。
1992年最高人民法院、最高人民检察院印发的《关于办理偷税、抗税刑事案件具体应用法律的若干问题的解释》(已失效)	第10条第1款：与纳税人、代征人、扣缴义务人勾结，为偷税犯罪提供账号、发票、证明，或者以其他手段共同实施偷税罪的，以偷税共犯论处。 第2款：唆使、煽动纳税人、代征人、扣缴义务人抗税，或者以其他手段共同实施抗税罪的，以抗税共犯论处。 第3款：税务人员犯前两款罪时，从重处罚。
1997年《刑法》	税务机关的工作人员徇私舞弊，不征或者少征应征税款，致使国家税收遭受重大损失的，处五年以下有期徒刑或者拘役；造成特别重大损失的，处五年以上有期徒刑。
1997年《刑法》	第198条：保险事故的鉴定人、证明人、财产评估人故意提供虚假的证明文件，为他人诈骗提供条件的，以保险诈骗的共犯论处。
1997年《刑法》	第248条第1款：监狱、拘留所、看守所等监管机构的监管人员对被监管人进行殴打或者体罚虐待，情节严重的，处三年以下有期徒刑或者拘役；情节特别严重的，处三年以上十年以下有期徒刑。致人伤残、死亡的，依照本法第二百三十四条、第二百三十二条的规定定罪从重处罚。 第2款：监管人员指使被监管人殴打或者体罚虐待其他被监管人的，依照前款的规定处罚。

其他身份犯共犯的立法及司法解释	
1998 年最高人民法院发布的《关于审理挪用公款案件具体应用法律若干问题的解释》	第 8 条：挪用公款给他人使用，使用人与挪用人共谋，指使或者参与策划取得挪用款的，以挪用公款罪的共犯定罪处罚。
2002 年最高人民法院发布的《关于审理偷税抗税刑事案件具体应用法律若干问题的解释》	与纳税人或者扣缴义务人共同实施抗税行为的，以抗税罪的共犯依法处罚。
2005 年最高人民法院、最高人民检察院发布的《关于办理赌博刑事案件具体应用法律若干问题的解释》	第 4 条：明知他人实施赌博犯罪活动，而为其提供资金、计算机网络、通讯、费用结算等直接帮助的，以赌博罪的共犯论处。

参 考 文 献

一、中文文献

（一）中文译著

1. ［德］考夫曼、哈斯默尔著：《当代法哲学和法律理论导论》，郑永流译，法律出版社 2001 年版。

2. ［德］考夫曼著：《法律哲学》，刘幸义等译，法律出版社 2011 年版，第 8、240～241 页。

3. ［美］博登海默著：《法理学：法律哲学与法律方法》，邓正来译，中国政法大学出版社 1998 年版，第 118 页。

4. ［德］拉伦茨著：《法学方法论》，陈爱娥译，商务印书馆 2003 年版，第 211～212 页。

5. ［美］德沃金著：《法律帝国》，李常青译，中国大百科全书出版社 1996 年版。

6. ［美］胡萨克著：《刑法哲学》，谢望原等译，中国人民公安大学出版社 2004 年版，第 89 页。

7. ［美］弗莱彻著：《反思刑法》，邓子滨译，华夏出版社 2008 年版，第 286 页。

8. ［德］哈贝马斯著：《在事实与规范之间：关于法律和民主法治国的商谈理论》，童世骏译，三联书店 2003 年版，第 5、278 页。

9. ［德］恩吉施著：《法律思维导论》，郑永流译，法律出版社 2004 年版。

10. ［英］边沁著：《道德与立法原理导论》，时殷弘译，商务印书馆 2000 年版，第 216 页。

11. ［美］庞德著：《通过法律的社会控制》，沈宗灵译，商务印书馆 1984 年版。

12. ［德］拉德布鲁赫著：《法哲学》，王朴译，法律出版社 2013 年版，第 11 页。

13. ［美］杜威著：《确定性的寻求》，傅统先译，华东师范大学出版社 2019 年版，第 1、35 页。

14. ［英］洛佩兹、斯科特著：《社会结构》，允春喜译，吉林人民出版社 2007 年版。

15. ［德］伽达默尔著：《真理与方法：哲学诠释学的基本特征》，洪汉鼎译，上海译文出版社 2004 年版，第 3、4、40、277、377 页。

16. ［法］涂尔干著：《社会分工论》，渠敬东译，生活·读书·新知三联书店 2017 年版。

17. ［美］桑塔亚纳著：《常识中的理性》，张沛译，北京大学出版社 2008 年版。

18. ［德］黑格尔著：《法哲学原理》，范扬译，商务印书馆 2014 年版。

19. ［德］雅各布斯著：《规范·人格体·社会》，冯军译，法律出版社 2001 年版。

20. ［德］雅各布斯著：《行为、责任、刑法 机能性描述》，冯军译，中国政法大学出版社 1997 年版，第 88、90 页。

21. ［英］莫里森著：《法理学：从古希腊到后现代》，李桂林等译，武汉大学出版社 2003 年版。

22. ［英］帕特里克著：《二十世纪以来的社会理论》，瞿铁鹏译，商务印书馆 2014 年版。

23. ［德］李斯特、施密特著：《德国刑法教科书(修订译本)》，徐久生译，法律出版社 2006 年版。

24. ［德］耶塞克、魏根特著：《德国刑法教科书(总论)》，徐久生译，中国法制出版社 2001 年版，第 778、810、929 页。

25. ［德］罗克辛著：《德国刑法学总论(第 1 卷)：犯罪原理的基础构建》，王世洲译，法律出版社 2005 年版。

26. ［德］罗克辛著：《德国刑法学总论(第 2 卷)：犯罪行为的特别表现形式》，王世洲译，法律出版社 2005 年版，第 11、81、82、85、176、178、183、191、482 页。

27. ［德］施特拉腾韦特·库伦著：《刑法总论Ⅰ——犯罪论》，杨萌译，法律出版社 2006 年版，第 89 页。

28. ［德］希尔根多夫著：《德国刑法学：从传统到现代》，江溯等译，北京大学出版社 2015 年版。

29. ［德］金德霍伊泽尔著：《刑法总论教科书》，蔡桂生译，北京大学出版社 2015 年版，第 255、396、412、413 页。

30. ［德］许迺曼著：《不移不惑献身法与正义——许迺曼教授刑事法论文选辑》，许玉秀、陈志辉编，台湾新学林出版股份有限公司 2006 年版，第 45、148～149 页。

31. ［德］帕夫利克著：《目的与体系：古典哲学基础上的德国刑法学新思考》，赵书鸿等译，法律出版社 2018 年版。

32. ［德］韦塞尔斯著：《德国刑法总论》，李昌珂译，法律出版社 2008 年版，第 307 页。

33. ［德］韦尔策尔著：《目的行为论导论》，陈璇译，中国人民大学出版社 2015 年版。

34. ［日］大塚仁著：《刑法概说（总论）》，冯军译，中国人民大学出版社 2003 年版，第 276、303 页。

35. ［日］大谷实著：《刑法总论》，黎宏译，中国人民大学出版社 2008 年版，第 121 页。

36. ［日］大谷实著：《刑事政策学》，黎宏译，中国人民大学出版社 2009 年版。

37. ［日］西原春夫著：《刑法的根基与哲学》，顾肖荣译，法律出版社 2004 年版。

38. ［日］西原春夫著：《犯罪实行行为论》，戴波、江溯译，北京大学出版社 2006 年版，第 207 页。

39. ［日］野村稔著：《刑法总论》，全理其、何力译，法律出版社 2001 年版，第 94、411 页。

40. ［日］松宫孝明著：《刑法各论讲义》，王昭武、张小宁译，中国人民大学出版社 2018 年版。

41. ［日］宗冈嗣郎著：《犯罪论与法哲学》，陈劲阳、吴丽君译，华中科技大学出版社 2012 年版。

42. ［日］西田典之著：《日本刑法总论》，王昭武、刘明祥译，中国人民大学出版社 2007 年版，第 284 页。

43. ［日］西田典之著：《共犯理论的展开》，江溯、李世阳译，中国法制出版社 2017 年版，第 391~395、407、409、424、425、435、415~456 页。

44. ［日］高桥则夫著：《共犯体系和共犯理论》，冯军、毛乃纯译，中国人民大学出版社 2010 年版，第 7~8、9、19、28~29、98、99、117、132 页。

45. ［日］伊东研祐著：《法益概念史研究》，秦一禾译，中国人民大学出版社 2014 年版。

46. ［日］高义博著：《不作为犯的理论》，王树平译，中国人民公安大学出版社 1992 年版。

47. ［日］川出敏裕、金光旭著：《刑事政策》，钱叶六等译，中国政法大学出版社 2015 年版。

48. ［日］川端博著：《刑法总论二十五讲》，余振华译，中国政法大学出版社 2003 年版。

49. ［日］曾根威彦著：《刑法学基础》，黎宏译，法律出版社 2005 年版，第 95、111 页。

50. ［英］阿什沃斯著：《刑法的积极义务》，姜敏译，中国法制出版社 2018 年版。

51. ［美］罗宾逊著：《刑法的结构与功能》，何秉松、王桂萍译，中国民主法制出版社 2005 年版。

52. ［意］帕多瓦尼著：《意大利刑法学原理》，陈忠林译，中国人民大学出版社 2004 年版，第 346 页。

53. ［韩］金日秀、徐辅鹤著：《韩国刑法总论》，郑军男译，武汉大学出版社 2008 年版，第 636 页。

54. ［韩］李在祥著：《韩国刑法总论》，韩相敦译，中国人民大学出版社 2005 年版。

55. ［法］斯特法尼著：《法国刑法总论精义》，罗结珍译，中国政法大学出版社 1998 年版。

56. ［苏］特拉伊宁著：《关于犯罪构成的一般学说》，王作富译，中国人民大学出版社 1958 年版。

57. ［俄］Н. Ф. 库兹涅佐娃、И. М. 佳日科娃著：《俄罗斯刑法教程总论》，黄道秀译，中国法制出版社 2002 年版，第 286 页。

58. ［德］李斯特著：《论犯罪、刑罚与刑事政策》，徐久生译，北京大学出版社 2016 年版。

（二）中文著作

1. 陈兴良：《共同犯罪论》，中国人民大学出版社 2017 年版。

2. 陈兴良：《刑法学的现代展开》，中国人民大学出版社 2015 年版。

3. 陈家林：《外国刑法理论的思潮与流变》，中国人民公安大学出版社 2017 年版，第 173~175、529~532 页。

4. 陈家林：《共同正犯研究》，武汉大学出版社 2004 年版，第 38~39、62、67~78 页。

5. 陈伟强：《共同犯罪刑事责任研究》，清华大学出版社 2013 年版。

6. 陈金林：《积极一般预防理论研究》，武汉大学出版社 2013 年版。

7. 陈世伟：《论共犯的二重性》，中国检察出版社 2008 年版，第 215、223 页。

8. 陈山：《共犯与身份》，科学出版社 2012 年版，第 29 页。

9. 陈璇：《刑法中的社会相当性理论研究》，法律出版社 2010 年版。

10. 陈子平：《共同正犯与共犯论》，五南图书出版公司 2000 年版。

11. 杜国强：《身份犯研究》，武汉大学出版社 2005 年版，第 28、89 页。

12. 狄世深：《刑法中身份》，北京大学出版社 2005 年版，第 165 页。

13. 冯军：《比较刑法研究》，中国人民大学出版社 2007 年版。

14. 冯军：《刑事责任论》，社会科学文献出版社 2017 年版。

15. 付立庆：《积极主义刑法观及其展开》，中国人民大学出版社 2020 年版。

16. 高铭暄、马克昌：《刑法学》，北京大学出版社、高等教育出版社 2016 年版。

17. 甘添贵：《共犯与身份》，台湾学林文化事业有限公司 2001 年版，第 140 页。

18. 黄荣坚：《基础刑法学(上、下)》，中国人民大学出版社 2008 年版。

19. 何荣功：《实行行为研究》，武汉大学出版社 2007 年版。

20. 何庆仁：《义务犯研究》，中国人民大学出版社 2010 年版，第 23~30、93、124~125、185~186、199~200、245、290、291、301、319 页。

21. 黄明儒主编：《共犯前沿问题研究》，湘潭大学出版社 2017 年版。

22. 姜涛：《刑法解释的基本原理》，法律出版社 2019 年版。

23. 江溯：《犯罪参与体系研究——以单一正犯体系为视角》，中国人民公安大学出版社 2010 年版。

24. 柯耀程：《变动中的刑法思想》，中国政法大学出版社 2003 年版。

25. 劳东燕：《风险社会中的刑法：社会转型与刑法理论的变迁》，北京大学出版社 2015 年版。

26. 劳东燕：《刑法中的学派之争与问题研究》，法律出版社 2015 年版。

27. 林维：《间接正犯研究》，中国政法大学出版社 1998 年版，第 122 页。

28. 林维：《共犯论研究》，北京大学出版社 2013 年版，第 230~231 页。

29. 林亚刚：《刑法教义学：总论》，北京大学出版社 2017 年版。

30. 林山田：《刑法通论(上、下)》，北京大学出版社 2012 年版，第 89~90 页。

31. 廖北海：《德国刑法学中的犯罪事实支配理论研究》，中国人民公安大学出版社 2011 年版，第 146 页。

32. 刘建伟：《新康德主义法学》，法律出版社 2007 年版。

33. 刘凌梅：《帮助犯研究》，武汉大学出版社 2003 年版，第 28、227 页。

34. 刘艳红：《走向实质的刑法观》，中国人民大学出版社 2009 年版。

35. 刘艳红：《走向实质的刑法解释》，北京大学出版社 2009 年版。

36. 刘士心：《刑法中的行为理论》，人民出版社 2012 年版。

37. 刘霜：《刑法中的行为理论研究》，河南人民出版社 2018 年版。

38. 黎宏：《结果本位刑法观的展开》，法律出版社 2015 年版。

39. 梁根林：《刑事政策：立场与范畴》，法律出版社 2005 年版。

40. 梁根林主编：《当代刑法思潮论坛(第 2 卷)：刑事政策与刑法变迁》，北京大学出版社 2016 年版。

41. 梁根林主编：《当代刑法思潮论坛(第 3 卷)：刑法教义与价值判》，北京大学出版社 2016 年版。

42. 李成：《共同犯罪与身份关系研究》，中国人民公安大学出版社 2007 年版。

43. 李洁、王志远、王充、王勇：《犯罪构成的解构与结构》，法律出版社 2010 年版。

44. 李文超：《法益侵害视域下我国刑法中的身份犯研究》，吉林大学出版社 2018 年版。

45. 李粟燕：《后现代法学思潮评析》，气象出版社 2010 年版。

46. 赖正直：《机能主义刑法理论研究》，中国政法大学出版社 2017 年版。

47. 栾莉：《刑法作为义务论》，中国公安大学出版社 2007 年版，第 215 页。

48. 马克昌：《比较刑法原理——外国刑法学总论》，武汉大学出版社 2002 年版，第 84、149~151、569、577~582、605、661 页。

49. 马克昌：《犯罪通论》，武汉大学出版社 1999 年版，第 579、589~592 页。

50. 马克昌、莫洪宪：《中日共同犯罪比较研究》，武汉大学出版社 2003 年版，第 297~299 页。

51. 朴宗根：《正犯论》，法律出版社 2009 年版，第 75、154~155 页。

52. 齐文远：《刑法学(第 3 版)》，北京大学出版社 2016 年版。

53. 齐文远、童德华、周详：《全球化视野下的中国刑法原理》，法律出版社 2018 年版。

54. 齐文远、周详：《刑法、刑事责任、刑事政策研究：哲学、社会学、法律文化的视角》，北京大学出版社 2004 年版。

55. 钱叶六：《共犯论的基础及其展开》，中国政法大学出版社 2014 年版。

56. 秦雪娜：《共犯从属性研究》，中国法制出版社 2020 年版。

57. 苏彩霞：《刑法解释的立场与方法》，法律出版社 2016 年版。

58. 童德华：《规范刑法原理》，中国人民公安大学出版社 2005 年版，第 60 页。

59. 童德华：《外国刑法学导论》，中国法制出版社 2010 年版。

60. 童德华：《刑法中客观归属论的合理性研究》，法律出版社 2012 年版，第 256 页。

61. 童伟华：《犯罪构成原理》，知识产权出版社 2006 年版。

62. 王安异：《刑法中的行为无价值与结果无价值研究》，中国人民公安大学出版社 2005 年版，第 57 页。

63. 王复春：《不能犯未遂的规范论研究》，法律出版社 2018 年版。

64. 王志远：《共犯制度的根基与拓展：从"主体间"到"单方化"》，法律出版社 2011 年版。

65. 王政勋：《刑法解释的语言论研究》，商务印书馆 2016 年版。

66. 吴飞飞：《身份犯论——基于犯罪形态视野的考察》，中国检察出版社 2014

年版，第 20、64、66~68、112 页。

67. 夏勇：《和谐社会目标下"犯罪化"与"非犯罪化"的标准》，法律出版社 2016 年版。

68. 夏基松：《现代西方哲学》，上海人民出版社 2006 年版。

69. 许玉秀：《当代刑法思潮》，中国民主法制出版社 2005 年版，第 9、570、790 页。

70. 许玉秀：《犯罪阶层体系及其方法论》，台湾成阳印刷股份有限公司 2000 年版。

71. 许富仁：《共犯本质研究》，世界图书上海出版公司 2013 年版。

72. 吴波：《共同犯罪：停止形态研究》，上海人民出版社 2012 年版。

73. 王光明：《共同实行犯研究》，法律出版社 2012 年版。

74. 徐留成：《身份犯比较研究》，人民法院出版社 2013 年版。

75. 徐崇温主编：《存在主义哲学》，中国社会科学出版社 1986 年版。

76. 袁建伟：《共犯罪数问题研究》，武汉大学出版社 2014 年版。

77. 叶良芳：《实行犯研究》，浙江大学出版社 2008 年版。

78. 阎二鹏：《共犯与身份》，中国检察出版社 2007 年版，第 90 页。

79. 杨辉忠：《身份犯研究》，中国检察出版社 2007 年版。

80. 赵秉志：《当代刑法问题新思考》，中国法制出版社 2016 年版。

81. 赵秉志：《当代德国刑事法研究》，法律出版社 2017 年版。

82. 周光权：《刑法学的向度：行为无价值论的深层追问》，法律出版社 2014 年版。

83. 周光权：《行为无价值论的中国展开》，法律出版社 2015 年版。

84. 张明楷：《刑法学》，法律出版社 2016 年版，第 131、354、389~440 页。

85. 朱景文：《当代西方后现代法学》，法律出版社 2002 年版。

86. 张明楷：《法益初论》，中国政法大学出版社 2000 年版。

87. 张明楷：《行为无价值论与结果无价值论》，北京大学出版社 2012 年版。

88. 张明楷：《刑法分则的解释原理》，中国人民大学出版社 2011 年版。

89. 张开骏：《共犯从属性研究》，法律出版社 2015 年版。

90. 张文显：《二十世纪西方法哲学思潮研究》，法律出版社 1996 年版。

91. 周啸天：《共犯与身份论的重构和应用》，法制出版社 2017 年版，第 11、92~93、99、112、263~265、374 页。

92. 周少华：《刑法理性与规范技术 刑法功能的发生机理》，中国法制出版社 2007 年版。

（三）中文期刊论文

1. 白建军：《论不作为犯的法定性与相似性》，载《中国法学》2012 年第 2 期。

2. 陈兴良：《刑法教义学与刑事政策的关系：从李斯特鸿沟到罗克辛贯通——中国语境下的展开》，载《中外法学》2013 年第 5 期。

3. 陈兴良：《身份犯之共犯：以比较法为视角的考察》，载《法律科学（西北政法大学学报）》2013 年第 4 期。

4. 陈兴良：《国家出资企业国家工作人员的范围及其认定》，载《法学评论》2015 年第 4 期。

5. 陈兴良：《贪污贿赂犯罪司法解释：刑法教义学的阐释》，载《法学》2016 年第 5 期。

6. 陈兴良：《论身份在共同犯罪定罪量刑中的意义》，载《法治论丛》1991 年第 6 期。

7. 程红：《形式解释论与实质解释论对立的深度解读》，载《法律科学（西北政法大学学报）》2012 年第 5 期。

8. 程红：《论刑法解释方法的位阶》，载《法学》2011 年第 1 期。

9. 车成军：《贪污罪共同犯罪定性刍议》，载《中国刑事法杂志》2000 年第 6 期。

10. 车浩：《体系化与功能主义：当代阶层犯罪理论的两个实践优势》，载《清华法学》2017 年第 5 期。

11. 陈洪兵：《共犯论的分则思考——以贪污贿赂罪及渎职罪为例》，载《法学家》2015 年第 2 期。

12. 陈家林：《法益理论的问题与出路》，载《法学》2019 年第 11 期。

13. 陈山：《"共犯与积极身份"之逆向命题的规范分析》，载《中国刑事法杂志》2011 年第 2 期。

14. 陈山：《大陆法系国家刑法理论中的"共犯与消极身份"》，载《刑法论丛》

2010 年第 21 卷第 1 期。

15. 陈文昊：《无身份者可以构成真正身份犯的正犯——从实质立场出发的考察》，载《行政与法》2018 年第 2 期。

16. 陈伟强：《共犯制度：域外考探与本土构造》，载《云南社会科学》2017 年第 3 期。

17. 陈子平：《新刑法总则之理论基础——正犯与共犯》，载《月旦法学杂志》2006 年第 8 期。

18. 陈世伟：《"部分行为全部责任"的现实困境及其出路》，载《云南大学学报（法学版）》2008 年第 5 期。

19. 陈璇：《结果无价值论与二元论之争的共识、误区与发展方向》，载《中外法学》2016 年第 3 期。

20. 杜宣：《身份犯共犯的实质客观论》，载《政治与法律》2015 年第 2 期。

21. 大谷实、王昭武：《共犯与身份》，载《法学评论》2005 年第 4 期。

22. 邓宇琼：《共同犯罪与身份若干问题研究》，载《中国刑事法杂志》2003 年第 2 期。

23. 狄世深：《行为人身份对共同犯罪定罪的影响评析》，载《法商研究》2004 年第 6 期。

24. 冯军：《刑法教义学的规范化塑造》，载《法学研究》2013 年第 1 期。

25. 付晓雅、高铭暄：《论共犯关系脱离的具体认定与法律责任》，载《法律科学（西北政法大学学报）》2016 年第 1 期。

26. 高铭暄、范连玉：《略析贪污罪中贪污数额起点与共犯责任》，载《云南社会科学》2014 年第 1 期。

27. 郭研、贾宇：《行为共同理论之提倡》，载《国家检察官学院学报》2016 年第 2 期。

28. 韩轶：《不同身份者实施的共同犯罪定性之研析——兼论异种罪名的共同犯罪》，载《法商研究》2010 年第 3 期。

29. 黄明儒、肖春晖：《无身份者与有身份者共同实施职务犯罪行为之定性》，载《湘江法律评论》2015 年第 1 期。

30. 黄明儒、王振华：《我国犯罪参与体系归属单一制的立法依据论》，载《法学杂志》2017 年第 12 期。

31. 何庆仁：《共同犯罪归责的规范理解》，载《中外法学》2020 年第 2 期。

32. 何庆仁：《共同犯罪的立法极限——以我国刑法中的共同过失犯罪为中心》，载《法学》2018 年第 8 期。

33. 何庆仁：《归责视野下共同犯罪的区分制与单一制》，载《法学研究》2016 年第 3 期。

34. 何庆仁：《共犯论中的直接—间接模式之批判——兼及共犯论的方法论基础》，载《法律科学（西北政法大学学报）》2014 年第 5 期。

35. 何龙：《不阻止他人故意犯罪的行为性质认定》，载《中外法学》2017 年第 6 期。

36. 韩琼：《滥用职权共同犯罪疑难问题探析》，载《中国检察官》2011 年第 16 期。

37. 康均心：《特定渎职犯罪的前案研究》，载《甘肃政法学院学报》2012 年第 1 期。

38. 康均心、王杨：《渎职罪共犯及其相关问题——以放纵制售伪劣商品犯罪行为罪为例》，载《河南省政法管理干部学院学报》2011 年第 2 期。

39. 康均心：《刑法中身份散论》，载《现代法学》1995 年第 4 期。

40. 劳东燕：《论受贿罪中的国家工作人员》，载《东方法学》2020 年第 2 期。

41. 黎宏、姚培培：《论受贿罪的共同正犯》，载《人民检察》2015 年第 19 期。

42. 黎宏：《共同犯罪行为共同说的合理性及其应用》，载《法学》2012 年第 11 期。

43. 刘艳红：《论正犯理论的实质客观化》，载《中国法学》2011 年第 4 期。

44. 林亚刚：《论徇私枉法罪主观要件及共犯》，载《上海对外经贸大学学报》2014 年第 1 期。

45. 林亚刚：《身份与共同犯罪关系散论》，载《法学家》2003 年第 3 期。

46. 林亚刚、赵慧：《论共犯关系的竞合》，载《当代法学》2004 年第 3 期。

47. 林维：《真正身份犯之共犯问题展开——实行行为决定论的贯彻》，载《法学家》2013 年第 6 期。

48. 刘阳：《无身份者构成司法渎职共犯实务问题研究》，载《犯罪研究》2014 年第 6 期。

49. 林铤：《论共犯中的身份认识错误》，载《西部法学评论》2014 年第 3 期。

50. 刘涛：《真正身份犯无身份共同正犯的处罚依据——兼论贪污罪的司法适用问题》，载《安徽大学法律评论》2013 年第 1 期。

51. 刘明祥：《从单一正犯视角看贿赂罪中的共同犯罪疑难问题》，载《法学家》2017 年第 2 期。

52. 刘明祥：《不能用行为共同说解释我国刑法中的共同犯罪》，载《法律科学（西北政法大学学报）》2017 年第 1 期。

53. 刘明祥：《论中国特色的犯罪参与体系》，载《中国法学》2013 年第 6 期。

54. 李功田：《身份犯共同犯罪定罪与量刑问题研究》，载《山东社会科学》2010 年第 9 期。

55. 李光宇：《共同故意的基础问题检讨》，载《南京大学学报（哲学社会科学版）》2017 年第 4 期。

56. 刘炜：《滥用职权罪若干实践问题探讨》，载《中国检察官》2014 年第 24 期。

57. 李文超：《法益论视角下身份犯古今立法研判》，载《长春师范大学学报》2017 年第 7 期。

58. 李婉：《违法身份与责任身份之价值探析》，载《湖北工程学院学报》2014 年第 34 卷第 2 期。

59. 陆诗忠：《我国〈刑法〉中的"共同犯罪"："犯罪共同说"抑或"行为共同说"》，载《华东政法大学学报》2016 年第 1 期。

60. 林山田：《对"共犯"刑章之刑法修正的检讨》，载《月旦法学杂志》2006 年第 8 期。

61. 刘霜：《我国共犯处罚原则的反思与重构——中意刑法比较研究的视角》，载《现代法学》2018 年第 6 期。

62. 李洁：《中日共犯问题比较研究概说》，载《现代法学》2005 年第 3 期。

63. 李希慧、杜国强：《身份犯及其相关概念辨析》，载《现代法学》2005 年第 2 期。

64. 柳忠卫：《论共同犯罪的转化犯》，载《法律科学（西北政法大学学报）》2014 年第 3 期。

65. 李振林：《刑法中被误读之注意规定辨析》，载《华东政法大学学报》2014 年第 5 期

66. 李智良：《身份犯与共同犯罪问题研究》，载《求索》2010 年第 8 期。

67. 马克昌：《共同犯罪与身份》，载《法学研究》1986 年第 5 期。

68. 马荣春：《行为共同说的法教义学批判》，载《法律科学（西北政法大学学报）》2018 年第 5 期。

69. 马荣春：《论真正身份犯之共犯处罚根据》，载《法治研究》2015 年第 1 期。

70. 孟庆华、赵东：《商业贿赂犯罪共犯的定性问题探讨》，载《河北法学》2014 年第 7 期。

71. 毛玲玲：《经济犯罪中共同犯罪问题的解决路径》，载《上海政法学院学报（法治论丛）》2017 年第 6 期。

72. 牛忠志：《论犯罪本质的义务违反说优越于法益说》，载《法学论坛》2014 年第 1 期。

73. 齐文远、刘代华：《论脱逃罪的主体》，载《中国刑事法杂志》1998 年第 3 期。

74. 齐文远、苏彩霞：《刑法中的类型思维之提倡》，载《法律科学（西北政法大学学报）》2010 年第 1 期。

75. 邱陵、甘盛宁：《身份犯的法律本质及功能》，载《中国刑事法杂志》2013 年第 6 期。

76. 秦雪娜：《共犯的客观构成要件从属性之提倡》，载《刑事法评论》2016 年第 1 期。

77. 钱叶六：《共犯违法连带性说的合理性及其应用——基于共犯处罚根据论的探讨》，载《清华法学》2014 年第 3 期。

78. 钱叶六：《我国犯罪构成体系的阶层化及共同犯罪的认定》，载《法商研究》2015 年第 2 期。

79. 瞿俊森：《正犯与正犯体系研究》，载《刑事法评论》2013 年第 1 期。

80. 苏彩霞：《刑法解释方法的位阶与运用》，载《中国法学》2008 年第 5 期。

81. 苏彩霞：《刑法价值判断的实体性论证规则》，载《华东政法大学学报》2008 年第 2 期。

82. 舒洪水、贾宇：《共同身份犯罪探析》，载《政法论坛》2009 年第 27 卷第 2 期。

83. 孙国祥：《征地拆迁领域中的共同贪污犯罪研究》，载《苏州大学学报》2014年第 2 期。

84. 童德华：《正犯的基本问题》，载《中国法学》2004 年第 4 期。

85. 童德华：《主体间性理论对刑法现代化的再造》，载《当代法学》2017 年第 3 期。

86. 童德华、资琳：《刑法解释中的合理性诉求》，载《法制与社会发展》2009 年第 2 期。

87. [德] 金德霍伊泽尔著：《故意犯的客观和主观归责》，樊文译，载《刑事法评论》2008 年第 2 期。

88. 魏昌东、周亦杨：《刑法身份诸问题研究》，载《南京大学学报》2003 年第 6 期。

89. 吴飞飞：《贪污贿赂犯罪的共同犯罪认定》，载《中国检察官》2015 年第 9 期。

90. 王飞跃：《论对向关系中共犯的成立》，载《法学》2018 年第 7 期。

91. 王能武、刘建军：《单位共同犯罪的主体类型及其处罚》，载《人民论坛》2015年第 6 期。

92. 魏颖华：《渎职罪主体司法认定中的疑难问题研究》，载《河南社会科学》2011年第 3 期。

93. 王志远：《德日共犯制度实践思维中的"主体间"与"单方化"：我国共犯制度思维合理性的域外视角审查》，载《法律科学（西北政法大学学报）》2013 年第 6 期。

94. 王志远：《多元身份主体共同犯罪之定性难题及前提性批判》，载《法律科学》2010 年第 2 期。

95. 王志祥、柯明：《受贿罪共犯与利用影响力受贿罪的界限新解》，载《江西社会科学》2018 年第 1 期。

96. 徐立、周铭川：《身份犯共犯之定罪量刑问题新论》，载《法学评论》2006 年第 5 期。

97. 谢望原：《共同犯罪成立范围与共犯转化犯之共犯认定》，载《国家检察官学院学报》2010 年第 18 卷第 4 期。

98. 许玉秀：《检视刑法共犯章修正草案》，载《月旦法学杂志》2003 年第 1 期。

99. 夏勇：《定罪犯罪构成与设罪犯罪构成》，载《中国刑事法杂志》2002 年第 5 期。

100. 徐留成：《混合主体共同犯罪定罪问题研究》，载《人民检察》2001 年第 9 期。

101. 肖中华、闵凯：《职务侵占罪认定中的三个争议问题剖析》，载《政治与法律》2007 年第 3 期。

102. 杨兴培：《再论身份犯与非身份犯的共同受贿问题》，载《华东政法学院学报》2005 年第 5 期。

103. 阎二鹏：《行为概念的厘清：以行为论机能之反思与再造为视角》，载《法制与社会发展》2013 年第 5 期。

104. 杨辉忠：《我国身份犯立法之检讨》，载《学术界》2009 年第 1 期。

105. 杨辉忠：《身份犯类型的学理探讨》，载《法制与社会发展》2003 年第 3 期。

106. 赵秉志：《共犯与身份问题研究——以职务犯罪为视角》，载《中国法学》2004 年第 1 期。

107. 赵秉志、许成磊：《贿赂罪共同犯罪问题研究》，载《国家检察官学院学报》2002 年第 1 期。

108. 张斌、张本勇：《身份犯及其共犯的定罪与量刑》，载《上海大学学报(社会科学版)》2012 年第 1 期。

109. 赵合理：《论共同犯罪中的身份》，载《法律科学：西北政法大学学报》2009 年第 1 期。

110. 张建军：《规范刑法学视野中的农村基层组织人员》，载《法学论坛》2016 年第 3 期。

111. 张开骏：《规范刑法学视野中的农村基层组织人员》，载《中国刑事法杂志》2013 年第 8 期。

112. 张明楷：《论身份犯的间接正犯——以保险诈骗罪为中心》，载《法学评论》2012 年第 6 期。

113. 张明楷：《共同犯罪的认定方法》，载《法学研究》2014 年第 3 期。

114. 周光权：《论身份犯的竞合》，载《政法论坛》2012 年第 5 期。

115. 周啸天：《德日身份犯的立法梳理及其启示》，载《中国刑事法杂志》2013 年第 7 期。

116. 周铭川：《斡旋受贿与介绍贿赂的司法认定——钱某贿赂案评析》，载《中国检察官》2013 年第 10 期。

117. 周铭川：《共同犯罪本质新论——共同故意实施犯罪说之提倡》，载《上海交通大学学报（哲学社会科学版）》2011 年第 5 期。

118. 周啸天：《广义抑或狭义：身份犯中身份概念的再界定——以身份的本质为中心》，载《人大法律评论》2017 年第 3 期。

119. 周啸天：《利用"有故意无身份工具"犯罪定性的法教义学重构》，载《法学评论》2015 年第 3 期。

120. 周啸天：《事后抢劫罪共犯认定新解——从形式化的理论对立到实质化的判断标准》，载《政治与法律》2014 年第 3 期。

121. 张占军：《论虐待被监护、看护人罪》，载《河北法学》2016 年第 9 期。

122. 张永强：《共犯与身份竞合时的罪责认定——以"密切关系人"参与受贿为视角》，载《现代法学》2017 年第 5 期。

（四）外文文献

1. Arafa M A. *Criminal Complicity-Accomplice Criminal Liability to the Criminal Offences' A Comparative Analysis Between the Egyptian Criminal Law System and the Criminal Law System of the United States of America'*, Ssrn Electronic Journal, 05 (2011).

2. Almendares N, Landa D. *Joint Intention and Accomplice Liability*, Social Science Electronic Publishing, 2(2017).

3. Alldridge P. *The doctrine of innocent agency*, Criminal Law Forum, 2(1)(1990).

4. Al Qudah M. *Individual autonomy as a basis of criminal complicity in New South Wales and Jordan: a comparative study*, New South Wales: Western Sydney University, 2005.

5. Agnew R A. *Foundation For A General Strain Theory of Crime and Delinquency*, Criminology, 30(1)(1992).

6. Armin Nassehi. *Organizations as decision machines: Niklas Luhmann's theory of*

organized social systems, The Sociological Review, 11(2006).

7. Alexy, Robert. *Jurgen Habermas's Theory of Legal Discourse*, Cardozo L. rev, 17 (1996).

8. Alexander Sarch. *Is Parity of Culpability a Constraint on Accomplice Liability*, Ohio State Journal of Criminal Law, 15(2)(2018).

9. Baker D J. *Reinterpreting the mental element in criminal complicity: change of normative position theory cannot rationalize the current law*, Law & Psychology Review, 40(2016).

10. Baker, D J. Reinterpreting Criminal Complicity and Inchoate Participation Offences, New York: Routledge, 2016.

11. Bohlander M . *Principles of German Criminal Law*, Oxford: Hart Publishing, 2009.

12. Child J. *The Differences between Attempted Complicity and Inchoate Assisting and Encouraging — A Reply to Professor Bohlan*der, Social Science Electronic Publishing, 6(12)(2010).

13. Cook K S, Whitmeyer J M. *Two Approaches to Social Structure: Exchange Theory and Network Analysis*, Annual Review of Sociology, 18(1)(2003).

14. Couso, Jaime. *Parties to the crime and organisation: on the need and the complexity of a functional comparison between chilean, international and comparative law*, Progress of Theoretical Physics, 112(1)(2015).

15. Courteau C. *The mental element required for accomplice liability: A topic note*, Louisiana Law Review, 59(1)(1998).

16. Dubber M D. *Criminalizing Complicity: A Comparative Analysis*, Journal of International Criminal Justice, 5(4)(2007).

17. Dressler J. *Reassessing the Theoretical Underpinnings of Accomplice Liability: New Solutions to an Old Problem*, Hastings L J, 37(1)(1985).

18. Douglass J G. *Confronting the Reluctant Accomplice*, Columbia Law Review, 101 (8)(2001).

19. Davis, Colleen. Complicity, crime and conjoined twins, Alternative Law Journal,

42(1)(2017).

20. Dubber M D. *Criminalizing Complicity*, Journal of International Criminal Justice, 5 (4)(2007).

21. Farmer L. *Complicity beyond Causality*, Criminal Law & Philosophy, 1 (2) (2007).

22. Gardner J. *Complicity and causality*, Criminal Law and Philosophy, 1(2)(2007).

23. Girgis S. *The Mens Rea of Accomplice Liability*: *Supporting Intentions*, The Yale Law Journal, 123(2)(2013).

24. Hamdorf K . The *Concept of a Joint Criminal Enterprise and Domestic Modes of Liability for Parties to a Crime*, Journal of International Criminal Justice, 5(1) (2007).

25. Jens, David, Ohlin. *Three Conceptual Problems with the Doctrine of Joint Criminal Enterprise*, Journal of International Criminal Justice, 5(1)(2007).

26. James Tully, Michael Silverthorne. *Pufendorf*: *On the Duty of Man and Citizen according to Natural Law*, The Cambridge Law Journal, 51(3)(1992).

27. Kadish S H. *Reckless Complicity*, The Journal of Criminal Law and Criminology, 87 (2)(1997).

28. Kutz C. *Causeless complicity*, Criminal Law and Philosophy, 1(3)(2007).

29. Lee, Youngjae. *Recidivism as Omission*: *A Relational Account*, social science electronic publishing, 87(3)(2008).

30. Miriam G A. *The Influence of Aggravating or Mitigating Personal Characteristics on the Liability of the Participants*, Israel Law Review, 19(2)(2016).

31. Mcguinness S. Cooperation, *Complicity & Conscience*, Medical Law Review, volume 15(2)(2007).

32. Miriam G A. *The Structure of Criminal Liability*: *Complicity*, Israel Law Review, (30)(1996).

33. Markus, Dirk, Dubber. *Theories of Crime and Punishment in German Criminal Law*, American Journal of Comparative Law, 7(2005).

34. Piramanayagam S, Chong T. *Preventing corporate embezzlement*, Oxford:

Butterworth-Heinemann, 2000.

35. Piquero N L, Tibbetts S G, Blankenship M B. *Examining the role of differential association and techniques of neutralization in explaining corporate crime*, Deviant Behavior, 26(2)(2005).

36. Posner R A. *An Economic Theory of the Criminal Law*, Columbia Law Review, 85 (6)(1985).

37. Robinson T B. *A Question of Intent: Aiding and Abetting Law and the Rule of Accomplice Liability under Section 924(c)*, Michigan Law Review, 96(3)(1997).

38. Rijswijk H V. *Complicity as Legal Responsibility*, Law & Literature, 30(2018).

39. Robert, Sullivan. *First degree murder and complicity—conditions for parity of culpability between principal and accomplice*, Criminal Law & Philosophy, (9) (2007).

40. Sickmann A J. *Accomplice Liability: American Jurisprudence Injecting Mens Rea Under False Hopes of Criminal Deterrence*, Ssrn Electronic Journal, 3(2010).

41. Solaiman S M, Langsted L B. *Crimes Committed by Directors Attributed to Corporations—Why Should Directors be Accessory?* Viewing through the Complicity Rules in Common Law, Criminal Law Forum, 28(2017).

42. Shachar E. *Examining Intent through the Lens of Complicity*, Canadian Journal of Law & Jurisprudence, 28(1)(2015).

43. Sanford H. Kadish. *Complicity, Cause and Blame: A Study in the Interpretation of Doctrine*, California Law Review, 73(2)(1985).

44. Sullivan R . *First degree murder and complicity—conditions for parity of culpability between principal and accomplice*, Criminal Law and Philosophy, 1(3)(2007).

45. Sato, Yuichiro. *Affirmative Duty in Nonfeasance Negligence*, Tokai Law Review, 30 (2003).

46. Thornton M . *Offences and Defences: Selected Essays in the Philosophy of Criminal Law*, Oxford: Oxford University Press, 2007.

47. Tor Hernes, Tore Bakken. *Implications of Self-Reference: Niklas Luhmann's Autopoiesis and Organization Theory*, Organization Studies, 24(9)(2003).

48. Vicente E, Mateos A, Jiménez-Martín A. *Complicity Functions for Detecting Organized Crime Rings//* Modeling Decisions for Artificial Intelligence, 2016.

49. Weiss, Baruch. *What Were They Thinking*?: *The Mental States of the Aider and Abettor and the Causer Under Federal Law*, fordham l. rev, 70(4)(2002).

50. Yeager D. *Helping, doing, and the grammar of complicity*, Criminal Justice Ethics, 15(1)(1996).